あなたは、私の夢だから。

あの日、この地で歩き始めた。
「道の続き」を今、皆様と共に。

神奈川第十六選挙区　衆議院議員
義家《よしいえ》 弘介《ひろゆき》 著

協同出版

まえがきに代えて――未来を拓く新たな一歩を、皆様と共に

十月二十二日、即日投開票された第四八回衆議院総選挙。皆様の絶大なる御力の結集を賜り、悲願としてきた「小選挙区」での当選を果たすことができました。法令上、直接的な御礼の御挨拶ができないことがもどかしいですが、今、ただただ感謝の気持ちが溢れております。振り返れば最初こそ晴天のスタートでしたが序盤以降は雨・雨・雨の総選挙でございました。しかしそんな中にあっても支援議員団・後援会・青年部の皆様は連日濡れながら街頭で選挙公報と法定ビラを配布しながら私への支持を訴え続けて下さいました。浅岡隊長が率いた遊説隊も雨天下の交通事情を緻密に分析しながら縦横無尽に選挙区を駆け回って下さいました。これまでにない数の企業・団体からの御推薦も賜りました。地に足をつけてお願いに回って下さった皆様の汗のお蔭でございます。事務所内に目を移すと、選挙対策執行部、支援議員団の皆様は昼夜を分かたず選挙情勢分析や選挙戦略を練りに練って下さり選挙戦をリードして下さいました。また膨大な数の法定ビラ・はがき・ポスター、電話作戦を担って頂いた皆様のチームワークは抜群で、その丁寧で誠実な背中から選挙中にありながらも多くの事を学ばせて頂きました。友党である公明党の皆様の温かい御支援があって

こその勝利でもございました。感謝の極みでございます。共に戦って下さった後援会・執行部・支援議員・支援企業の皆様の御家族・社員の方々にも御迷惑をおかけしましたが、優しいご理解とお支えを賜りました。一人では、何もできません。まさに「総力」で臨んだ徹底した「地上戦」。それが我が陣営の今回の選挙でございました。今、それを心より「誇り」に思っております。

『地元選挙』、その意味を痛感

公示される前、大恩ある方が私にこう仰いました。「今回の総選挙は義家さんにとって本当の『地元選挙』の初陣だ。しっかり背負って心して勝ちきれ」。まさに仰る通りの戦いでございました。故郷を後にして三十年、国会へと押し上げて頂いてちょうど十年の節目に自らが暮らす地域の未来を左右する『地元選挙』の陣頭に立たせて頂いた事は、厳しい厳しい戦いではありましたが、自身が経験してきたこれまでの選挙と比すれば「太く」「力強く」「重層的で」「がっちり支えられている」、そんな選挙でした。今、私は言葉だけではなく心の底から実感しております。「この度、負託頂いた小選挙区での議席は私のものでは、ない。これは皆様からお預かりしているものであり『地元の思い』そのものである」と。いよいよ本日、皆様と共に挑む新たな挑戦が始まります。決して浮足立つことなく奢らずに、誠実な第一歩を踏み出します。これからも優しさを、届け続けます。

（『週刊よしいえ』第１４７号　２０１７年10月23日）

※本書は、衆議院議員・義家弘介の後援会通信『週刊よしいえ』(創刊号(2014年12月22号)〜第150号(2017年11月13日))を収録したものです。時間の経過等により、今あらためて検証すると手を入れたい箇所もありますが、日々の活動の記録としてそのまま掲載いたしました。

あなたは、私の夢だから。◎目次

第3章

活動の記録〜明日へ

序章

新たなる挑戦、始まる。

平成26年年末

太く、強い。そんな政治家になる

▼『週刊よしいえ』第1号　２０１４年12月22日

さる十二月十九日、自民党の役員会が開催され、谷垣幹事長から副幹事長留任の辞令を頂きました。身の引き締まる思いで特別国会に臨む準備に追われています。しかし、言うまでもなく、政権党の衆議院議員として国政で責任ある仕事をするためには、地元に『太く、強い根』を張っていることが不可欠です。私はこれまでもそれを強く意識し、この二年間で二千カ所以上の地元行事に参加してまいりましたが、しかし、たとえ参加していても、それぞれの地域で暮らす皆様がそれらを共有していなければ、皆様が自信と確信を持って周囲に紹介しようもありませんでした。『○○は来ていたけど、義家はこなかった』。そんな作為的な情報に対し、具体的な根拠を示して説明しきれていなかった自身の不明を今、改めて恥じております。義家は今、国会で何をやっているのか。週末、義家はどこの地域でどんな行事に参加していたのか。そんなリアルタイムをこれまでもインターネットの『フェイスブック』という場所を通じて発信してきましたが、それだけに留まっていたことは、皆様への甘えであったと今、改めて痛感しております。パソコンを起動させなければ応援している者の活動がわからない、そんな状況では後援会の輪がさらに太く、強く、広がっていかないのは当然のことであったと思っています。この度、皆様に対し、毎週月曜日、後援会便り『週刊よしいえ』を発行することを決意しました。一週間の義家の偽らざる活動を知って頂き、私の活動のありのままを皆様のご家族、友人、知人にお話しして頂ければと思っております。私は太く、強い政治家を目指します。どうぞ、皆様のお力でさらに義家を大きく、大きく、育てて下さい。感謝と共に、明日へ。必ずや恩返しをしてまいります。

後援会、ちょっと、いい話

十二月十八日、我が家の郵便ポストに、宛名が書いていない封筒が入っていました。宛先は『神奈川県厚木市　国会議員　義家弘介様』のみ。切手も消印もしっかりある郵便物。これで届いてしまう、日本が世界に誇る郵便制度に心から敬服しました。しばらく手に取って眺めてから、おそるおそる開封すると、感激の文章が私の心にまっすぐ届きました。

当選おめでとう。きみのガッツあふれる姿は、はたからみていて惚れ惚れした。今、このおじいさんが少しでも、きみに近づけるように、がんばろうと思っている。

私も少しでも、そんなあなたに近づきたい。涙がこぼれ落ちそうだったので上を向いたら、歩みたい明日がはっきりと見える、そんな気持ちになりました。

▼『週刊よしいえ』第2号　２０１４年12月29日

第三次安倍内閣が発足

十二月二十四日、特別国会において安倍晋三自民党総裁が首班指名され、第三次安倍内閣がスタートしました。先週号でもお伝えしましたが、義家は引き続き自由民主党副幹事長として党役員の重責を担います。年末年始を返上して『税制改正』、『補正予算』『平成二七年度予算』『地方創生関連予算』の編成、さらには『安保法制』『地方創生関連法』『国家戦略特区法』などの準備をしてまいります。皆様の期待にしっかりと応えるよう、全力で取り組んでまいります。

ところで私はこれまで多くの地元行事や後援会の皆さんのもとにお邪魔させて頂きましたが、その移動はもっぱら秘書が運転する私の私有車で行っていました。今、結果を受けて、それがどれほど間違っていたかと心から悔いています。これ以上できないという週末スケジュールを組み、参加したそれぞれの行事で何百、何千の方々と挨拶や握手をすることで、満足していた自分がどこかにいたのです。私の甘さでした。これから私は全て『広報車』の『助手席』から、すれ違うすべての方々に挨拶しながら地元移動をすることを決意し、実際に、それを実践しています。今日も、私用車で移動していたらすれ違ってしまうだけだった多くの方々と挨拶をかわしながら地べたを這う地元活動を展開しております。

年が明けると国会、党務、地元行事が同時開催されます。電車で一日三往復という日もありますが、元気に、はつらつと、皆様の期待を胸に頑張って参ります。

後援会、涙、なみだの物語

皆様への挨拶回りをしていると、何度も心打たれる場面と出会います。

厚木市のある後援会の方にご挨拶に伺った時のこと。呼び鈴を鳴らし、名前を告げ、玄関で待っていると、無言でドアがあきました。私はただ、自身の力不足を詫び、頭をさげました。しかし、お返事がありません。恐るおそる頭をあげると、その方は…なんと私のために涙を流してくれていたのです。

「今回はお前を選挙区で勝たせてやれなくて本当にすまなかった。今回のような思いは絶対にさせない。だから、決して下を向かず、前を見て、まっすぐ進め。大丈夫だ…」

握りしめたごつい手は、強く、あたたかかった。

第1章

歴史を背負い、未来に向かう——平成27年新春

▼『週刊よしいえ』第3号　2015年1月5日

戦後七十年、自民党結党六十年の年

本年、平成二十七年は、戦後七十年の節目の年です。そして戦後政治の『保守分裂』を終結させるべく、『政治とは、国民のものである』という理念のもと誕生した我々、自由民主党の結党六十年という節目の年でもあります。六十年という時を経て、自民党の役員、副幹事長を担っている重責を改めて重く受け止めております。

さて今年は、私にとっても節目となる一年であり、ずっと目標としてきた年でもあります。二十年前、私は母校に恩返しするために、神奈川から北海道へと向かいました。そして十年前、私は神奈川に戻り、要職を歴任した後、現在、代議士として皆様と共に歩んでいます。そう、新たなる挑戦を始めてから『十年』という節目を迎えたのです。私は常に十年を一つの目安として人生を重ねてきました。一つの結果が私の前に示される、そんな予感を胸に新年を迎えています。その結果が、

皆様の期待に応えたものとなるよう日々精進を重ねます。

日本は戦後一貫して平和国家としての道を歩んできた。よく言われる言葉です。しかし、平和とは何でしょうか。年末、厚労省から『児童虐待』の認知数が発表されましたがその数は二十三年連続増加で、七万件を初めて突破する結果となりました。神奈川県は大阪に次いで二位。全国に衝撃を与えた厚木市で起こった児童遺棄事件は記憶に新しいですが、少なくとも虐待されている子どもたちは『平和』のなかになどいないのです。平和とは何か。節目の年改めてその意味を噛みしめています。

伝統行事の復活。歴史を背負う

本年の元旦は伊勢原後援会の皆様主催で伊勢原カントリークラブの駐車場にて、亀井先生時代の恒例行事だった『初日の出を見る会』が挙行されました。

二〇〇九年以来、六年ぶりの開催だとお聞きしました。約四〇名で海から昇る初日の出を見つめ、全員でお天道様に神式の参拝をしました。十五年来参加してきたという大和からいらしていた方が、「そうか、この行事が復活したのか。嬉しい、嬉しい」と目を細めてくれました。歴史の意味、そして新たなる年に向かう覚悟を胸に、後援会の皆様に見送られ広報車で出発しました。すると、今度は晴れていた空から雪が舞い降りてくるではありませんか。元旦らしく雪化粧した街を、心を込めて新年のご挨拶をして回りました。

『歴史という名の道』を走るランナー

▼『週刊よしいえ』第４号　２０１５年１月12日

新年が本格的にスタートし、平成二十六年度補正予算、そして二十七年度当初予算の策定作業と向き合いながら、地元各地で行われている新年行事に出席しています。この一週間（一月五日〜十一日）だけで四三件。政権与党の政治家は、地元を大事にしながら、国家の政策や予算にも責任を持たねばなりません。特に私のような『永田町に通える場所』から選出されている代議士は、ことさら重い責任を担うことになります。「政治家は体力勝負」と先輩諸兄から再三アドバイスされてきましたが、今年44歳（しあわせ歳）を迎えるにあたり、その言葉が改めて身に染みます。同時に健康に配慮した食生活を支えてくれている妻に心から感謝しています。

話は変わりますが、お正月といえば箱根駅伝。私も幼い頃からお正月は必ず観賞し、毎年繰り広げられる感動のドラマに勇気をもらってきました。国会議員になってからはお正月がありませんが、変わらずすべてを録画して観賞しています。選手たちはなぜ、かくも必死に走るのか。そして観る者の魂を揺さぶるのか。それはタスキを託す相手（仲間）の存在、そして沿道で必死に声援を送ってくれる人々の存在があるからでしょう。私たちも、同じ。とりわけ国政に携わる私は『日本の歴史という名の道』を走るランナー。皆様の応援を一身に受けながら、先人から託されたタスキを未来へと繋げるために人生を賭けて走るランナーであると自覚しています。タスキを『未来そのもの』である『子ども達』にしっかりと託せるよう、今年も尽力していく決意です。

早朝の街頭で出会う希望たち

平日の朝は必ず選挙区内の駅頭や路上に立ち、朝の挨拶をしておりますが、そんな時、ふっと中学生の頃、『あいさつ、標語コンクール』で表彰された私の作品が脳裏深くからよみがえってきました。

あいさつは、心と心を結ぶ糸。

褒められることが少なかった私は、全校生徒の前で校長先生から表彰され、照れを隠して無表情で賞状を受けましたが、本当は天にも昇るほど嬉しかったことが思い出されます。朝の街頭に立ち、一人ひとりに挨拶しながら実感するのは、小中学生のほとんどが笑顔で挨拶に応えてくれるということです。彼らの存在は、地域のみならず、我が国の『希望そのもの』です。その希望を守るために、今週も汗を流します。

▼『週刊よしいえ』第5号　2015年1月19日

「お前は、成人式、帰ってこれるのか?」

二十四年前の一月、大学の後期試験の真っただ中にあった私に祖父から電話がかかってきました。「それは無理だよ。試験だし、金もないし」、にべもなくそう答えました。すると後日、祖父からの手紙と年金から捻出したのであろう十万円が入った書留が届いたのです。手紙には、成人の記念としてこのお金で、お前の人生で初めてのスーツを作りなさい、と記されていました。

しかし、あろうことか私はそのお金でスーツを作りませんでした。そればかりか、試験終了後、開放感から友人とはめをはずして使い果たしてしまったのです。二月も終わりに近づいた頃、そんな私に祖父から電話がかかってきました。「お前のスーツ姿、さぞ立派に見えるんだろうなあ。時間があったらスーツを着た写真を撮ってじいちゃんに送ってくれよ」。私はギクリとして、「う、うん…」としか返せませんでした。そして自身が年だけを重ねただけの愚か者だと心底情けなくなりました。

翌日から私は建設現場で日払いのアルバイトを始め、なんとか長野までの往復切符代と十万円を作り、久しぶりに生家を訪れ、祖父に十万円を差し出し、「僕は成人の名には値しない愚か者です。本当にごめんなさい」と頭を下げました。すると祖父は、優しく私に言いました。「いや、お前は立派に成人した。ごまかさずに、こうして来てくれたじゃないか。じいちゃんは、こうしてお前の立派な姿を見ることができて本当に嬉しいよ。このお金はお前のものだ」。それでは気持ちがおさまらない私は、思案の末、祖父に提案しました。「じゃあ、一緒にこのお金で初めてのスーツを作りにいってくれない？」。唐突な私の提案に祖父は嬉しそうに頷き、付き合ってくれました。それが祖父と出かけた最後の機会となりました。一緒に仕立てた昭和テイストの濃紺スーツは今もクローゼットの片隅で、間もなく四十四歳になる私を優しく見守ってくれています。新成人のみなさん、おめでとう。

忘れない思い、伝えたい思い

一月十七日は、甚大な被害をもたらした阪神淡路大震災から二十年という節目を迎えました。発災当時、私は三月の大学卒業を控え、徹夜で論文と向き合っていました。そしてようやく出来上がり、ふっとテレビをつけ、目に飛び込んできたのが大震災の映像でした。被災地のために、自分にできることをなにかしなければと思っていると、ある方から東京の日本赤十字を紹介されました。「君が現地に行っても、救助や復興に当たっている人々の足手まといになる。赤十字で義援金を出してくれた方へのお礼状を書く作業をしたらどうだろう」。その通りだと思いました。私は大学卒業まで空いた時間は全て赤十字で過ごしました。それぞれが、できることを、それぞれの場所で。それが総力というものを生み出すのです。今、自身に任されている持ち場で、全力を尽くすことを節目に改めて誓いました。

本日より、通常国会が始まります

▼『週刊よしいえ』第6号　２０１５年１月26日

いよいよ今日から通常国会がスタートします。まず全力でエネルギーを傾注するのは年末年始を返上して編成した平成二十六年度補正予算、そして平成二十七年度当初予算の成立です。予算の目玉は皆様とお約束した通り『地方創生』、我々にとっては『地元創生』です。これまでのような国から地方への一律基準による分配ではなく、それぞれの地域の特徴や創意工夫に対して分配されるというもの。もっとも重要なのは、国会議員、県議会議員、首長、市町村議会議員、地域の意思、住民の思いがしっかりと連携、連動していることです。国会が始まるといっそうハードな毎日となりますが、絶えず地元と連携しながら、それぞれの地域の未来に繋がる政策と予算を着実に仕上げてまいりたいと決意しています。

厚木市・伊勢原市・愛川町・清川村・相模原市で構成する神奈川十六区は、市・町・村、そして政令指定都市、そう日本を構成するすべての自治体が折り重なって構成している場所なのです。次世代都市の創造、食糧安全保障としての農業・畜産・内水面の振興、歴史と伝統の継承と教育再生、国家プロジェクトとその成功のための諸施策、インフラ整備と企業の設備投資、商店街や中小企業対策、世界中の人々が「訪れてみたい」と憧れてもらえるような観光振興策の実施、いのちを守る森と水源の保全等、十六区は日本の諸課題が集積している場所でもあります。我々の地域を未来に向けて創生することは、間違いなく日本創生のパイロットモデルとなる、私はそう確信しています。

さあ、いってまいります。地元を、日本を背負って。

大抜擢！常任委員会与党筆頭理事

文部科学委員会筆頭理事に就任します！

通常国会に向けて各委員会の人事が行われ、私は文部科学委員会の筆頭理事に大抜擢されました。与党筆頭理事は国会において与党の教育・科学技術・スポーツ・文化に関わるすべての法律に対して一身に責任を負う一人しかいない重要ポストであり、『副大臣超級ポスト』でもあります。もっと言えば、次は『大臣候補』というポストなのです。参議院議員の経験があるとはいえ、衆議院二期目で就任するのは過去に例のない抜擢。安倍総理の教育再生への思いと私への期待を、改めて厳粛な気持ちで受け止めています。学校教育法の改正や、オリンピックに向けた立法など、丁寧に説明しながら、重責を全うする決意です。

▼『週刊よしいえ』第7号　2015年2月2日

早朝の駅で、そっと手渡されたぬくもり

毎週月曜日の早朝は小田急線本厚木駅、他の平日は別の駅や場所で朝の挨拶をしていますが、多くの後援会の皆様から、コートをまとわずに挨拶していることを心配されます。皆様の優しさ、心に沁みます。しかしご安心を。実はワイシャツの下は登山用の防寒着をしっかり装着しているのです。防寒具の進化には驚くばかりで、朝立ちを終えて国会に向かう電車の中が暑くて、いつも汗が流れます。靴下も同様のアイティムを装着しているので、寒さに負けることはありません。しかし、握手をする手だけは、そうはいきません。朝立ち後、感覚が戻るまでには時間がかかります。でも、そんなかじかんだ手も、時に温もりを運んできてくれることがあります。小田急相模原駅で駅頭をしていた時の話です。

「義家さん、これ、使ってください。応援しています」

二十代後半から三十代前半ほどの青年が、私にそう言って暖かくなった小さなカイロを手渡してくれました。聞けば、彼とは何度か早朝の駅ですれ違っていて、一度、握手を交わしたそうです。そしてその時の私の手の冷たさが忘れられなくて、今度、会えたら手渡そうと、毎日、カイロを用意して駅に向かってくれていたそうです。思いがけない、なんとも温かな出来事でした。彼は小学校の先生でした。雑踏にまみれ、駅に吸い込まれていく先生の背中を見守りながら、きっと彼のク

ラスは優しさに溢れているのだろうな、と思い、心から嬉しい気持ちになりました。寒さの中でしか感じることのできないぬくもりがある。一つひとつに感謝しながら今週も元気に頑張ります。守りたい、創りたい、未来のために。

皆様の笑顔は、私のエネルギー

政治の世界でよく使われる言葉があります。

人生には三つの坂がある。

上り坂と、下り坂、そして「まさか」という坂。

一月三十日（金）は、降りたのか、昇ったのかはわかりませんが、その「まさか」の坂を体験しました。総選挙で皆様に約束し、私も主体的に編成に参加した平成二十六年度補正予算を成立させるための予算委員会、衆議院本会議の開催と、一ケ月かけて準備してきた『義家ひろゆき新春の集い』の開催時間がぴったりと重なってしまい、本人は最後の最後に駆けつける、という「まさか」がありました。皆様とゆっくりご挨拶できなかったこと、心から、お詫び致します。

それにもかかわらず多くの皆様からたくさんの笑顔と共に激励のお言葉を頂き、本当に感激しました。私の後援会は、支援者の皆様は、私の誇りです。

▼『週刊よしいえ』第8号　2015年2月9日

『イスラム国』を名乗る武装テロ集団が二人の邦人をはじめ拘束した人々を残忍な方法で虐殺し、その映像をインターネットにアップしています。そしてそれは、映像に触れた人々の手によって、こうしている今も無限に拡散されているのです。みなさん、想像して下さい。スマートフォンを握りしめた小学生が、友達とその虐殺映像を眺めている姿を。うちの子は、孫はまだ、携帯電話を持たせていないから大丈夫。本当にそうでしょうか。友達のうち誰か一人でもスマートフォンを持っていれば、誰か一人でも事件に関心を示し、ネットで検索したならば…。うちの子の、孫のスマホはフィルタリングサービスに加入していて有害サイトにアクセスできないから大丈夫。本当にそうでしょうか。インターネットで『フィルタリング』『解除』と検索すれば、それを解除するアプリが簡単に手に入れることができるのです。

日本を代表する有名国立大学に通う十九歳の女子大生が「人を殺してみたかった」と七十七歳の女性を一方的に殺害する事件が起きました。そして大学生は殺害後、ソーシャルメディアで「ついにやった」と書き込んでいます。また警察の調べに「高校時代、同級生に毒をもった」とも供述しています。事実、警察は、彼女のアパートから複数の薬品を押収しています。

中東のテロリストたちにとっての『いのち』と同じように、彼女にとって『人様の命』とは軽いものだったのでしょうか。それはとても悲しく、そして恐ろしいことです。現代日本が直面しているもっとも深刻な危機、それは教育です。経済も農業も年金も介護も、担うのは人です。人創りは、国創りに他ならないのです。日本の未来は私たちの子らへの向き合いにかかっているのです。

伊勢原射撃場を中核拠点に指定!

我々の財産である、神奈川県で唯一、国内有数の規模と機能を誇る伊勢原射撃場。今年開催される『紀国わかやま国体』でもクレー射撃の競技会場として使用されます。義家はこれまで伊勢原射撃場を平成三十二年の東京オリンピック・パラリンピックにおいて利用することを訴え、具体的に交渉、行動を重ねてきましたが、二月六日(金)午後六時、文部科学省よりオリンピックに向けて伊勢原射撃場を『ナショナルトレーニングセンター競技別強化拠点施設』として指定したと公表させて頂きました。今後は国内のトップアスリートたちが伊勢原射撃場を拠点としてオリンピックを、世界を目指し、トレーニングを積みますが、それは国内のみならず、世界の目が、地元に注がれることを意味します。このチャンスを次へ、未来へ。約束したことを、一つひとつ、着実にすすめてまいります。

子ども達を取り巻く状況の変化を直近の十五年で考えたとき、一番変化したのはなんでしょう。それは携帯電話の普及とその進化です。一昔前は家族共有の黒電話で、電話の取次ぎや会話などを通して子どもが誰と話をしているかがお茶の間でわかりました。それがワイヤレス電話、そして携帯電話に変わり、さらに通話ではなくネットアクセスに主眼を置いたスマートフォンと呼ばれる端末が一般的となった今、子どもが話してくれない限り、外での様子や人間関係、関心事が保護者の側からはまったくわからない、という教育史上はじめてのことが起こっているのです。情報セキュリティー会社『デジタルアーツ』が二月九日に発表したスマートフォンの使用率の調査では、高校生の実に九六・一%がスマホを使用し、さらに一日の平均使用時間は男子高校生で四・一時間、女子高生ではなんと七時間という結果が報告されています。にわかに信じがたい結果ですが、しかし私も電車通勤していますが、目にする乗客の半分をゆうに超える人々がスマートフォンを手に携えている現実を考えれば（私の場合電車乗り継ぎで一時間半、往復で三時間）あながちでたらめな数字とも言い切れないでしょう。ファミレスなどでも家族で食事しているのに各々が携帯の画面を眺めているなんて光景を度々目にします。もし子ども達が直接人と向き合うよりも、スマホを通して向き合う時間の方が長いとしたら、それは実に恐ろしいことだと私は思います。そのような『人間関係の危機』を放置すれば、必ずや社会は空洞化するでしょう。なぜなら社会において我々は『ひ

▼『週刊よしいえ』第9号　2015年2月16日

と』と『ひと』との『間』で、『人間』として生きているからです。子どもたちに実体験をどれだけさせるか。現代教育の最重要課題です。

愛甲郡が石破大臣、第一声の場所

安倍内閣が積極果敢に取り組み、補正予算、当初予算でも目玉として盛り込まれている『地方創生』。担当する石破地方創生担当大臣が全国遊説第一声に選んだのは清川村、愛川町でした。大臣は演説を終えると、まっすぐ羽田に向かいました。そのことからも分かるように、皆様に繰り返し訴えてきましたが、私たちの地域は地方創生のモデルになれる、いや、モデルとなる地域です。だからこそ担当大臣が選んでくれたのです。もちろん私も昨年秋『地方創生に関する特別委員会』の与党理事に就任して以来、大臣には徹底的に売り込みをしてきましたが、それは他の選挙区の議員も同じ。私たちには森と水源、川と自然、そして農業、高規格インフラ、工業団地、撚糸の歴史、観光振興の可能性、何よりも『人の輪』という財産を持っているのです。総力を結集し地元を創生しましょう。

丁寧に、謙虚に、しかし着実に、日本を前に

『週刊よしいえ』第10号　２０１５年2月23日

報道各社の世論調査による安倍晋三内閣の支持率は軒並み五十％を超える高支持率で推移しております。いくつもの理由が考えられますが、国民が民主党政権時代の不安定かつ場当たり的政権運営を教訓に保守政党による安定した政治を求めたこと、なによりも毎年のように内閣総理大臣が変わることへの問題意識が醸成された結果だと思います。私は平成十九年、第一次安倍内閣の時、国会議員にさせていただきましたが、振り返れば、それから福田、麻生、鳩山、菅、野田内閣とまさに一年おきに総理大臣が変わりました。当然、総理が変われば、大臣も変わる。とりわけ民主党政権時代では一つの内閣においても頻繁に内閣改造が行われました。そのような状況下ではシビアな外交交渉は到底できませんし、安定した景気・雇用対策も危機管理もできません。

国の命運を左右する喫緊の諸課題と直面している今、仮に保守政党による安定した政治を、と政権を託してくれた皆様の思いを忘れ、政権の座に胡坐をかくようなこと、あるいは権力闘争に明け暮れるようなことは断じてあってはならないと深く胸に刻んでおります。

平成二十七年度予算の論戦が連日、行われていますが、予算委員会での質問の多くが『当初予算』に関しての質問ではない、という大学時代、初めて真剣に予算委員会の国会生中継を見た時に感じたジレンマ（皆様は感じませんか?）を今は当事者として抱えながら、しかし、国家予算は国

民生活に直結し、基礎自治体の新年度を左右するものであるという厳然たる事実を胸に、今週も副幹事長として責任を持って汗を流します。

地元の声を代弁する、という重責

かねてより『県央経営者会』（大泉政治会長）の皆様からお預かりしていた、東海道新幹線『ひかり号』の小田原停車便の増便、具体的には現在は停車便がない午後七時台と九時台の増便についての要請を、国会内でＪＲ東海の新幹線鉄道業務本部の皆様にさせていただきました。国家戦略特区、さがみロボット産業特区など国家プロジェクトを多く抱える県央は、ビジネスマンの往来がさらに増大すること確実です。そして、それを見越した環境整備を先手、先手で行っていくことは極めて重要であり、小田原駅停車の増便が実現すれば県央のポテンシャルはさらに高まります。会議には県央経営者会の方々にも同席して頂き、まちの未来予想図を語って頂きました。今後も日本を牽引する国家プロジェクトを成功させるための環境整備に奔走します。ＪＲ東海の紳士的かつ誠実な対応に感謝です。

いのち、地元の未来を守る——平成27年春

▼『週刊よしいえ』第11号　２０１５年3月2日

悲劇を受け、心から思う。だから、動く

二月十六日（月）、再び厚木でかけがえなき子どもの命が、肉親により奪われるという事件が起こった。私の自宅のすぐ近所で起こった事件だ。

十六日午後八時過ぎ、市内マンションの一室から「二人の子どもを殺した」という一一〇番通報があり、警察が駆けつけると六歳と三歳の女児が首にあざを残し布団で仰向けに倒れていた。現行犯で逮捕されたのは二人の女児の母親（二十九歳）で、「二人とも手で首を絞めて殺した」「家事や育児をこのまま続けられるか、将来が不安になった。全部、私が悪い」などと供述しているという。母親は周囲に育児への不安を漏らし、一年以上前に厚木市の子育て支援センターにも育児の悩みを相談していたという。昨年五月、同じく厚木で発覚した、母親にも父親にも見捨てられた幼児（五歳）がたった一人、残されたアパートで衰弱死したという凄惨な事件も記憶に新しい。現場の前を

通るたび、子ども達の悲痛な叫びが心に響き、胸が張り裂ける思いだ。でも、だからこそ私は、ただ嘆くのではなく、ただ憤るのでもなく、責任を押し付けあうのではなく、地域の子どもたちのかけがえなき「いのち」を守るため、保護者、児相、教委、学校、保育園、幼稚園、行政、警察、医療関係者、企業、近隣住民、自治会などが総力を結集する仕組みを改めて創生する、と強く決意している。

かのマザーテレサは、「愛情の反対は、憎しみではない。愛情の反対は、無関心である」という箴言を私たちに残した。そう、関心、こそ、愛情なのだ。今、私たちの関心は、時代、そして未来から問われている。

さあ、いよいよ本格スタートです！

三月に入ると、皆様とお約束し、責任を持って推し進めてきたプロジェクトが、次なる時代へのロケットとして連続発射されます。

①三月八日（日）二十一時　圏央道・寒川北ＩＣ〜海老名ＪＣＴ間が開通！

三月二十九日（日）十二時　圏央道・相模原ＩＣがついに開通！

○国際競争力アップと成長戦略の実行〜民需の拡大

○地域経済の好循環〜広域経済・観光協働が実現！

沿線やインター周辺の企業誘致と民間投資が加速度的に進み、新たな観光需要も創出されます。政府・与党として圏央道の高速料金値下げも決定！環境は着々と整いつつあります。次の時代への号砲が鳴ります。

▼『週刊よしいえ』第12号　2015年3月9日

川崎市川崎区の多摩川河川敷で同区の中学一年生（十三歳）が虐殺された事件で、神奈川県警はリーダーとみられる少年（十八歳）ら三人を逮捕した。調べによると少年らは二月二十日午前二時ごろ、被害少年を河川敷に連れ出し、裸にさせて極寒の川で泳がせ、さらにはナイフで首などを切って虐殺し、数十メートル離れた草むらに遺棄。約一時間後には近くの公園のトイレで被害少年の衣服等を燃やすなど証拠隠滅を図ったことも明らかになっている。このコラムでも再三、イスラム国を名乗る武装テロ集団の凶行がネットにアップされ、その映像に我が国の子ども達が自由にアクセスできる環境とその影響について論じてきたが、まさにその憂慮が表出したかのような事件であろう。この一年間だけでも、昨夏起こった長崎佐世保で女子高校生が同級生を殺害しノコギリで手足を解体するという猟奇的事件、また先般、名古屋で女子名大生が「人を殺してみたかった」と、知人女性を斧等で殺害する事件が起こっている。あるアメリカの調査では、高度情報化社会で育つ現代の子ども達は、小学校を卒業するまでに『およそ八千件の殺人』、そして『およそ十万件の暴力行為』を目撃するとしている。そしてバーチャル空間で目撃するそれらには『痛み』はまったくない。社会経験の乏しい一部青少年にとって、現実と仮想現実の境界線は極めて曖昧なものであり、私たちが『常識』として考える以上に、彼らの『命』や『衝動』といったものへのハードルが低いのだ。

リアルとバーチャルリアリティーの決定的な違い、それは『熱』です。だからこそ私は時に暑苦しいと揶揄されようとも『熱血』を貫き、これからも当事者として彼らと向き合い続けます。私は決して、怯みません。

議論にはそれに相応しい場所がある

連日、予算委員会が開催されていますが、国家予算は地方行政や被災地へも大きな影響を及ぼすため、何とか年度内成立を、と野党の皆様に対して誠実かつ真摯に向きあっておるのですが、総合調整をしている幹事長室から与野党の論戦を見つめていると、どうしても一抹の虚しさを感じてしまいます。集中審議等、野党の要求を最大限受け入れながらセットしていますが、特にＴＶ入り審議の時は本予算とは直接関係のない質問が議場を席巻します。もちろん『政治と金』等の問題は極めて重大です。追求している最大野党の党首にも同種の事例が明らかになったのですから国会で徹底的に議論するのは当然です。しかし予算委員会はあくまでも国の予算を国民に開示し、その中身を徹底議論する場所です。「場を、わきまえよ」。日本人が大切にしてきた矜持の意味を、改めて噛みしめています。

『主権者』をどのように育むのか

▼『週刊よしいえ』第13号　２０１５年3月16日

三月五日、自民、公明、民主、維新、次世代、生活の六会派共同提出で公職選挙法改正案が衆議院に再提出された。成立すれば、すでに施行されている憲法改正の国民投票の投票年齢『十八歳以上』と同様、一般の選挙でも現行の『二十歳以上』から『十八歳以上』に引き下げられ早ければ来年春の参議院選挙で十八歳、十九歳、およそ二百四十万人が新たに有権者に加わることとなる。

しかし忘れてはならないのは、十八歳は高校三年生にあたる年齢である、ということだ。もしも学校の政治経済の授業で教師が特定のイデオロギーに基づく偏向授業を展開していたら、社会経験を持たない彼らの投票行動にどんな影響を及ぼすだろう。国会でも何度も取り上げてきたが、極めて不適切な授業やテストが行われている実態は確かにある。高校三年生を有権者とするのであれば、そのような授業の是正は急務だ。そしてそれだけではない。付け焼刃のように高校に入ってから「主権者教育」を行う、というだけでは無責任の謗りを免れないだろう。小学校、中学校、高校、そして十九歳年齢の者たちが籍を置く大学、短大、専門学校、さらには職場に至るまで系統的に「主権者教育」を実施することが求められる。また、親は、我が子を連れて投票所に足を運び、一人の主権者として、行動で主権者教育を行うことも重要だと思う。親世代の投票率が五割を切っている現状だからこそ、これを機に親として、保護者として、主権者としての一層の自覚が求められるだろう。

今、問われているのは若者達の現状ではなく、彼らと向き合う大人たちの姿勢と責任である。

相模縦貫道が全線開通！

先週の日曜日、寒川北インターチェンジから海老名ジャンクション間がつながり、ついに相模縦貫道が全線開通しました。記念式典は黒岩知事を始め、我々地元国会議員も駆けつけ盛大に執り行われました。私は挨拶で、中国文学の父とも呼ばれ、被災地仙台に留学経験を持つ作家、魯迅が遺した『故郷』という小説の最後に記されている一節を引用しました。

思うに希望とは、もともとあるものともいえないし、ないものともいえない。それは地上にある道のようなものである。もともと地上に道はない。歩く人が多ければ、そこに、道ができる。

数十年に渡り数多の人々がこの道を繋げるために一歩一歩を重ねてきました。そして今、完成したこの道は被災地東北へとつながっていくという『希望』を生み出したのです。希望を形に、それが私の責任です。

▼『週刊よしいえ』第14号　2015年3月23日

大変残念ながらそう表現しなければならないことに忸怩たる思いがあるが、ロシアが一方的に併合したウクライナ南部のクリミアに、政府からの再三の渡航自粛を無視し、民主党政権・鳩山『元総理大臣』が入った。しかも『ロシア発給のビザ』で、だ。国連の常任理事国でもあるロシアのプーチン大統領は国際法を無視して一方的にクリミアを併合した際『核戦力』を臨戦態勢に置く用意があったとも語っているが、まさにロシアの行動は世界平和に対する挑戦であり到底、看過することができない暴挙だ。そのような場所に鳩山氏はロシアの導きで嬉々として入り、「(クリミア編入の際の)住民投票を評価する」などの発言を繰り返した。しまいには国際社会からの鳩山氏の行動への非難に対し『クリミア移住』の可能性さえ言及する始末。当然ロシアはこれらを『日本の元総理大臣』発言と、と大々的に報道した。

ソ連(当時)は一九四五年、ポツダム宣言を受諾し降伏した日本に対し、北方領土を武力で占拠し、島民を一方的に追放した。以来七十年、我が国固有の領土はロシアによる不法占拠が続いているが、鳩山氏の行動、発言は、例えば密接な関係にある他国の元首相がロシアのビザで北方領土に入り、占拠の正当性を述べることと変わらない。弟の鳩山邦夫氏は「宇宙人らしい人間が、本物の宇宙人になった。少なくとも日本人ではなくなった」と酷評したが、ことは言葉以上に深刻な影響を国内外に及ぼすだろう。国内的には『亡国の民主政権』時代の、『過ちの宰相』という評価が定着しているが、対外的にはあくまでも『元日本政府のトップ』なのだ。だが民主党を責めてみても時計の針は戻らない。政権交代は当時の自民党が国民の信を失ったことが原因であったという事実を忘れず、役員の一人として汗を流して参ります。

『週刊よしいえ』、輪の拡大を！

オリンピックのシンボル、五輪マークは、ヨーロッパ・南北アメリカ・アフリカ・アジア・オセアニアの五大陸の、相互の結合と連帯を象徴して作られました。同様に『週刊よしいえ』は、厚木・伊勢原・愛甲郡・相模原・そして日本、五つの輪（和）の連帯と発展をスローガンに刊行しております。

是非、皆様の電話・ＦＡＸ回線をお持ちの友人・知人の方々をご紹介ください。また、駅頭等で手に取って頂いたあなたの電話・ＦＡＸ番号を、義家ひろゆき事務所

電　話　０４６‐２２６‐８５８５

ＦＡＸ　０４６‐２２６‐９００９

まで、ご一報ください。心を込めて紡いでいる『週刊よしいえ』を毎週月曜日、あなたのもとにＦＡＸさせて頂きます。お気軽にお問い合わせください。

振り返ると二十年と少し前、私は大学生だったが、レポートや論文の提出前に圧倒的な時間と労力を費やした場所は『図書館』だった。専門書を購入するお金も、それを置く十分な場所もなかったワンルームアパート暮らしの赤貧時代。図書館に並ぶ膨大な書籍の中から目当ての図書を探索し、それを熟読することは必須であった。専門書の筆者は、自分をインテリにみせるためにあえて難解な表現を用いているのではなかろうか、などと一人憤りながら紙の匂いに包まれた空間で多くの時を過ごしたものだ。しかし、現代、その作業のほとんどはコンピューターとインターネットが手助け・代替してくれるようになった。翻訳ソフトも驚くべき精度となった。私は教育において非効率さを経験することは極めて重要なことだと考えるが、それはさておき情報革命は確実に起こり、その新時代を今、私たちは生きているのだ。

ではこれから先はどのような社会となるか。専門家による衝撃の未来予想の一端を紹介したい。「現代の子ども達の六五％は大学卒業後、今は存在していない職業に就く」（K・デビットソン・NY市立大学教授）「今後十～二十年程度で、約四十七％の仕事は自動化される」（マイケル・A・オズボーン・オックスフォード大学准教授）「二〇三〇年までには、週十五時間程度働けば済む社会となる」（ジョン・M・ケインズ）。

いずれにしても蒸気機関の発明による産業革命、石炭から石油に変わったエネルギー革命、そし

▼『週刊よしいえ』第15号　２０１５年3月30日

て情報革命以来の社会的構造変化が起こることは間違いない。強い者が生き残るのではない。変化に対応できる者、が生き残る。連綿と踏襲してきた大切なものを守るために、我々は変革から目を背けてはならない。私たちは今、まさに未来から問われている。

随想・四十四回目の誕生日を前に。

昭和四十六年三月三十一日、私は団塊ジュニア第二次ベビーブーマーの一人としてこの世に生を受けました。高度成長期はすでに終焉を迎えており、物心がついた頃にオイルショック、学齢期は「受験戦争」と呼ばれた時代を生き、さらにやっと辿り着いた大学時代にバブル崩壊、就職氷河期の到来に合わせるように社会に飛び立ちました。私たちはいわゆる「いい時代」を一度も肌で実感したことのない戦後世代なのです。

しかし、そんな私たちだからこそ出来る事がある、そして創ることができる地域、日本がある、そう思っています。明日、私は四十四歳になります。そして明後日からは平成二十七年度がスタートします。四と四を合わせて『しあわせ』の歳。多くの希望と笑顔に出会える、来年の誕生日まで続く新年度がそんな一年となるよう誠実に日々を重ねたいと思っております。

さくら咲き誇る春、思いを胸に

▼『週刊よしいえ』第16号　２０１５年4月6日

春、満開。今年も全国各地で、桜の花が咲き乱れている。「風情」や「風流」などの漢字にも込められているとおり、風と共にはらはらと流れ散りゆく花びらを愛でる日本文化は、美というものの本質を内包した気高さがあると私は思う。そして、そう思うのはきっと私だけではないだろう。芽吹きの春、新緑の夏、収穫の秋、そして新たなる年が始まる冬。耳を澄ませばそれぞれの『季節の音』が聞こえてくる。はっきりとした四季があり、生物多様性世界一を誇り、海、森、水、田園、歴史・文化、都市から成り立つ日本。私たちにとっての当たり前は、世界の奇跡でもあるのだ。

さて、現在は統一地方選のまっただなか。日本中で知事選、県議会議員、政令市議会選挙が行われ、私も候補者と共に地元を駆け回り『地方創生』を訴えているが、盛り上がりに欠けているという指摘も多く寄せられる。背景には、今回『東京都知事選挙』が初めて統一地方選挙から外れ、メディア露出が激減したことがあると有識者らが分析しているが、それは東京への一極集中を打破し、地方の自立と成長を促すという『地方創生』のあり方や理念と矛盾する。東京だけで日本が成り立っているのではない。四十七の都道府県それぞれが、それぞれにしかできない個性、特性を発揮し、支え合って国が成り立っている。メディアで報道されずとも、無投票となった地域においても、地域の未来に対して主体的かつ闊達な議論が展開されて初めて『住民参画型・地方創生』（本当の地方創生）が実現する。春にしか咲き乱れない桜の花のように、地元ならではの『創生の花』を咲かせるため、最後まで全力で訴えてまいります。

義家試案から始まった改革スタート

昨年の通常国会で私が立案した『地方教育行政法の一部を改正する法律』が成立しました。無責任体制が叫ばれて久しかった『教育委員会制度』を、およそ六十年振りに抜本改正したものです。旧制度では『非常勤』の『教育委員長』が教育委員会の招集者（責任者）とする一方、委員会で唯一常勤の『教育長』は合議体の教育委員のメンバーの一人、という体制でした。結果、責任の所在が曖昧となり、隠ぺいの温床にもなっていました。

四月一日、改正した新教育委員会制度がスタートしました。合議体の教育委員会の責任者は『教育委員長』と『教育長』を統合した常勤の『新教育長』が担い、また教育施策について『首長』も参画する『総合教育会議』が必置となります。八年前、私が作成した『義家試案』からスタートした抜本改正。菩薩つくって魂入れず、にならぬよう、法の運用をしっかりと見守って参ります。

▼『週刊よしいえ』第17号　２０１５年4月13日

昨年夏、党を代表して米国に出張させて頂いたが、その中である米国要人と酒席で交わした雑談が深く印象に残っている。氏は言った。

「私も何度か訪日した経験がありますが、日本はとても不思議な国です。ホームセンターに買い物に行くと、ほとんどの車が駐車場にバックから入れて駐車していますね。でもアメリカでは車を頭から入れて駐車します。なぜなら、人々は買い物に来ているからです。購入した荷物を車のトランクに積むには頭から入れた方が合理的ですし、日本のように駐車していたら、大きな荷物は一度車を駐車場の外に出さなければ積み込めません」

私も運転をするようになって以来、皆にならって当たり前のようにバックから駐車場に車を入れてきたが、確かに合理性の面からいえば氏の言う通りだろう。しかし伝統的に日本人は合理性だけを基準として行動はしない（しなかった）。そのことをなるべく分かり易く説明しようと具体例を挙げて私はやわらかく、こう返した。「言われてみれば、確かにそうですね。でも日本には古来より『立つ鳥、後を濁さず』という諺があるのです。例えば靴を脱ぐ時あなた達は前向きに並べるかもしれません。来た時に直すのも、帰る時に直すのもかかる手間は同じだからです。しかし日本では靴を脱いだらすぐに爪先を玄関に向けて並べるように教育されます。お招きいただいた家人に気を遣わせず、手を煩わせない、それを『美徳』とする行動様式が習慣として定着しているからなのだと思います。車の駐車もきっと同じです」。

するると驚いたような顔をして、おっしゃった。

「『不思議』は訂正します。とても『神秘的』です。」

私自身、無意識にしてきた習慣だったが、なんだかちょっと誇らしい気持ちになった。日本の心は、美しい。

続・誇らしい、日本人の心性

トップコラムに続いて誇るべき『日本のこころ』の一端を紹介したいと思います。東京都で二〇一四年に『落し物』として届けられた現金は約三十三億四千万円と五年連続で増加しました。持ち主に戻った現金は約二十四億七千万円にものぼり、警視庁の遺失物センターによると、落し物が手元に戻った訪日外国人が「ミラクルだ」と驚嘆する事例も多いということです。落し物の受理数も全体では過去最高の約三五六万件。日本の教育、そして治安の良さを象徴しているデータだと思います。

実は昨年の十一月、自身の不注意で『置き引き』にあい、残念ながらまだ手元に戻ってきていませんが、このデータになんだか救われた気がしました。人様のものを拾ったら、お届けする。そんな当たり前は、世界では「ミラクル」であり、「お天道様が見ている」という先人からの教えは今もそっと息づいていると感じます。

▼『週刊よしいえ』第18号　2015年4月20日

すべて国民は健康で文化的な最低限度の生活を営む権利を有する。生存権を保証する日本国憲法第二十五条の条文である。これに基づき一九五〇年に『生活保護法』が制定され、様々な理由から生活に困窮する国民に生活保護費が支給されるようになったが、厚生労働省の今年四月の発表によると、立法当時と比し格段に豊かで、有効求人倍率も一倍以上となっている今、生活保護を受給している世帯は一六一万八八一七世帯と過去最多を更新し、特に若年層の受給が増加している。政治の目的は国民を貧困から守ることにあるが、同時に保護費は国民が納めている税で賄われていることも忘れてはならない。

例えば生活保護受給者の医療費は全額公費で賄われるが先日も生活保護受給者が制度を悪用して睡眠剤等を複数の病院から重複処方してもらい、それを転売して約四〇〇〇万円荒稼ぎしていた事件が発覚している。厚労省は二〇一二年十一月の一か月だけでも生活保護者の不適切な「重複処方」は全国で五一七七件あったと発表しているが、その背後では『貧困ビジネス』のブローカーたちも暗躍している。本当に公助を必要としている人を温かく、そしてしっかりと守るためにも、弱者を装った不正は厳に正していかねばなるまい。不正受給発覚の件数が十年前の四倍、過去最多の四万件超に上っている実態は制度の根幹を揺るがす危機であると私は思う。二十歳から六十歳まで四十年間、真面目にコツコツと国民年金の保険料を納めてきた方に支給される年金額は年七八万一〇〇円。十二か月で割ると月額約六万五千円だ。生活保護費は認められれば単身でもその倍である。障がい等の事情で真に公助を必要としている人々の尊厳や、正直にまっとうに生きてきた方々への十分な報い、社会保障の信頼を守るためにも運用の抜本改革は急務だ。

統一地方選、責任を噛みしめる

さる四月十二日、統一地方選の前半戦、神奈川県知事選、神奈川県議会選、相模原市長選、相模原市議会議員選の投開票が実施されました。厚木市、伊勢原市、相模原市緑区の県議会議員選挙では、各公認候補が万全の態勢で選挙準備を進めてまいりましたが、残念ながら無投票という結果となりました。選挙は民主主義を守る重要なプロセスであり、とりわけ地方選は日常に最も近いテーマでの論戦が行われる選挙です。その意味で無投票は本当に残念だったと思っています。選挙結果は、お蔭様で全体としては勝利させて頂きましたが、愛甲郡県議会議員選挙では公認候補が三〇五票差で惜敗、相模原市議会選挙では推薦候補がなんと一票差で次点となり候補者と後援会の皆様と共に真夜中まで悔し涙を流しました。我々には具体的政策があり、それを実現する根拠がありました。にもかかわらずの結果は神奈川十六区支部長である私の責任であると極めて重く受け止めております。

▼『週刊よしいえ』第19号　２０１５年4月27日

皆様は『鷹』にまつわるある『伝説』を聞いたことがあるでしょうか。

野生の鷹は鳥類の中では寿命が長く、最長で七十年ほど生きることができるといわれています。しかし、実際にその長い生を全うする鷹は四十年の節目に大きな試練を乗り越えねばならないといいます。四十歳くらいになると鷹の爪は劣化し獲物が捕らえづらくなり、鋭いくちばしも長くなり大きく曲がる。さらに羽は厚くなりすぎ速く飛べなくなる。この時期、鷹は『生の二者択一』を迫られるのです。そのまま死を待つのか、苦痛を伴う自己変革を選択するか、です。後者の選択をした鷹は渾身の力で断崖に飛び上り、そこに巣を築き、最初の五十日間は痛みに耐えて岩石を突いてくちばしを削り落とし、新たに生え出るのを待ちます。次の五十日間は生えてきた新たなくちばしで痛みに耐えながら劣化した爪を剥ぎ取り、再生するのを待ちます。そして最後の五十日間、新たに生え出た爪で古い羽根を抜き取っていく。こうして生きるために、ひたすら苦痛に耐えて過ごし、新たなくちばしと、新たな爪、新たにそろった翼を手にした鷹だけが再び大空に羽ばたいていくのだといい伝えられております。

戦後七十年。この間、日本のみならず、世界は歴史上最速で大きく変容しました。「これまで」と「これから」の距離が最も離れた「今」を我々は生きているのです。だからこそ為政者は国柄、伝統、平和、経済、国民生活などを包括する「日本」を守るための歴史的な変革が求められています。国会では政策論戦ではなく、野党による「揚げ足取り論戦」が続いていますが、無責任と断じざるを得ません。「変化こそ、唯一の永遠である」、まさに『改革なくして、日本の永遠なし』なのです。まずは政治改革だ。政府与党の副幹事長として、責任と自覚を持って今週も汗を流してまいります。

国はまず、自国民を守るのが優先だ

先週の『生活保護』についてのコラムの反響が大きかったので別の観点から。『生活保護法』は、その対象を『生活に困窮する国民』としており実際、最高裁も「外国人は生活保護費の受給権を有しない」と判断しています。しかし政府はこれまで外国人を生活保護の対象にしてきました。発端は一九五四年に発出された厚生省通知で「人道的かつ治安上の観点で当分の間困窮する外国人を保護の対象とする」としたのです。その『当分の間』は今日まで実に六十年に及び、今も四万六八七六世帯の外国人が保護を受けており、その国籍も様々です。戦後、困窮していた在日外国人を守らねばならない必然性があったことは理解できる。しかし戦後七十年。本来、彼らを守るべき責任があるのは彼らが国籍を置く国なのです。包容力は日本の誇りです。しかし社会保障費が年一兆円ずつ増加し消費税増税が行われている中これまで通り全ての外国人を対象とし続けるには議論が必要です。

▼『週刊よしいえ』第20号　２０１５年5月4日

明日は『こどもの日』だが、現在、少年らによる残酷な殺人事件等を受けて『少年法適用年齢の引き下げ』、投票年齢を十八歳以上に定めた憲法改正の国民投票法の施行に伴う『選挙権年齢十八歳への引き下げ』、さらに民法改正による『成人年齢の引き下げ』議論が行われ、党の政調会にも特命委員会が設置され、私は幹事長代理を任じられた。だがマスコミも含め現在の議論には諸外国との比較ばかりが先行し、法制定時の日本社会の状況や社会情勢の変化を踏まえた『未来志向の議論』が不十分であると私は警鐘を鳴らしている。

今から六十年前、一九五五年の高校進学率は約五二％で、およそ半分の中学校を卒業した子どもは社会人経験五年を経て成人を迎えた。さらに、大学進学率はおよそ十％。つまり高卒者の九割が成人までに二年間の社会人経験を積んでいたことになる。一方で現在の高校進学率は約九十七％、大学、短大、専門学校への進学率は約七十三％である。そう現代は七割を超える若者が社会人経験を経ぬまま成人しているのだ。そもそも大人には、社会の中で自らを律し、自身の意思と責任で人生を選択することが求められる。成人年齢を定めている民法や公選法、少年法は、『成人』に一定の知識と社会人経験が必要であるという前提で立法されたと解するのが適当だろう。しかし我が国は戦後急速に発展し、高度化、複雑化した。結果、社会から求められる知識やスキルが立法時と比して増大し、それが今日の進学率へとつながったのだ。従って立法時と単純比較するならば、むしろ成人年齢を上げる、ということになる。私は何も引き下げに反対するつもりはない。だがならば時代の変化に合わせ、教育システムを抜本的に改革しなければ無責任であると声高に主張しているのだ。皆さんはどう思いますか。

今日は何の日?・祝日の由来を思う

ゴールデンウィーク真只中。私が暮らす県央にも多くの観光客が来訪している。もっとも地域代表である私は連休だからこそ、今年も地域の皆様と共に伝統行事やイベントなどに参加している。今年のゴールデンウィーク後半は二日、三日、四日、五日、六日の五連休だが、このうち『国民の祝日』は、三日、四日、五日だ。さて、憲法記念日（三日）、こどもの日（五日）はよく知られているが、四日の『みどりの日』は、以前は四月二十九日だったことをどれだけの方が覚えているだろうか。この日は昭和の時代は『天皇誕生日』であったが、天皇が崩御された平成元年、昭和天皇が植物に造詣が深かった等の理由から『みどりの日』と改まった。さらに平成十九年、この『みどりの日』が『昭和の日』と改まったことで、『みどりの日』が五月四日に振り替えられたのだ。連休は大事かも知れないが、国民の祝日の由来が軽くなってしまっていることを私は大変、危惧している。

▼『週刊よしいえ』第21号　２０１５年5月11日

昨年の総選挙に続き、春の統一地方選挙でも投票率が過去最低を更新し、無投票に終わった選挙も多数ありました。国民の政治に対する無関心は民主主義を形骸化させ、劣化させてしまいます。だからこそ私たち為政者は有権者が投票に行かなかったことを嘆くのではなく、より積極的に自らの政治理念や活動を訴える責任があります。毎週月曜日発行の『週刊よしいえ』も今回で二十一号。もっともっと多くの皆様にお届けしたいと思っております。是非、事務所までご連絡を下さい。毎週月曜日に、ＦＡＸにて届けさせて頂きます。

さて先週号でも触れましたが今後、国会では投票年齢を十八歳に引き下げる公職選挙法改正の議論が本格的に行われ、主権者教育の議論も行われますが、私はもっとも身近な主権者教育として、ある提案を国会でしております。「もっとも効果的な教育は、本物に触れさせること」という教師時代からの信念に基づいた提案です。

公選法五十八条では「選挙人の同伴する幼児その他の選挙人とともに投票所に入ることについてやむを得ない者」以外は投票所に入れないと規定しています。つまり現行の運用では原則、子どもは保護者と共に投票所に入ることが出来ないのです。投票所には、机と黒板の世界では学べない、模擬投票では感じることの出来ない静謐と厳然たる参政権の行使があります。通知を発出し、本物の選挙を、特に小学生に、親の背中と共に体験させることこそ重要な主権者教育であると私は思います。もちろん投票所の静謐さは確保されねばなりませんが、それは親の責務です。結果、親たちの意識も高まり、五割を切っている現役世代の投票率の上昇も期待できるのではないでしょうか。死語となったとも揶揄される「親の背中」。今こそ大人たちの背中（行動）の見せ所です。

日本の誇りを表祝できる栄誉

世の中はゴールデンウィークでしたが先日、大島理森衆議院議長主催で、昨年、ノーベル物理学賞を受賞された赤崎勇・名城大学名誉教授と令夫人、天野浩・名古屋大学教授の表祝式典が衆議院で行われました。私も所管する文部科学委員会与党筆頭理事として、委員会を代表して式典に参加させて頂きましたが、世界を驚かせた青色発光ダイオード（ＬＥＤ）の発明により、世界の『あかり』に革命的変化をもたらしたご両人の謙遜を忘れず柔和な物腰を心がけるお姿に触れながら、日本人の礼儀正しき態度が世界から尊敬を集める所以に直接触れさせて頂いた思いです。

実るほど、頭を垂れる、稲穂かな

心では堂々と胸を張り、態度や物腰はあくまでも慎ましく。まさにお二人は秋の田園の稲穂のように黄色に輝いて見えました。本当に、おめでとうございます。

▼『週刊よしいえ』第22号　２０１５年5月18日

五月も半ばを過ぎ、空から降り注ぐ日差しは、季節が確実に春から夏へと移っていることを物語っている。そんな中、炎天下の中で開催される屋外のイベントでは木陰の存在が本当にありがたい。改めて「お蔭様」という言葉を噛みしめる。日本語は別称「和語」と呼ばれるように「和み」をもたらす世界一「深い言語」であると私は思っている。先の木陰に対してさえ感謝を見出す「お蔭様」、他にも、相手の苦労を労う「お疲れ様」や、助け合いの気持ちを表す「お互い様」など言葉から「お」と「様」を取ったら和語ではなく、ただの語に変わってしまうように、それぞれの言葉には他者への深い尊敬と感謝が織り交ぜられている。聖徳太子が制定した世界最古の憲法『十七条の憲法』でも第一条に「和をもっと貴しとなす」と記されているように、言葉だけではなく、日本人は和の精神を大切にしながら歴史を紡いできた。

一方、国会の周辺に耳を傾けると、いよいよ始まった『安保法制』の議論に関連して、官邸周辺のデモにおいても、また野党の国会議員からも「戦争法制」や「戦争ができる国造り」「地球の裏側まで行って戦争をする国にしようとしている」など、先述した和語からは程遠い過激な言語が連呼されている。私たちが大切にしてきた日本語（和語）には、「和というものは自分一人だけでは成り立たない」という真理が込められている。東アジア、ひいては世界の平和もまた、一国の願いや行動では成り立たない。日本がどんなに平和を求めても、軍事拡大路線をとる中国の野心的な海洋進出が進んでいるのがその証左ではないか。平和とは「ある」ものではなく、願い、創り、そして護るものであり、唱えれば実現するような類のものでもない。我々は改めて「和の精神」を原点として平和を考える時を迎えていると私は思う。

「和語」（日本語）を改めて考える

トップコラムでも触れたが、最近つとに日本語の奥深さを再考察し、感嘆することが多い。幾重にも歳を重ねてきた、ということなのだろう。例えば文豪・夏目漱石の代表的作品『吾輩は猫である』は、皆様の多くが読んだことがあるであろう国民的代表作だが、さて、ここで一考。この作品を英語に翻訳したら、タイトルはどうなるか。「I am a cat」だ。そこにはなんの趣も感じられない。日本人は相手や場面、状況によって自らのことを、「わがはい」「わたくし」「わたし」「わし」「あたし」「ぼく」「おれ」といったように使い分け、その時々で、相手の心にもっとも届くであろう表現をする。もし『吾輩は猫である』が、『僕は猫である』というタイトルだったら、中身はまったく違う内容の小説になるのではなかろうか。日本語には風情がある。英語教育も結構であるが、国語教育は日本の風情の教育、和の教育であることも忘れてはならない。

▼『週刊よしいえ』第23号　２０１５年5月25日

私の選挙区には神奈川県内で唯一の村、『清川村』がある。愛甲郡（愛川町・清川村）清川村には横浜、川崎、相模原等神奈川県全体の三分の二の地域、実に神奈川県人口の九割に水を供給する関東屈指のダム『宮ケ瀬湖』があり、神奈川の水瓶としての重責を担っている。まさに「命の村」、それが清川村なのだ。豊かで安全な水を享受する一方、その湖底には、公のために移転を余儀なくされた約三百戸の家々と、当該地域の長きに渡る歴史が眠っていることを私たちは決して忘れてはならない。また「水道の蛇口を捻れば安全な水が注がれる」という世界に誇る日本の水環境の土台には、それを成し得るために捧げられた数多の思いがこもっていることも後世に亘り、伝え続けていかねばならない。

そんな清川村で今、村長の主導のもと『道の駅構想』が進められている。村の中心に位置する交流促進センターを核の施設とし、神奈川県下では十八年ぶり三番目の道の駅としての開所を目指している。全国のＪＲの駅はおよそ四五〇〇。一方、一九九三年に制度がスタートした道の駅は全国に一〇五九を数えるまでに増えた。制度発足当初は地域の特産品の販売に主眼を置いた高速道路のＳＡとよく似た施設であったが、およそ四半世紀を経た今、道の駅は地域の創意工夫の場として大きく進化して注目されている。例えば清川村とほぼ同じ人口規模の群馬県川場村に設置された道の駅にはビールやミート工房、陶芸体験教室等があり年間で一二〇万人が訪れる。世界銀行も日本発の「ＭＩＣＨＩＮＯＥＫＩ」として詳細なガイドラインを公開しているほどだ。県内外から多くの方々に清川村を訪れて頂き、共に「水のめぐみ」に感謝する。そんな道の駅「清川」（仮称）のオープンを、地元代議士として全力で後押しして参りたい。

先代、先々代、その前からの思い

過日五月十二日は、私の先々代の地元代議士で、二〇〇六年に急逝された故・亀井善之先生の命日でした。今年もお宅にお邪魔し静謐の中でそっと手を合わせ、先生が人生を賭けてこられたこの地元を守り未来へとつなげていくことを改めて誓わせて頂きました。今秋結党から六十年を迎える自民党は、パフォーマンス政党ではないし、そうあることが許されない日本でただ一つの『国民的保守政党』です。日本の歴史や伝統・文化、先人たちのご労苦に絶えず思いを馳せ、日本という国を後世に繋げるために、改革すべきは断固改革していく、改革（革命）が目的の「革新政党」ではなく、日本を守ることを目的とする「改革政党」なのです。先代代議士・亀井善太郎氏、先々代の亀井善之先生、そして中選挙区時代から政治に参画し地元の歴史を紡いでこられたすべての人々の思いを背負って、私はこの場所を生きています。今後も誠実に謙虚にその重責を果たして参ります。

世界の中心で、平和を守る――平成27年夏

▼『週刊よしいえ』第24号　２０１５年６月１日

先週土曜日五月三十日は、一人息子の十二回目の誕生日で、私たち夫婦が親となって十二年という節目となる日でした。私が大切にしている言葉に「親子同歳」という言葉があります。子どもの誕生日は、その子の親としての誕生日でもある、という箴言です。息子はまだ十二歳の子ども。しかし、誕生の瞬間、真っ赤な顔して声の限り泣いていたあの日あの時と比べたら、天と地ほどの差です。今は思春期の入り口へと歩みを進め、時折、小憎たらしい態度をするようになりましたが、彼の成長を本当に眩しく、頼もしく、そして誇らしく思っています。ひるがえって、親である私は彼の目覚ましい成長の欠片ほどでも成長できているんだろうか、と常に自問自答する日々です。親の子に対してのもっとも重大な責任は「我が子のすこやかなる成長を守る」ことなのはいうまでもありません。しかし子どもの成長に責任を持つためには、同時に親としての自身の成長にも責任を持たねばならないのだと私は自分自身に課しています。特に、子どもを取り巻く環境が歴史上類を

みないほど多様・複雑・高度化し、さらには孤立・個別化の様相をも呈している激動の時代に親となり、子育てをしている私たちの「自身の成長への責任」は極めて重大な課題であると思っております。まだまだ未熟な息子、そしてまだまだ未熟な私たち夫婦。しかしそれを嘆く必要はない。なぜなら、「未熟」と「可能性」はイコールでもあるからです。これからも三人で寄り添い合いながら夢（可能性）を求めて共に成長して参ります。まっすぐな瞳で「てって、てって」（おとうさん）と私に向かって手を伸ばしたあの日、あの時の息子の無垢な笑顔を宝物のように胸に刻みながら。子どもの成長を守れぬ者に、地元の、日本の成長を守れるはずなどないのですから。

嬉しく、そして誇らしい週末の汗

地元では毎週、数多の行事が開催されている。例えば五月の週末イベントだけでも三十を超えた。秘書と共に可能な限り足を運んでいるが、その際、私は必ず、嬉しく、そして誇らしい気持ちになる。なぜなら、それらの地域イベントのいたる所に後援会の皆様の姿が、地域を愛し、主体的に参画し、汗をかいているその姿があるからだ。テントの設営や撤収を担う方、備品の手配を一手に担う方、苗を売る方、子ども達の体験活動を主催し導いている方、出店で焼きそばなどを作り汗を流される方、販売する方、骨董市を開く方、場内整備や誘導を担当する方、ボランティアとして美化活動を率先して担う方。まさに名実共に地域を担われている皆様に支えられながらこうして政治活動ができている幸せを、毎週のように痛感し、嬉しく、誇らしくなる。今週末も皆様に会いに行きます。そして胸を張って会いにいくために、今週も課せられた責任をしっかり全うします。応える！

▼『週刊よしいえ』第25号　２０１５年6月8日

今年も間もなくジメジメした梅雨の時期がやってきます。湿度と共に降水確率が高いこの時期、いつ降り出すか分からぬ雨への備えで折りたたみ傘を鞄に常備している方々も多いのではないでしょうか。私もその一人ですが、過日、突然の雷雨が襲った夜、たまたま傘を忘れていた私は本厚木駅構内の売店でビニール傘を購入し、暴風雨の中、駅から徒歩二十分程度の自宅に向かって歩き出しました。すると、ふっと少年時代の思い出が脳裏をよぎりました。「雷が鳴ったら、雷様が落ちてくるかもしれないから傘を持っていても、いなくても近くの軒下で雨宿りをして、雷様の様子をしばらくうかがいなさい」。私の育った田舎では、少なくとも三十年前には、多くの子どもが保護者からそう教わり、下校時に突然の雷雨に見舞われた際は、みんなで通学路にある家々の軒下で雨宿りをしたものでした。時には、子ども達の姿に気が付いた家人がお菓子を差し入れてくれるサプライズもあったり。耳に響いてくる雷鳴への畏怖と、道草的な楽しさが入り混る忘れられない少年の日の思い出です。

あれから幾年月、社会人となってからの私の毎日は余りにも多忙で、一見、雨宿りや道草とはまったく無縁ともいえる毎日ですが、物理的な時間は限られていても、それは今、必ず週末に訪れます。国会は今、暴風雨の渦中ですが、党利党略から離れ、膝詰めで語らう皆様との時間があるのです。雨宿りをしなければ生まれない縁があります。電車を途中下車し、駅を降りてみなければ車窓から見える風景以外の景色には出会うことはできません。私にとっての週末は、まさに「それ」なのです。願わくばいつの日か、私は皆様の傘になりたい。安心と笑顔を守れる優しい軒になりたい。そのためにも私はさらなる成長を遂げねばなりません。今週も頑張ります。

心から感謝と御礼を申し上げます

六月三日（水）東京・ホテルニューオータニにて『深緑政経セミナー』を盛大に開催することができました。これもひとえに発起人の皆様、後援会、後援企業、後援団体のお力の賜物であり、心からの感謝と御礼を申し上げますと共に、改めて自身の全うすべき責任の重さを受け止め、覚悟と決意を新たにしております。会には谷垣禎一・自由民主党幹事長も御臨席頂き、もったいないお言葉を頂戴いたしました。また私も五十分の時間を頂いて、新聞やテレビニュースでは伝えられない平和安全法制や投票年齢の引き下げ等における党内議論、国会審議の実態や裏話など与党副幹事長だからこそ知り得る様々な話を語らせて頂き、大きな立食のパーティーではなかなか出来ない貴重なセミナーとなりました。ご協力頂いた皆様、ご多用中の中ご参集頂いた皆様の期待に応えるべく、今後とも「言葉」だけではなく具体的に「行動」を重ねてまいることを改めてお誓いします。

▼『週刊よしいえ』第26号　２０１５年6月15日

「止まっている時計でも、一日に二回は正確な時間を刻む」というブラックジョークがあるが、不名誉なことにこのジョークは戦後日本の安全保障議論を論評する例示としてしばしば引用される。冷戦崩壊後、国際情勢は激変した。中国の経済成長と野心的な海洋進出、東南アジア諸国も経済発展に伴い国家間バランスは大きく変化している。日本が消費する石油の大半を依存している中東では武装したテロ集団が猛威を振るい、不安定な中東情勢はエネルギー価格を乱高下させている。北朝鮮では核開発が進められ、歴史的に繋がってきた中朝関係も変容した。ロシアによるクリミア併合も記憶に新しい。冷戦時の均衡が崩れた現代、世界は新興勢力の跋扈により、緊張を余儀なくされている。にもかかわらず我が国における安保議論は長らく思考停止を続け、新時代における安全保障の方針や役割についての具体的議論は徹底封印されてきた。日本は戦後、平和憲法のもと、平和を享受してきたといわれるが、しかし、果たしてそれは「真の平和」と呼べるものだったか。ロシアに北方領土を、韓国に竹島を占領され、中国による領海侵犯が連日続き、海上保安庁の巡視船が中国漁船に体当たりされ、小笠原のサンゴが強奪され、北朝鮮により多くの日本国民が拉致されながらいまだ帰国できていない。それでも平和だったと本当に心から断言できるだろうか。安定した新秩序を創造するためにも、日本をはじめとする、自由・人権・法の支配・民主主義、という基本的価値を共有する国々が、経済のみならず和平分野においてもより一層連携して抑止力を高めねばならない。特定の大国の均衡だけで平和の状態が保たれた時代はとっくに終焉しているのだ。我々だけでなく、世界中の人々が真に開かれた社会で、幸福を追求し、安心して日々を生きるためにも。

大人達の言葉を聞いて、子は育つ

先日の夕刻、地元に電車で戻る際、中学生の一団と乗り合わせました。無邪気に語り合う彼らの会話が自然と耳に届きます。そんな中、一人の少年がギクッとする話を得意気に話し、なんとも複雑な気持ちになりました。

二人の冒険家がサバンナにいきました。そのうち一人は頑丈なブーツを履き、もう一人はジョギングシューズを履いていました。ブーツの男は友人に言いました。「おい、なんでこんな危ない場所にそんな靴を履いてきたんだ?」「ライオンが襲ってきたら逃げるためさ」。ブーツの男は言いました。「そんなシューズでライオンより早く走れるものか」。すると「いや、お前より早く走れるだけで、俺は安全なのさ」と答えたとさ。ギャハハ。

もちろん冗談ですが、私は笑えませんでした。少年が「先生が言っていた」と続けたからです。子どもは大人社会を映す鏡、気を付けたいものです。

▼『週刊よしいえ』第27号　２０１５年6月22日

日本から遠く離れた東ヨーロッパにあるトルコは、親日国として知られています。その絆の始まりは明治期までさかのぼります。一八九〇年、横浜港から帰国の途についたばかりのトルコ軍艦「エルトゥールル号」は、台風の直撃に遭い紀伊大島の樫野崎の岩礁に激突して、乗組員五八七名が死亡・行方不明という大惨事に見舞われました。その時、現場近くの大島村の人々は、村総出で救助に向かい、六十九名を救出し、献身的に看病したそうです。翌日には明治天皇の指示で政府を挙げての捜索・救助が行われ、数か月後、日本の軍艦で六十九名をトルコまでお送りし、義援金もお渡ししたそうです。

それから九十五年後の一九八五年、イラン・イラク戦争が開戦しました。フセイン大統領は「今から四十八時間後、民間機を含めイラン上空を飛ぶ全ての飛行機を撃ち落とす」と宣言。各国軍は即時、自国民をイラン国外に退避させました。当時イラン国内には二一五名の邦人がいましたが、根拠法がなく自衛隊の海外派兵はできませんでした。依頼した国内航空会社にも労働組合の反対により断られ、「万事休す」、誰もがそう思ったタイムリミットから一時間十五分前、テヘランの空港に二機の民間機が危険を覚悟で降り立ち日本人全員をイラン国外へと運んでくれました。その飛行機は、そう、トルコの民間機でした。「九十五年前のエルトゥールル号の事故に際して、日本の人々がしてくださった献身的な救助をトルコの人々は忘れていません。トルコでは子ども達でさえ、知っています。知らないのは、日本人だけです」とトルコ元駐日大使は語ってくれました。一国平和主義では、自国を、自国民を守り切ることは出来ないし、国際平和への貢献もできません。歴史には光と影がありますが、影さえも温もりで包む絆を構築していく決意です。

民主党が憲政史上に残る暴挙

六月十二日の厚生労働委員会で到底看過できない事態が起こりました。野党の「総理入りの審議でなければ委員会は受けられない」という要求をのみ、総理日程をなんとか調整して委員会がセットされたのですが、民主党は突如、審議を拒否。さらに「委員長を委員室に入れない」と委員会室入り口に集団で陣取って、入場しようとする厚生労働委員長と衛視さんに摑み掛かり、委員長に全治二週間の怪我を負わせました。また委員会中も座席に座らず委員室の隅に立ちヤジで審議を妨害し続けたのです。平和安全法制が議論されていますが、国権の最高機関の国会で起こったこれら暴行と恫喝。衛視さんには逮捕権がありませんが街で同じことをしたら通報されて現行犯逮捕です。戦争、戦争を連呼して国民の不安をあおり、一方で自分たちの思い通りにならなければ無抵抗の人間に対し威嚇し、暴力をふるう。これは明らかな言論、平和への背信行為です。責任を求めます。

▼『週刊よしいえ』第28号　２０１５年6月29日

「今の子どもは分からない」。先生と呼ばれるようになってから二十年。この嘆きにも似た声をこれまで何度、耳にしてきただろう。一方、それは、『大人達』が生みだした必然である、という事はほとんど語られない。子ども達の変化の起点ともいえる象徴的出来事が、私自身もまだ高校生だった一九八八年二月一〇日にあった。この日は八三年に任天堂から発売され一気に子ども達に普及したテレビゲーム『ファミリーコンピューター』の人気ゲームソフト『ドラゴンクエスト3』の発売日。話題ゲームの購入を求める人々の列は社会現象となり、その様子はニュースでも大きく取り上げられた。その報道を垣間見て、当時はけっしていい子ではなかった私ではあったが、それでも心底、唖然とした。列には平日にもかかわらず子ども達の姿も散見され、インタビューを受けたある大人は「子どもの代わりに会社を休んで買いに来ました」と悪びれずに答えていた。子どもが長時間ゲームに没頭する生活態度が問題視され、実際、友人らはそれを巡って親とせめぎ合いを繰り返していたが、子どもが学校を休んで購入の列に並ぶ姿、親が会社を休んで並ぶ姿に私は寂寥と共に一つの時代の終焉を感じた。時を同じくして居間にあった黒電話はコードレス電話へと変わり、子どもは自室に電話を持ち込めるようになり、我が子が誰と会話をしているのかも分からなくなった。家族よりも長くゲームと向き合い、自室で友と会話する。そして今、ネット・スマホへとツールは更なる進化を遂げた。子どもたちが分からなくなってしまうのは必然だったのだ。嘆くよりも取り戻さねばならない。何を？家族団欒を、だ。一日一回、テレビを消して家族同士で語らう、そんな、かつての「当たり前」は、こんな時代だからこそ、もっとも大切なことであると私は思います。

未来へと続く道を。地元創生！

七月五日、厚木市議会議員選挙が告示となります。力を合わせて政権を奪還し、地元創生を進めてきた仲間たちと共に戦う真夏の選挙がスタートします。昨年十二月の衆議院総選挙、二月の厚木市長選、四月の統一地方選、そして厚木市議会議員選挙、その次は愛川町議会議員選挙と続きます。私たち議員団は『これまで』（歴史と先人への感謝）、『今』（誇りと諸課題）、そして『未来』（繁栄と安心）を絶えず見つめ、議論し、時代の転換期だからこそ、国・県・市町村で一本の道を形成し政策を実行してまいりました。どれが欠けてもその道は通行止めになってしまいます。仲間たちと共に太く、強く、優しい『未来へと続く道』を創造してまいりますので、どうぞ皆様のその唯一無二のお力を自民党公認・推薦候補、義家ひろゆき十六区議員連絡会所属議員にお与えください。厚木市在住のお知り合いをご紹介ください。お力を貸して下さい。どうぞ宜しくお願いします。

▼『週刊よしいえ』第29号　２０１５年7月6日

悲しみを力に変えた働きかけで、実現しました！

忘れもしない。昨年五月三十日、厚木市下荻野のアパートの一室で、消息が分からなくなっていた斎藤理玖くん（当時五歳）が、白骨化した遺体で見つかりました。虐待され、両親にも見捨てられた先で消えた命の痛みはいったいどれほどだったろう。マザーテレサはこう言いました。「愛情の反対は、憎しみではない。愛情の反対は、無関心である」。そう、関心こそが、愛であり、その連帯は子ども達の命を守り得ると私は信じます。しかし、問題は、もしも「虐待」の可能性を感じたとしても、それはあくまで「可能性」である、という事です。学校に相談すればいいのか、教育委員会に相談すべきなのか、市町村の担当課に相談するのか、都道府県の児童相談所に相談するのか、あるいは警察に通報するのか、誰もが迷うことでしょう。そして、もし各機関に相談・通報をして動いてもらったとして、調査の結果が、勘違いであったり、虐待が明らかにならなかったりしたなら逆恨みをされてしまうのではないか、と躊躇してしまうのも当然のことだと私は思います。だからこそ「通報者と相談内容に関する秘密がしっかりと守られる」ことと「全国共通電話番号と相談窓口の一本化」が必要であると声をあげ、汗を流してまいりました。そして遂に七月一日（水）新制度がスタートしました。虐待かも？と思ったら、迷わず電話番号『一八九』（いちはやく）番にご連絡ください。この番号はお近くの児童相談所担当窓口に直接繋がり、通報者、内容の秘密も守られます。通報を受けた児童相談所は、教委、学校、もちろん警察とも連携し、対応します。皆様の関心で、「いちはやく」（一八九）。その「愛」の連帯が子どもを救うのです。

伊勢原『はなの会』バーベキュー大会

一昨日、七月四日（土）伊勢原市大山にて、伊勢原市の女性の皆様による義家後援会『伊勢原はなの会』主催のバーベキュー大会が開催されました。新緑の緑と川の音、そして皆様の笑顔に包まれ、国会では常に厳しい環境の中で緊張して業務にあたっている私にとって、けっしてお世辞ではなく『優しき花々に囲まれた癒しの時』となりました。そして改めて『笑顔』というものの大切さを痛感しました。滝川クリステルさんが五輪招致のプレゼンテーションで世界に発信した「おもてなし」という言葉。この言葉の語源は「表なし」であり「表がないのだから、裏もない」、まさに「無償の歓迎」を意味していますが、改めてその気持ち、その在り方、そして、その意味を「はなの会」の皆様に教えて頂いたと思っております。素敵な時間を本当にありがとうございました。是非とも厚木、愛川、清川、相模原にも、この優しき「はなの輪」を広げて頂きたいと切に願っています。

▼『週刊よしいえ』第30号　２０１５年7月13日

欧州のある学者が私に「長く発展途上に悩まされてきた新興国には大きなチャンスが訪れている。一方で、目まぐるしく変化する時代にありながら、かつての成功体験や繁栄を絶対の基準としている国、とりわけ日本のような国は、急速に、ではなく、ゆっくりと、しかし確実に衰退していくだろう。いうなれば今後、成長が予想される『発展途上国』とは対極の『衰退途上国』、私の日本への評価は、まさにそれです」と言いました。私は即座に「あなたの認識は観念的、欧米至上主義的であり、日本を過小に評価しているものです」と反論しました。

皆様は日本企業が創っている製品で、『世界シェア七十％を超える製品』はどのぐらいあると思いますか。雑ぱくに見積もってもその数一〇六。世界シェア九十％超の製品が五六、さらに光学レンズや半導体レーザー、吸湿速乾繊維など、世界シェア一〇〇％のものが二十二あり、いずれも世界の機械、家電、繊維、ＯＡ、自動車、半導体、コンピュータなどの産業にとって不可欠です。また、それを作るためには開発技術者のたゆまぬ努力や職人の熟練技術を必要とします。言い換えれば世界の産業はその方々なしでは成り立たないということです。日本企業や技術者は過去の成功に安住することなく累次の革新を重ね、変わらずに世界から必要とされています。仮に学者が言うように今後国力が衰退していくとするならば、民主党政権時のように、行き過ぎた円高が放置され、企業が設備投資や技術を海外へと移転させ続けた時です。ＧＤＰ（国内総生産）は大きく持ち直し、現在のところ年率換算で三・九％の伸びを記録しています。これは設備投資の国内回帰が大きな要因です。純粋な『メイド・イン・ジャパン』が世界を牽引する。そんな環境を創りあげ、守り続けていくことは為政者の使命です。

仲間たちと地元創生を再スタート！

昨日、厚木市市議会議員選挙の投開票が行われ、自民党公認・推薦候補をはじめ、多くの仲間たちを市議会へと送り届けることができました。厚木市在住の皆様ばかりでなく、市外の方からも絶大なる応援、激励を頂きました。まさに今回の選挙結果は後援会の皆様の総力の賜物であり、神奈川十六区支部長として衷心より感謝を申し上げます。私たちは今後も共に手を携えて共働し、伊勢原市、愛甲郡（愛川町・清川村）、相模原市はもとよりさらに広域にわたる自治体の首長・議会の皆様とビジョンを共有した上で連携を深化させ、地元の未来を力強く切り開いてまいる決意です。政治とは、国民のものであり、地方自治は、市民、町民、村民のものであるという原点をけっして見失うことなく、今後も皆様と共に地に足をつけた活動を重ねることで、連日の雨空の下、全身濡れながら支えて頂いた『思い』に、応えてまいります。今後ともご指導の程宜しくお願い致します。

今日は『海の日』（国民の祝日）、皆様も思い思いの夏の三連休を満喫していることと推察いたします。

さて平成七年『国民の祝日に関する法律』が改正されて祝日となった七月二十日（平成十五年改正で七月の第三日曜日へと変更）の『海の日』ですが、この日が『海の日』（記念日・祝日）となった由来を、特に若い世代は知りません。教えられていないのですから当然です。しかし『国民の祝日』の由来を国民が知らないというのでは祝日の意味をなさないので改めて記します。『海の日』の歴史は明治維新のまっただ中の明治九年にまで遡ります。その年、明治天皇は初となる東北地方への巡幸に就かれました。その折天皇陛下は灯台巡視汽船『明治丸』にて御移動され七月二十日、長い巡幸を終え横浜港に帰港されました。これにちなんで昭和十六年、村田省蔵大臣の提唱により祝日ではありませんでしたが『海の記念日』という名称の記念日とされたのです。ちなみにこの『明治丸』はその後、東京商船学校（現東京海洋大学）の練習船として使用され、現在も東京海洋大学のキャンパスに保存されています。三百六十度を海に包まれ生物多様性も世界一を誇る海洋国家・日本。海の恩恵に感謝し、繁栄を願う（祝日法二条）日を祝日としているのは世界では日本だけです。古来より我が国にとっての自然とは「克服するもの」ではなく「畏怖し、共存し、感謝するもの」だった証左の一つでありましょう。しかし同時に海洋国家・日本は仮に何らかの要因で世界と繋がる海路、海上が封鎖されるような事態が発生したら即座に世界から孤立し、経済のみならず、あらゆる側面で「存立危機」に陥ってしまうのです。だからこそ「平和の海」を守ることは国民の暮らしを、命を守る、国の責務なのです。本日、海の恵みに改めて感謝いたします。

平和国家・日本、世界が評価！

七月十六日（木）衆議院の特別委員会で一一六時間という例のない審議を重ねてきた『平和安全法制』が本会議で可決し、参議院に送付されました。世界各国の評価をみると、反対を表明しているのは現在、力による現状変更を企てている国のみ、という事が分かって頂けると思います。

【東アジア】モンゴル○（理解）韓国△？（地域の平和と安定を害さない方向で進めなければならない）中国×（平和発展の道を変えるとの疑念を持たざるを得ない）

【ＡＳＥＡＮ・オセアニア】インドネシア○（地域の安定にプラス）シンガポール○（貢献を歓迎）フィリピン○（メリットだ）ベトナム○（貢献を期待）オーストラリア○（歓迎）ニュージーランド○（支持）

【北・南アメリカ】カナダ○（積極的貢献を支持）アメリカ○（日米同盟をより効果的にする）コロンビア○（支持）ブラジル○（重要な役割を期待）メキシコ○（国際平和への貢献を期待）

平和は日本の国是であり、私たちの誇りです。

直面している危機認識なしに、平和はありません

▼『週刊よしいえ』第32号　２０１５年7月27日

中国が南シナ海の南沙諸島にサンゴ礁を埋めたて滑走路を備えた人工島を建設しています。大国の力による現状変更の企ては東南アジアの安定だけでなく世界の平和と安定に直結する重大な問題です。そして同様に危惧すべき事態が我が国周辺でも実際に起こっているのです。

この度、われわれ政府与党はガス田の開発が行われている日中中間線付近で中国が海洋プラットホームを新たに十二基増設した映像を国民に公開しました。このうち五基はこの一年間で増設されたものです。中国との戦略的互恵関係、外交駆け引きへの配慮もある中、しかしこれ以上国民に知らせずに、看過することは到底できないと判断しました。天然ガスなどの資源を一方的に搾取されるという問題に留まらない危機的事態が発生する可能性を孕んでいるからです。振り返れば昨年暮れ、中国は突如、尖閣諸島（石垣市）を含む日本の領空を一方的に自国の「防空識別圏」に設定しました。その中国が破竹の勢いで増設しているこのプラットホームを「軍事的」に活用したらどのような事態が起こるでしょう。プラットホームにレーダーや水中音波探知機、さらには弾道ミサイル発射装置が配備されれば、これまで中国大陸陸上からは攻撃射程に入っていなかった沖縄、南西諸島すべてが新たに射程内に入るのです。危機を日々肌で感じている沖縄県石垣市議会は「平和安全法制」の衆議院通過に先立ち「安全保障関連法案の今国会成立を求める意見書」を賛成多数で可

決しました。こういった事実をマスコミはほとんど報道してくれませんが、皆様には「前線の島」の人々が直面している危機、そして平和への思いを是非とも受け止めて頂きたいと切に願っています。

週末は各地で納涼祭。地元と共に

夏祭りのシーズンを迎えています。厚木、伊勢原、愛川、清川、相模原緑区、南区、それぞれのお祭りから招待状を頂いておりますが、その数は先週だけで一一六カ所。私も可能な限りお伺いさせて頂き、時間的に私が伺えないお祭りには、秘書が代理として手分けしてご挨拶に回っていますが、それでもすべてに顔を出すことの出来ないことに、もどかしさと、申し訳なさを感じています。国会で同僚と夏祭りの数のことを話すとみんなに驚かれます。他選挙区と比べると、突出した数のようです。でも、それは、言い換えればそれぞれの地域、自治会、神社、町内会、農協、工業団地などで『人の輪』がしっかりと形成されていることの証左でもあるのです。地方創生、地元創生を考えるとき『人の輪』こそが成否を分けます。政策が地元創生を実現するのではなく、人こそが、人の輪こそが政策と共に地元を創生していくのです。皆様の存在は、私の誇りです。

▼『週刊よしいえ』第33号　２０１５年8月3日

子ども達は夏休みの真っ只中。我が家の息子も真っ黒に日焼けして夏を謳歌しています（宿題を巡る母との『季節の風物詩』も同時に展開されていますが…）。『学び』が子ども達の成長にとって不可欠であると同時に、『遊び』も彼らの成長にとって欠かすことの出来ない営みだと私は信じて疑いません。そんなわけでいつもは厳しい父は、夏休み中に関しては息子の味方。「まあ、まあ、いいじゃないか」、なんて言っては妻に睨まれています（バランスが大切）。さて今週はそんな『遊び』について考えてみたいと思います。遊びは何にとっても必要です。例えば車を例に考えると、もし『ブレーキ』『ハンドル』に『遊び』（余裕の部分）がなければすべての操作が急ブレーキ、急ハンドルとなり恐ろしくて乗ることはできませんよね。ならば子ども達の発達段階における『適切な遊び』とはどのようなものでしょうか。子どもたちの遊びは三つの段階を順番に経ることが必要です。第一段階は幼い子どもが親の目の届く場所で行う『家遊び』です。次に幼児教育・初等教育を受けるようになると、学校の校庭や家の近所で友達とする『軒遊び』へと移行します。その遊びには先生方や地域の大人の目が注がれます。そして高校生ぐらいになると交友関係も飛躍的に広がり『外遊び』へと飛び立っていきます。どれも必要不可欠なもの。しかし今、その段階を経る遊びが様変わりしてしまっているのです。地域コミュニティの希薄化や少子化、ゲームの普及とあいまって、現代の子どもは歴史上最も長く『家遊び』をして過ごします。そして軒遊びを十分経験することなく思春期に『外遊び』に飛び立ちます。それは親や地域の大人が『子ども達が分からない』と感じる必然であり、子ども達が、『遊び』と『無謀』を時に混同する理由でもあるのです。「乳児は肌を離すな。幼児は手を離すな。少年は目を離すな。青年は心を離すな」（子育て四訓）。改めて、噛みしめたい箴言です。

最先端英語教材を厚木・伊勢原へ

小学校における外国語活動（英語学習）が定着してきましたが、文科省は今後さらに三・四年生にも小学校英語の授業を拡大していく方針を打ち出しています。しかし、実際に授業を担当する現場の先生方の負担や不安に向き合う具体的措置は残念ながら後回しにされてしまっているのが実情です。教師ではなく英語教材ＣＤが先生になるような授業では教師も児童も不幸です。そんな中、せめて出来ることを、との思いで仲介させて頂き、学習塾『日能研』に、英語を楽しく、好奇心を持って学ぶ、というコンセプトで開発された『Ｖペン』という大変、高価な先端英語教材を厚木市と伊勢原市に各一〇〇〇セット、寄贈して頂きました。未来を創造するのは子ども達です。今後もしっかりと支えていきます。

▼『週刊よしいえ』第34号　２０１５年8月10日

毎年、お盆の季節が訪れるたびに、必ず少年時代のことを思い出します。私の生家は米、野菜、桃、リンゴを作る農家でした。今は地元を回っていてもほとんど見かけることはありませんが、当時は休日になると、どこの畑にも農作業に励む大人たちの傍らには子ども達の姿がありました。田植えや、消毒、桃やリンゴの「剪定」、まだ小さい果実への「袋かけ」、それぞれの収穫は、まさに家族総出で行いました。特に思い出すのは、まだ小さい桃の果実への「袋かけ」です。日焼けをさせずに大きく育て、程よい色で出荷するために必要な作業なのですが、口に針金が付いた新聞を加工した袋で根気よく果実を包んでいく作業は大変でした。皮膚の弱かった私は、首の辺りがいつもかぶれました。手伝いを渋る子ども達に対して、祖父は一つの提案をしました。「桃に袋を一つかけると、一円」。一束百枚をすべてかけると百円。御小遣いなどなかった私たち兄弟にとってそれはとても魅力的な提案でした。背伸びをしながら、手が届く場所にある果実一つひとつに必死に袋をかけていったものです。もっとも「いい子」でなかった私は、何度も家族の目を盗んでは畑に袋の束を埋めて誤魔化したりもしていましたが。そんなこんなで、お盆までは休みも旅行も、何もなし。しかし一転、お盆に入ると一切の農作業は休みになり、自宅にご先祖様をお迎えし、家族で御馳走がたくさん並んだ食卓を囲み、その折、新年の「お年玉」に続く「お盆玉」が子ども達に配られました。額は数千円。でもその「お盆玉」には流した汗と、食への畏敬がぎっしりと詰まっていました。すでに他界した祖父母、父、そしてご先祖様、今年もお盆の季節がやってきました。少年の日、皆様がお天道様の下で導いて下さった尊き営み、ひろゆきは、今も胸に宿して生きています。

教職課程の集中講義がスタート！

国会議員となってこの夏で九年目。私はその間もずっと教室で教鞭を執り続けてきました。現在は、地元厚木の松蔭大学特任教授として、「教育方法論」を担当しています。必然的に休みは全くなくなりますが、次の世代と向き合い、育むこともまた、政治家の重大な使命であり、現場に居なければ、政策は机上論になると確信しこれまで続けてきました。特に今週十日～十四日は「集中講義」。朝の授業スタートから一コマ一時間半の講義を連日三時間～四時間し、学生たちと共に多くのテーマを論議します。延長された国会の仕事もこなし、地域の納涼祭にも参加するというハードな一週間となりますが、未来に手を伸ばす学生たちの存在は私にとって「希望」そのものであり、その「希望」と教室で向き合い続ける機会を頂いていることをとても幸せに思っています。さあ、恒例の本厚木駅での朝立ちが終わったら、いざ、講義です。いってきます。

▼『週刊よしいえ』第35号　２０１５年8月17日

友人などと記念撮影する際の代表的ポーズは何ですかと問われたら、おそらく多くの方が「Vサイン」だと答え、その際の合言葉は「ピース」だと答えるでしょう。「Peace」は「平和」です。では「Vサイン」は何を意味するか、それは「Victory」の「V」、そう「勝利」です。「平和は、勝ち取るもの」というのが欧米の価値観なのです。ちなみに「ピース」の語源はラテン語の「Pax」、「戦争と戦争の間」という意味です。一方で日本は古来より奪い合うのではなく、分かちあうことで共存してきた「和の国」です。「負けるが勝ち」という諺さえある我が国の歴史的平和観と、欧米、あるいは「聖戦」を肯定するイスラム教諸国のそれとは背景が違います。しかしグローバル化が進展する中、日本は世界の真ん中で各国と密接に関わり合いながら存立しております。そのような時代においては、日本だけでなく、どの国も他国との和平連帯を抜きにして安定的に存立を維持し続けることはできなくなりました。戦後七十年の節目、私たちは改めて先の大戦を痛切に反省し、戦禍の記憶をしっかり語り継ぐ責務があります。同時にだからこそ戦後一貫して「真の平和」を希求し続けてきた国家として、国際秩序の安定に努め、さらに古来よりの「和の精神」で世界平和実現への歩みをリードしていくことが求められているのです。日本はそれができる唯一無二の国だと私は信じています。私たち日本人にとっての本来の平和とは、「ある」ものではなく「勝ち取る」ものでもなく、「分かちあう」もの、なのですから。

子ども達の叫びを受け止めたい

皆様は全国の教育委員会に夜間休日も含めて繋がる「二十四時間こどもＳＯＳダイヤル０５７００-７８３１０（なやみ、いおう）」の存在をご存じでしょうか。この全国共通相談ダイヤルは「いじめ自殺」が社会問題化した折り、義家が、文科省、警察庁、法務省、厚労省に必死に働きかけて実現したものですが、子ども達にそれが十分に周知されているかと問われれば「不十分だ」と言わざるを得ません。もし、しっかりと周知されていたなら救えた命があったかも知れない、そんな思いからこの度アイドルグループ「乃木坂４６」の「命は美しい」という曲と「ＳＯＳダイヤル」のコラボが実現、全国約三七〇〇〇の小・中・高等・特別支援学校にこのコラボポスターを配布し、昇降口などに貼ってもらい改めて周知できることとなりました。若者に知ってもらおうとするなら、若者に身近な目線から。快く賛同してくれた乃木坂４６のメンバーに心から感謝です。

『週刊よしいえ』第36号　２０１５年8月24日

延長国会もいよいよ終盤を迎えておりますが、私は常に「あること」を念頭に置きながら仕事をしています。ドイツの心理学者マクシミリアン・リンゲルマンの社会心理学実験で導き出された『社会的手抜き』と呼ばれる現象についてです。昨年末の衆議院総選挙で、我々自民党は引き続き国民の支持を頂き政権与党として負託をされました。衆議院二八九議席の大所帯。そんな中で私は副幹事長という党を束ねる一翼を担わせて頂いていますが、だからといって数に慢心し、議員一人ひとりの仕事がなおざりになり、質・量ともに低下するような事態は断固あってはならないと思っています。心理学者のリンゲルマンは『綱引き』を用いた社会実験を行いました。それによると一人で綱引きした時の力を一〇〇％だとすると、二人で綱を引いた時の一人あたりの力は九三％、さらに三人で引いた時は、八五％、八人になると四九％にまで減少する、という結果がでました。つまり八人で引くと、本来持っているそれぞれの力の半分しか発揮されなくなってしまうのです。すなわち一人ひとりがベストを尽くさない状態になりやすくなってしまうということ。これが、『社会的手抜き』（リンゲルマン効果）と呼ばれるものです。人数が多ければ必然『総力』は上がります。しかしそれに慢心し、それぞれがベストを尽くすことを怠っているならば、それは、本来の『総力』とは程遠いものとなるのです。実際に油断や慢心が一因と考えられる問題が一部であり、批判されていますが、社会保障、外交、経済、安全保障、資源エネルギー政策、教育改革など国の根幹を再構築している今、政権政党は常に謙虚な姿勢で、共に力を合わせ、『真の総力』で諸課題と向き合っていくことが求められます。九月末まで続く国会。終盤も冷静に謙虚に覚悟を持って臨みます。

汽笛、カモメ、街並み、思い出

国会日程の合間と出張を利用し、八月一八日（火）の夕方にフライトし、二十一日（金）の夕方に地元に戻る三泊四日の日程で（実質丸二日間でしたが）、久しぶりに北海道に家族でいってきました。連休を取れたのは約一年振り。これまでの人生で都合十年間過ごした北の大地。思い出の場所を巡りながらの家族水入らずの静かな時でした。北海道時代に御世話になった方々にもご挨拶に伺いましたが、誰もが開口一番、息子の成長を驚きました。それもそのはず、十年前に神奈川に戻ってきましたが、その時、息子は一歳十か月。今、彼は十二歳。身長は、一メートル五十センチを超え、体重も四十二キロ。当時の面影こそ残すものの別人のような変化です。「変わらないもの」と「変わり続けるもの」の間で「とき」は流れている。思い出の街並みと、成長した息子の姿を眺めながら、改めて「まち」「とき」「ひと」について穏やかに考える、そんな貴重な夏の日でした。

▼『週刊よしいえ』第37号　２０１５年8月31日

今年も七・八月で総数三六七カ所の夏祭り、納涼祭、例大祭等が地元各所で開催され、ご挨拶に伺わせて頂きました。神奈川十六区のお祭り開催件数はおそらく「日本一」。いつも申し上げておりますが、私にとってそれは「誇り」であります。それができることは地域・自治会ネットワーク、神社仏閣の伝統がしっかり守られていることの証左であるからです。この夏、地域のために流された関係各位の汗に改めて敬意と感謝を申し上げます。

ところで今週は日本の伝統行事「盆踊り」の「変容」の「予兆」について皆様と考えてみたいと思います。八月一八日（火）の産経新聞にとても考えさせられる記事が掲載されました。かつて地域連帯の象徴であった「盆踊り」の賑わいが、今は「騒音」とみなされる傾向にあると記事は指摘しています。例えば愛知県東海市の「ザ・おおた・ジャンプフェスティバル」では平成二十一年から騒音対策として盆踊りの音楽を無音化し、ＦＭトランスミッターで電波を飛ばし、踊り手はそれぞれ持参した携帯ラジオとイヤフォンで音楽を聞きながら踊るのだそうです。鎌倉時代の「踊り念仏」を起源とする「盆踊り」は、お盆にお迎えした御先祖様を再びあの世に送り出す伝統儀式と、全国各地の民謡・踊り・音楽が結びついて生まれた民族芸能です。もちろん音量や時間帯の配慮、近隣の理解は重要です。しかしいくらなんでも踊り子が耳にイヤフォンを付け無音の中でやぐらを中心に笑顔で踊り回る姿は…。予備知識なく偶然それをみかけたら、私は卒倒するでしょう。時代の変化と共に態様が変わるのは必然の流れです。しかしその変化は、大切にしてきた精神を「保守」するためにこそ、でなければならないのではないでしょうか。古来より、地域で共有してきた「伝統」の、今後の行方に、思いを致しております。

隣国の現実と危機を直視する責任

北朝鮮による機雷の埋設や砲撃、軍事威嚇を巡る韓国との応酬で「準戦争状態」が宣言された朝鮮半島。ようやく先週、当事国同士の譲歩で「合意」がなされ戦乱は回避されましたが、抜き差しならない緊張状態は依然、続いています。そもそも一九五〇年に勃発し、三年後の七月二十七日に休戦協定が締結された、韓国＋米国を中心とする国連軍と北朝鮮＋中国軍が争った「朝鮮戦争」は「休戦」こそしているものの「終戦」はしていない、という現実を我々は忘れてはなりません。韓国で暮らす在韓日本人および日系韓国人は計三万六七〇八人（二〇一四年）、観光客も含めればその数倍です。北朝鮮による拉致被害者の生命、安全も断固守らねばなりません。外交による和平への働きかけの継続はもちろんですが、もし仮に半島有事が発生したとしたら邦人をどのような手段で救出するのかなどの具体策を示す責任が政府にはあります。私は現実と責任から決して目を逸らしません。

政治とは、国民のものである――平成27年秋

▼『週刊よしいえ』第38号　２０１５年９月７日

無責任のそしりを免れない野党の内部分裂

重要法案の責任ある審議のため、戦後最大九十五日という大幅延長が行われた国会も終盤に差し掛かっています。目前には東京オリンピック・パラリンピックの競技場建て替え問題、白紙となったエンブレム問題、平和・安全法制、定数削減と一票の格差問題、原発再稼働の是非とエネルギー問題、乱高下する世界経済の中での日本の経済政策、社会保障、ＴＰＰ…いずれも今後に直結する重大な問題・課題です。議会制民主主義のもと、選挙によって国会議員として権限を負託されている私たちにとって、それらへの対応は言うまでもなくもっとも果たさねばならない第一義的責任です。しかし、ここにきてそれに暗雲が立ち込める由々しき事態が野党第一党の民主党、野党第二党の維新の党の中で起こっているのです。

降って湧いたかのような維新の党の分裂騒動。それを受け焦った民主党の有志議員は「速やかに

解党し、新たな政党の樹立に向けた取り組みを」と要請。当然ながら国会運営は与党だけで行えるものではなく野党と合意を形成しながら委員会がセットされ、審議が行われます。しかし今、野党の誰と話せば、「与党と野党」「政党対政党」の合意に基づく国会運営ができるのか、分からない状況になってしまっているのです。権力闘争や次の総選挙での生き残り闘争は、少なくとも政党として、国会で責任を果たした上で行うべきです。さらに昨年の総選挙から九カ月しか経っていない中、自党に投票してくれた有権者、自身に投票してくれた有権者に対しても説明責任を果たさねばならないでしょう。そんな大前提さえ忘れてしまっているかのような野党の現状に、強い憤りを覚えています。私は責任を絶対に投げ出しません。

政治への信頼は一貫性から

平和安全法制の参議院における審議が大詰めを迎えており、「六十日ルールで、衆議院の再可決により法律が成立したら参議院の存在意義そのものが問われる」という声が日増しに大きくなっています。この「六十日ルール」とは、法案が衆議院から参議院に送付されて「六十日」が経過した場合、参議院が法案を「否決」したとみなし、衆議院で賛成三分の二以上の再可決が行われれば法案が成立するという「憲法」に規定されているルールです。古巣である参議院の、与党議員の危機感は私も共有しています。しかし、実は今国会で衆から参に送付されてから、野党の抵抗で店晒しにされ六十日を超えた法律は「マイナンバー法」「女性活躍推進法」「労働者派遣法」など多数あったのが実際です。これでは「言っていることと、やっていることが違う」、になりかねません。注目を集める法案だけでなく、どの法案も責任を持って審議する「当たり前」を取り戻さねばなりません。

▼『週刊よしいえ』第39号　２０１５年9月14日

九月八日（火）の午前八時半、自民党・安倍晋三総裁が再選され、引き続き内閣総理大臣の任にあたることが決定しました。私も水面下で汗をかきましたが、とりあえず胸をなでおろしています。安倍総理・総裁の再選は当初から「揺るぎない」情勢でしたが、仮に存在感を示そうと躍起になる議員が、一部の引退した議員らの支援で二十人の推薦人をなんとか集め、「総裁選挙」となっていたらどうなっていたでしょう。間違いなく野党は「選挙によって総裁が変わる『可能性』、すなわち総理大臣が変わる『可能性』がある。そのような状況下、国会で議論することはできない」と全ての審議を「拒否」したことでしょう。実際そう息巻く野党幹部がおりました。現在、審議中、または審議を拒否されている法案はメディアで報道される「平和・安全法制」だけではありません。その全てが霧散する可能性が大であったのです。

それにしてもこの十年で日本の総理大臣がいったい何回変わったたか。小泉総理から始まり、安倍総理、福田総理、麻生総理、鳩山総理、菅総理、野田総理、そして現在の安倍総理と、実に七人

（安倍総理は二度目なので、一人としてカウント）、八回交代しているのです。単純平均すれば『一・二五年』で総理が変わった十年だったのです。当然、先進国ではこのような例はなく、世界の真ん中で他国と密接に関わり合いながら存立している日本の「生命線」である外交力や発信力が弱まり、外交政策・経済政策・財政再建が遅滞する原因となってきたのは明らかです。時の内閣への審判は、本来、総選挙で主権者たる国民が下すものであり、権力闘争で総理の椅子がたらいまわしにされるような事態は、国民にとって、日本国にとって大変不幸なことだと思います。今後も、滅私の気持ちで政権を支えていく決意でおります。

「ヘイトスピーチ論争」に、思う

取り調べの可視化などを柱とした「刑事司法改革関連法案」が今国会で成立できない見通しとなりました。いわゆる「ヘイトスピーチ」を規制する法律を先に通さなければ審議はできない、という民主の徹底抗戦が理由です。公の場で他者（他国）を踏みにじるような雑言を叫ぶのは日本人として恥ずべきことであり、日本人の名誉を守るためにも放置すべきではないと私は考えます。一方現在国会周辺で連呼されている、聞くに堪えない「憎悪表現」も同時に問題にすべきだと思います。民主党のブレーン・山口二郎・法政大教授は先の大規模デモで、こう絶叫しました。「昔、時代劇で萬屋錦之助が悪者を退治するとき、『てめえら人間じゃない。たたき斬ってやる』と叫んだ。同じ気持ちだ。「安倍」に言いたい。『お前は人間じゃない、たたき斬ってやる！』」。規制法の早期成立を訴える民主党はお仲間のスピーチをどのように受け止めているのでしょうか。悲しいことです。

▼『週刊よしいえ』第40号　2015年9月21日

本日は「敬老の日」国民の祝日です。昭和二十二年、兵庫県多可郡野間谷村（現在の多可町）の門脇政夫村長が「老人を大切にし、年寄りの知恵を借りて村づくりをしよう」と提唱し「としよりの日」を定めたことを皮切りに全国に広がり、昭和三十九年より「敬老の日」として国民の祝日となりました。今日の便利さや豊かさは、いうまでもなく先人たちの努力によるものです。その意味で、今日はこれまで流された先達の汗と歴史に感謝する日でありましょう。ところで、先日、後援会幹部の大先輩にハッとするお言葉を頂きました。「おれは最近、政治家が薄っぺらになっているように感じるんだ。政治家がマスコミ受けするようなことしかやらなくなったら国を悪くすると長く政治を見てきて実感している。支持率ばかり気を取られ、国民から賛成されるような分かりやすいことばかりをする。もしそうなら政治家なんて要らないだろう。政治家がなすべきなのは次の時代を見据えて決断することだ。それは必ずしも現時点で多くの国民からの理解を得られないものばかりだろう。しかし、そこから逃げるのは議員でいることが目的の『政治屋』だ。選挙で国民に投票を呼びかけておいて、国会での採決（投票）を棄権するような議員など議員辞職すべきなんだ。代議士には『政治家』であってもらわねば困る。これまでの歴史に思いを致すのは大切なことだが、同じように、いや、それ以上に未来を展望し、行動する代議士でいて欲しい。現状維持は、必ず衰退する。努力と時間では、時間の方が強いんだ。孫たちの未来をよろしく頼む」。重い、重いお言葉でした。敬老の日、諸先輩のこれまでのご労苦に、心から感謝いたします。そして本日を、我々が主体となって希望の新時代を切り拓いていく、その覚悟を「胸に刻む日」とさせて頂きます。

誰が、どうやって、国民を守るのか

与野党議員のもみ合いの末、参議院で「平和・安全法制」が可決されましたが、対案を示さず国会ルールを公然と無視し、有形力の行使さえ厭わなかった民主党の姿勢は、成熟した国家における野党の姿とは程遠いものでした。例えば現在、世界各地で活躍する日本人は、約一二九万人。その在外邦人が、他国で紛争に巻き込まれた時、国はどうやって彼らを保護・救出するのか。平和・安全法が施行されても自衛隊を戦火が上がる地域に派遣することはできません。他国に依頼し後方支援をすることしかできないのです。邦人保護のため「極めて限定的な」他国との連携さえ「戦争」と叫ぶ国は日本以外にはないでしょう。「自衛隊を海外（戦地）に派遣すべきでない」と主張なさるなら、ではどのようにして在外邦人を守るのかを示す責任もあります。戦場で対話は通じないのです。「対案なき反対の大合唱」。現在の立法府における無責任は、深刻な国家の危機だと私は思います。

▼『週刊よしいえ』第41号　2015年9月28日

戦後最長、九十五日間もの会期延長がなされた「通常国会」が所定の手続きを経て昨日、閉幕しました。今年度の予算審議から始まり、「平和・安全法制」など、まさに戦後以来の大改革について各党が「徹底審議」を約束して大幅延長が決断されましたが、民主党は最後まで党内がバラバラで「包括的な対案」を示さぬ（示せぬ）まま「審議拒否」「反対連呼」に終始。その暴力行使も厭わない姿勢には強い憤りを覚えました。また維新の党も路線対立を巡って分裂するなど、野党のどの党の、誰と話をすれば、本来の国会運営・国会審議ができるのかが不明瞭という特殊な国会でした。また、ありもしない「徴兵制」などのデマゴーグが野党議員のみならず、マスメディアでも喧宣されるという異様な様相も呈しました。ある議員の「石油を確保するために戦争ができるようになる」といった質問にもあきれました。いうまでもなく石油は「燃やすと暖かいだけ」ではなく、消費割合では生活必需品の原料などに約二〇％、機械などの動力源に約四〇％が充てられる「国民の暮らし」や「地元経済」に直結する資源です。そもそも石油を求めて他国に侵攻して戦争するなどということは平和憲法のもと断固あり得ません。このような態度は政治家ではなく扇動家のものだと言わざるを得ません。また衆院の裁決では民主党議員がプラカードを持参して乱入し、委員長席ではなく「テレビカメラに向かって」飛び跳ねて絶叫するという我が家の十二歳の息子をも呆然とさせた場面もありました。採決後そのまま放棄されたプラカードの片付けを、虚しい気持ちで手伝ったのを思い出します。国権の最高機関である国会。今まさにその責任と在りようが、根本から問われている、そう痛感した通常国会でした。

「諸行無常」の中「永遠」を守るには

随筆家の鴨長明が遺した『方丈記』には、「ゆく河の流れは絶えずして、しかも、もとの水にあらず」（今日も川には水が流れゆくが、それは決して元のままの水ではない）と記されています。仏教用語『諸行無常』（存在は姿も本質も常に変化するものであり一瞬といえども同一性を保持できない）と共通する摂理を表した箴言です。時と共に取り巻く環境は常に様変わりします。十年前日本とほぼ同額だった中国の防衛費は現在日本の三・六倍、力による現状変更の試みや、海洋進出への野心を隠そうとしません。十年前には北朝鮮に長距離弾道ミサイルや核もありませんでしたし、韓国は通貨危機によるＩＭＦ支援体制から脱却したばかりでした。国際情勢がどう変わろうとも『永遠の平和』を希求する日本人の思いに変わりはありません。「変化こそ唯一の永遠である」という言葉があります。永遠の平和を守るということは、変化と謙虚に向き合うという事でもあるのです。

▼『週刊よしいえ』第42号　２０１５年10月5日

「かごにのる人、のせる人、そのまた草鞋を作る人」。世の中は様々な人が、それぞれの役割を担いながら成り立っているということを、子どもに分かり易く説いた誰もが知っている格言。小学校の時、担任の先生がこの格言を黒板に書いて「皆さんはどれになりたいですか？」と生徒たちに問いかけました。やはり、というか「のる人！」と答えた児童が一番多かった中、私は考えに、考えて「のせる人になりたい」と答えたのを記憶しています。極めて単純で、小学生らしいと言われれば、小学生らしい理由でした。当時の私はすでに手先の不器用さを自覚していたので自分が作った草鞋では誰にも履いてもらえないかもしれないと考えました。「かごにのる」のは、揺れるから怖いし、変な所に運ばれたら大変。その点「のせる人」は、「のる人」を目的地まできちんと運んだら感謝してもらえるし、御神輿の担ぎ手みたいでかっこいい、という単純な理由でした。あれから幾年月。「政治家は神輿だ」という例えをよく耳にします。確かに皆様に担がれ、国会へと押し上げていただけなければ代議士としての仕事はできません。その意味で政治家が「のる人」であるというのは一理です。しかしそれでも日常の私は今も小学校時代と変わらずに「のせる人」でありたい、あり続けたい、と常に思っています。教師時代は教室というかごに、生徒たちを乗せて歩みました。今の私（政権党の代議士）が担がせていただいているのは日本であり、国民であり、地元であり、地域の未来です。目指すのは（場所）は、日本創生、誰もが安心して日々を暮らすことができる環境の創造、そして、地元創生です。負託されている責任を鑑みれば、神輿の上でふんぞり返る余裕など欠片もないのです。国会閉会中、皆様の声を聴くために、丁寧に、丁寧に地元を回ります。

「デモクラシー」と「デモ」は違います

めっきり静かな国会周辺。平和・安全法制が議論されていた九月には連日、拡声器による大音量のコールが鳴り響いていたことが嘘のようです。ところで当時、野党の議員たちはこぞってこのデモに便乗して「民主主義を破壊するのか」と気勢を上げていましたが、学習不足が否めず大変残念な気持ちでおりました。「デモ」と「デモクラシー」はイコールではないのです。「デモ」とは「デモンストレーション」（示威行為）を略した用語です。一方「デモクラシー」（民主主義）とは、「デーモス」（人々）と「クラトス」（権力・統治）からなる言葉です。「国民が参政権を行使して作る政治体制」（デモクラシー）と、政治的な「示威行為」（デモンストレーション）は同じではないのです。もちろん私は多様な人々の多様な意見を真摯に受け止めることに一切の疑念はありません。デモだけでなく、数多の声に対し真摯に耳を澄ましながら丁寧な説明を続けてまいる所存です。

文部科学省筆頭副大臣を拝命しました

▼『週刊よしいえ』第43号　２０１５年10月12日

先週、行われた第三次安倍内閣の内閣改造において、私は総理から「文部科学副大臣」の重責を担うよう命じられ、十月九日（金）、皇居にて行われた認証式で、天皇陛下より認証を受けました。これまでも文部科学大臣政務官、与党副幹事長、衆議院常任委員会筆頭理事、国会対策副委員長、議院運営委員会理事、党の部会長等、身に余る職務を担わせていただいてきましたが、天皇陛下の任命により国家の中枢の要職に就くのは初めてのことであります。ひとえに日頃より支えて頂いている後援会の皆様あっての、今回の奉職。ここに改めて感謝を申し上げますと共に、負託された重責から片時も目を逸らさずに向き合っていくことをお誓い申し上げます。

認証式のおり、実は私は、陛下から証書を頂く直前まで極度の緊張もあり全身が震えておりました。しかし陛下の御前に立つと、震えは嘘のようにとまり、まさに「明鏡止水」の境地となりました。推察するに、弱き私という存在の隅々まで、負託される重責と向き合う「覚悟」が貫かれた、ということなのでしょう。現在も浮ついた気持ちは一切ありません。日本の将来を左右する教育・文化・スポーツ・科学技術を所管する文部科学省は「国家百年の大計」を司る省庁です。高校教師五年、大学での教鞭は九年目。現場感覚を忘れることなく、負託された職責には謙虚に、しかし課題に対しては毅然と向き合いながら「日本の将来」を希望へと誘う施策を立案、実行してまいります。「人創り」は、「国造り」です。皆様におかれましては若輩の私を今後とも変わらずご指導賜りますよう心よりお願い申し上げます。未来に、優しさを届けるため身命を賭して尽力する決意であります。

ノーベル賞受賞。日本の底力！

今年も「ノーベル賞」に日本人科学者二人が選出されました。北里大学の名誉教授・大村智先生が「生理学・医学賞」を、東京大学宇宙線研究所の梶田隆章先生が「物理学賞」をそれぞれ受賞。国民の一人として心から嬉しく思うとともに、文部科学省筆頭副大臣として誇らしく思っています。今世紀に入ってから自然科学分野におけるノーベル賞受賞はこれで十五名。米国に次いで世界第二位の栄誉です。二〇〇一年、政府は「今後五十年間で三十人程度の受賞者を輩出する」という目標を策定しましたが、わずか十五年で目標の半分が達成されたこととなります。研究者の継続的な努力そして文部科学省が二十年、三十年先を見据えて行ってきた研究投資が実を結んだといえます。民主党政権である議員が「二番じゃダメなんですか」と発言して物議を醸しましたが、研究開発における「二番」はそれ以下と同じなのです。今後も国益と世界貢献のため責任を持って研究者を支えます。

▼『週刊よしいえ』第44号　２０１５年10月19日

皆様は夫婦間で、また親子間で、お互いをどのように呼び合っているでしょうか。なぜ、そんな問いから今週のコラムを始めるかというと、親しくしている子育てを終えられたご夫婦からとっても興味深い「小さな反省」を聞かせて頂いたからです。今もお会いすると必ず一流の理容師を目指し日夜奮闘中の息子さんの話になるのですが、奥様が息子さんとの関係での失敗を茶目っ気たっぷりに語ってくれました。「うちは赤ん坊の頃から今風に私たちのことを『パパ』『ママ』と呼ばせたんです。嫁いだ娘は今も自然にそう呼んでくれますが、息子は、というと思春期以降、私のことを『ねえ』『ちょっと』って呼ぶんですよ。まったく失礼な話でしょ。息子が大きくなって、改めて、それってひどくない？とふくれてみたら屈託なく言うんです。姉ちゃんは子どもの頃のままでよかったかもしれないけど、身体が親よりはるかに大きくなったおれが、パパ、ママなんていつまでも呼べないだろ？おやじに対しては、勇気はいったけど結構、自然に『おやじ』って転換できたんだけど、母さんに対してはタイミングを逃しちゃってさ。実はおれも気まずかったんだよ、ですって。うーん、確かにそうだなあと妙に納得しました」。我が家は息子が生まれた時から「お父さん」「お母さん」。夫婦同士では親になる前と変わらずに互いを名前で呼び合います。もしも息子に「パパ」「ママ」と呼ばせていたら、十二歳になった今頃は「ねえ」呼ばわりされていたかも知れませんね。ところで先日、息子がたまたま隣にいる時、なんの気なしに妻に対して「ねえ、お母さん」

と呼びかけたところ、即座に一言。「私は、あなたの母親ではありません」。ごもっともでございます。互いへの普遍的な呼び方、一緒に歴史を刻む家族だからこそ、改めて大切にしたいですね。

文部科学副大臣として本格始動！

十月十三日、小田急線本厚木駅で朝立ちをしてから上京し、前文部科学副大臣との「引継ぎ式」、東宮御所、秋篠宮邸、三笠宮東邸（旧寛仁親王邸）、三笠宮邸、高円宮邸、常陸宮邸に副大臣就任のご挨拶に伺った後、大臣・副大臣・政務官の三役会議と、三役と幹部職員が一堂に会する省議が開催され、文部科学副大臣としての仕事が本格始動しました。スケジュールはまさに分刻み。しかも大臣政務官時代とは異なり、一つひとつの案件や政策に対してその都度「責任を伴う判断」をしなければなりません。それがなければ案件は大臣まで上がらないし、役人も動くことができないのです。常に心張り詰めた日常で、自宅に戻ると即、放心というのが実情で、周囲から「議員宿舎を借りた方が」と勧められますが、でもやはり一日の始まりと終わりは家族と共にありたい、そう思っています。家族がいるからこそ、皆様がいてくれるからこそ全うできる大仕事。精進いたします。

▼『週刊よしいえ』第45号　２０１５年10月26日

私たちの「こころ」は一体どこにあるのでしょうか。誰もが一度は、考えたことがあるこの問いの歴史は古代まで遡ります。例えば約六〇〇〇年前のエジプトでは、「こころ」は「胸」（心臓）にあると考えられていました。日本語でも「胸がときめく」「胸をうたれる」という表現がありますし、英語でも「こころ」は心臓と同様「ｈｅａｒｔ」です。続いて約四〇〇〇年前の古代バビロニアで「こころ」は「肝臓」という考え方が登場しました。日本でも「肝がすわった」「肝を冷やす」などの表現もあります。その後医学の父と呼ばれるヒポクラテスは「脳」にあると考え、プラトンは「脳と脊髄」に、アリストテレスは再び「胸」（心臓）にあると提唱するなど諸説が唱えられ議論となってきました。では今は？現在は、「こころ」は「脳の働き」だと考えられています。脳は一・四キロほどの臓器で、脳内には約一〇〇〇億個もの神経細胞（ニューロン）のネットワークが張り巡らされており、外部から入った情報は、ただちにこの細胞内を駆け巡り、刺激情報と、それまでに蓄積した記憶、知識が合わさって様々な「心の動き」を発生させると解析されています。さて長々と前置きして一体何をお伝えしたかったのかというと、ここ一〇年で革新的進化を遂げた情報化社会の渦中で私たちは生きている、という事です。そのような社会においては、望もうが望むまいが人類史上、例のない膨大な刺激情報が日々、私たちの脳内を駆け巡ります。必然、積極的に経験や知識を増強し記憶を蓄積し続けなければ「こころ」のバランスは崩れ、不安定になってしまうのです。様々な事象を能動的に五感で感じて「考える」機会を多く持つことが「こころ」の安定には不可欠なのです。「読書の秋」。私もより多くの知を蓄積すべく秋の夜長を過ごしています。

スピルバーグに影響を与えた物語

ハリウッド映画界の巨匠、S・スピルバーグ監督の代表作に、長らく世界歴代興業収入の一位を保持し続けた『E・T』（八二年）があります。この映画は、『E・T』（地球外生命体）とエリオット少年との、出会い、友情、葛藤、そして別れを描いたSFファンタジーですが、この作品には、二つの日本の物語が影響を与えたといわれています。一つは、ドラえもん映画「のび太の恐竜」（八〇年）で、来日したスピルバーグが鑑賞し多大な影響を受けたといわれています。そして地球にやってきた生命体が地球（日本）の家族の愛情を受けながら過ごし、最後は生まれた星へと帰ってゆくという物語は、さらに千年以上の歳月を遡らねばなりません。そう最古のSFファンタジー『竹取物語』です。「日本の心」が織りなした物語たちは、世界の芸術に影響を与えてきました。激動と混迷の時代。今、「和の精神」の再興が歴史の側から求められていると私は思っています。

▼『週刊よしいえ』第46号　２０１５年11月2日

明日の十一月三日（火）は国民の祝日「文化の日」です。この「文化の日」は一九四六年「日本国憲法」が発布された日であり「自由と平和を愛し、文化を進める」趣旨の祝日であると法定されていますが、我が国の歴史を紐解くと、この日は日本の近代を象徴する記念日でもあるのです。十一月三日は長らく続いた江戸時代の幕藩体制が終焉し、身分制度を排し、学制を整え、民主主義を整えるなどの「維新」を進め、近代国家へと変貌を遂げた明治時代の天皇（明治天皇）がお産まれになった生誕記念日で一九四七年までは「明治節」として、祝日とされてきました。また、この日は「晴天」となることが多く「晴れの特異日」などとも言われています。

ところで「憲法記念日」はなぜ発布された十一月三日ではなく、施行された五月三日とされているのでしょうか。その背景に、当時国会内で行われた様々な議論や紆余曲折があったことはほとんど知られていません。ＧＨＱの占領下にあった当時の日本では憲法の発布日は「十一月一日」が検討されていましたが、参議院の山本勇造議員らが「半年後の施行日が五月一日のメーデー（労働者の日）と重なってしまう」と指摘し「憲法の発布日は十一月三日、公布日を五月三日とし『憲法記念日』は十一月三日（明治節）にすべし」と強く主張しました。しかし旧日本の解体を目指していたＧＨＱはこれを拒否。衆議院を懐柔して五月三日を「憲法記念日」と決めてしまったのです。参議院は、これに激しく反発し続けました。事態の収束をはかりたいＧＨＱは解決案として「憲法記念日」でない祝日にするならと提案。結果十一月三日は「文化の日」となり祝日として残ることとなったのです。明日は占領下にあっても歴史と誇りを守ろうとした議会人の「気概のこもった記念日」でもあるのです。

圏央道・海老名ＪＣＴ二車線化実現

先週三十日、ずっと主導して進めてきた、東名高速から圏央道に入る海老名ジャンクションの『二車線化』を実現しました。圏央道の整備が進み、東名から圏央道に流入する車の数が一日平均二万三〇〇〇台という激増にともなって渋滞が多発、多くの皆様から「なんとかならないか」という声を頂いておりました。一刻も早くの実現を、と今回の二車線化は新たな用地買収を行わず路肩部分の活用で車線を増やすという離れ業でしたが、国交省をはじめ一丸となって進め、早期の実現にこぎつけました。また、選挙の際、「早期実現」を公約に掲げさせて頂きましたが三十一日午後、圏央道の桶川と久喜を結ぶ区間の開通により、東北道、関越道、中央道、我々の東名高速、湘南方面がすべて繋がりました。これで東京都心を通ることなく、西日本のパワーがまっすぐに被災地へと届くことになります。パフォーマンスではなく、今後も誠実に皆様との約束を実現してまいります。

▼『週刊よしいえ』第47号　2015年11月9日

皆様は子ども時代、あるいはお子さんが小さい頃に一緒にご覧になったテレビ番組で最も印象に残っているのはどんな番組でしょう。うちは息子がすでに小学校六年生のため最近は一緒に観ることもなくなりましたが、息子と一緒によく観たのは、自身の子ども時代を振り返っても特に印象に残っている「NHK教育テレビ」（現在のEテレ）の幼児向け番組です。「おかあさんといっしょ」や「みんなのうた」、父となり、幼かった息子と一緒に観た、世界の現象やピタゴラスの定理や原理を分かり易く解説する「ピタゴラスイッチ」や「アルゴリズムたいそう」などは、今もまったく色褪せず心に残っています。私たち日本人が、育った地域や時代を超えて共有できる「教育番組」を紡いだのがEテレ（NHK教育テレビ）であり、公共放送としてそれを続けて来た意義と功績は世界中から称賛されています。さて、そんな「NHK」が毎年、皇太子殿下をお招きして主催している「日本賞」というコンクールがあります。これは世界中から寄せられた教育コンテンツを関係者が厳正に審査し、選ばれた作品には、文部科学大臣賞（幼児向け最優秀賞）やNHK会長賞などが贈られる、教育番組の「世界的権威」のコンクールです。映画界の「アカデミー賞」、音楽界の「グラミー賞」と同様なのです。

先日、私は文部科学副大臣として「文部科学大臣賞」を授与するためNHKに赴き、皇太子殿下にも拝謁させて頂き、有り難きお言葉を賜りました。本年の文部科学大臣賞の受賞者は台湾で製作された幼児番組でしたが、受賞者はその栄誉と喜びを、感激と共に語ってくれました。日本は「基礎教育分野」では確実に世界をリードしています。十一月十四日（土）午後四時から授賞式の模様がＥテレで放送されます。是非、ご覧ください。

礼には、礼で。笑顔には、笑顔で

先日、自宅に帰る前に一服しようと、小田急線・本厚木駅南口の「エクセルシオール」（喫茶店）に立ち寄った時の話です。比較的混んでいて私の前には四組が並んでいました。こんなときは無意識に人間観察してしまいますが、先客の注文の様子を見聞きしながら残念な気持ちになりました。店員さんは丁寧な態度で注文を聞いていましたが、対するお客さんは、というと…「アイスコーヒー」「カフェラテ」「アイスティー」、名詞のみを発声して注文しているのです。威張った様子もなくあくまで「自然」に、です。支払うお金の対価として、飲み物や、サービスを受けます。しかしそれにしても殺伐としたやり取りに思えて仕方ありませんでした。やっと私の順番。私は店員さんに、意識して穏やかな口調で注文しました。「アイスコーヒーを、ください」。一瞬、店員さんは私をじっと見たあと、元気な笑顔で注文を受けてくれました。絶えず意識し、心がけたい礼節です。

▼『週刊よしいえ』第48号　２０１５年11月16日

「十五の春を泣かせるな」という言葉を耳にしたことがあるでしょうか。おそらく私より上の方々には記憶の片隅に残っているフレーズだと思います。これはもともと京都府知事を七期二十八年務めた革新系の蜷川虎三氏の教育スローガンで、公立高校を激増させ、同時にレベルの均質化を図って受験を緩和させることを目指した政策で、六十年代に入ると全国に広がりました。これにより高校進学率は劇的に高まりました。一方で高校生の学力低下や、規律の乱れ、校内暴力を生み出した要因となったとも指摘されています。いわゆる平等（均等）は「結果平等」と「機会平等」が混同され議論されてきました。常に均一な結果を志向する社会主義的前者と、チャレンジに対しては等しく平等であるという自由主義的後者。日本が後者であることは、言うまでもありません。しかしそうであっても我が国はまだまだ不十分ではありますが、好ましい結果を手に入れられなかった人々や、ハンディキャップがある人々に対して様々なセーフティーネットを整備してきました。日本人の矜持です。

「十五の春を泣かせるな」という政策は結果平等主義の政策ですが、なんとなく高校に進学し、中退してしまった人々は学歴社会、新卒主義の実社会では必然「圧倒的に不利」な存在となりました。十五の春に泣かせずに、社会に出たら泣くばかり、ではあまりに残酷だと私は思います。教育は為政者の自己満足のためにあるのではありません。あくまで「未来」の為、にあるのです。生まれた場所や親の経済状況に関わらず、誰にも平等に学ぶチャンスが保障され、何度でもチャレンジできる、それこそが本来、成熟国家である我が国が目指すべき教育や社会の在り方だと私は思います。主権者教育を含めた高校教育改革に副大臣として責任を持って向き合います。

ドイツのシュルツェ大臣と会談

先週、ドイツのシュルツェ・イノベーション・科学・研究大臣と会談をさせて頂き、今後、特に科学技術イノベーションの研究分野において両国の強みを融合しながら戦略的に共同プロジェクトを推進していく方針で合意しました。日本の企業はまさに世界と連携し、世界市場で戦っています。しかし一方、日本の学術研究は、必ずしも世界に開かれたものとはなっていません。国内の大学連携はようやく広がってきましたが、世界とはまだまだ途上です。日本で研究したいと望む優秀な外国人留学生の数が伸び悩んでいるのがその証左でありましょう。これからの学術研究は地球規模で人類的課題と向き合っていかねばなりません。「二+二+二+二…」ではなく「二×二×二×二…」の連携方式で総力を上げていかねばならないのです。二を二十回足しても四十。しかし二を二十回乗じたら一〇〇万を超えるのです。今回の合意を機に、相互連携をさらに深化させてまいります。

▼『週刊よしいえ』第49号　２０１５年11月23日

本日は「勤労感謝の日」。飛鳥時代の皇極天皇の時代に始まった「新嘗祭」（にいなめさい）が起源となっている歴史的な祝日です。農業国家である日本は古くから「五穀」（米・麦・粟・豆・きび）の収穫を祝う習慣がありました。また収穫は一年を養う不可欠の蓄えとなることから、生産者や収穫物に感謝する特別な宮中行事として執り行われるようになったのが「新嘗祭」です。私が生まれ育った生家では、畑作の他にコメも作っていましたが、収穫が終わり、新米が来てからも「勤労感謝の日」（新嘗祭）までは古米を食べる（勤労感謝の日までに古米を食べきる＝もったいない）という習慣が頑なに守られていました。「勤労感謝の日」にいただく炊き立ての真っ白い新米は「特別なもの」だと教えられながら成長したことは幸福なことだったと思います。

さて現在、男女を問わずに空前のダイエットブームが巻き起こっております。体重過多の傾向が問題となり、日本のみならず先進国共通で体重を抑制する機運が高まっておりますが、そんな中、日本では「糖質制限ダイエット」という方法が広がっています。分かり易く言えばお米などの炭水化物を制限して痩せるというダイエットで、実際多くの人が実践しています。しかし私は大変、心配しております。言うまでもなく炭水化物は、たんぱく質、脂質と並んで体に必要な「三大栄養素」。確かに伝統的な日本の食において炭水化物は摂取カロリーの五割を占めます。必然、お米などを制限すれば痩せるでしょう。しかし「健康」とかけ離れた「体重減」は、それに伴い発症する病気の懸念を生みます。太りすぎは、健康を害します。同様に三大栄養素のバランスが崩れることも健康を害するのです。勤労感謝の日、我が家は今年も大地の恵みに感謝しながら「新米」をいただきます。

バス旅行開催！みなさまに感謝

先日、義家ひろゆき伊勢原後援会の大バス旅行が盛大に開催されました。後援会長、はなの会の皆様のご尽力に心より感謝と御礼を申し上げます。今回のバス旅行の目的地は「紅葉の軽井沢」。東名との接続部分の二車線化を実現した圏央道を経由するルートは、まさに新たなる「信濃路」です。ちょうどその日は伊勢原駅北口での朝立ちの日でもあったため、早朝より元気に出発するバスを見送らせていただき、文部科学省で三件の決裁をした後、新幹線で軽井沢に駆けつけさせて頂きました。昼食場所となった軽井沢プリンスホテル国際会議場は、昨年、所属している当時の町村派・清和政策研究会の研修会が行われた会場で、故町村会長が見守って下さっているようにも感じました。案内されて会議室に入ると広い会場を埋め尽くす皆様の姿が笑顔と共に目に飛び込んできて、本当に感激しました。忙殺される日々の中、優しい風に包んでいただきました。心から感謝いたします。

▼『週刊よしいえ』第50号　２０１５年11月30日

新聞、ニュース等でも大きく取り上げられたのでご存じの方も多いかもしれませんが、先日、仙台市の教育長に文部科学省に来ていただき、地方教育行政法に基づいた指導をさせて頂きました。昨年、仙台市の中学校で起こった「いじめ」と、その先で「いのち」が失われたという問題に対する教育委員会の対応に対してのもので、新聞は「副大臣が教育委員会に直接、指導するのは極めて異例」と報道しましたが、私に言わせれば学校、教育委員会が問題発生後、一年にわたって取ってきた対応の方が「極めて問題」であり「あるべき責任」からかけ離れたものだったと思っています。

昨年九月、仙台市の中学一年生が自宅で首を吊るという悲しい出来事が発生しました。その少年は、それまでずっと学校で、いじめられていました。学校もそれを認知しており緊急会議なども開かれました。しかし、いじめは無くならないばかりか、よりエスカレート。その先で、少年は自ら人生の幕を閉じてしまいました。保護者は突然の悲しみに茫然自失だったことでしょう。問題はその後の教委の対応です。加害者十一人には「自殺」を伝え、それ以外の生徒たちには「転校した」と伝えたのです。そして第三者委員会の検証結果が出るまで一年余り事実を伏せたのです。結果、今日に至るまで加害者は遺族に対して謝罪さえできておりません。スマホが普及した現代、学校という部分社会では数人が知れば情報はたちまち拡散します。にもかかわらず学校が事態を隠し続ければ憶測も多数飛び交います。事実、ネットの掲示板には多くの書き込みが溢れ、いじめと関係のない生徒の実名も、多数書き込まれました。命に対する誠実は教育の大前提。子ども達をいじめの被害者にも、加害者にも、傍観者にもしてはなりません。役人任せにはせず、今後も毅然と向き合います。

安全・安心を根底から覆す凶行

先般、フランス・パリとその近郊で発生した『同時多発テロ』は世界を震撼させました。市民の日常を無差別に襲う極めて卑劣な凶行。現地には日本人学校があり、事件発生当時、修学旅行で訪仏していた高校もあり、文部科学省は夜を徹して安否確認を行いました。幸い日本人の被害者はおりませんでしたが、時間軸がほんの少しでもずれていたらと思うと背筋が寒くなります。一部のコメンテーターがテロの背景をしたり顔で解説していますが、どのような理由があろうとも断じて許されない凶行です。日本でも先週月曜、靖国神社で『新嘗祭』が執り行われている、まさにその時、南門側トイレで爆発が起こりました。乾電池などが散乱しており警視庁はゲリラ事件として捜査本部を設置して調べを進めています。安全・安心を根底から覆そうとする卑劣なテロに、私たちは断固、屈してはなりません。政府として警察と緊密に連携しながら徹底した情報収集・分析を進めています。

感謝が私の原動力——平成27年年末

▼『週刊よしいえ』第51号　２０１５年12月7日

今週は東京都世田谷区にある東京都立園芸高等学校を視察して感じた「希望」を皆様にお伝えしたいと思います。東京のど真ん中に位置する都立園芸高校の開校は明治四十一年。校門から校舎まで続くまっすぐな道の両脇にはイチョウ並木が、校舎前には当時、皇太子だった昭和天皇が大正十年に植樹した松が鎮座する都内屈指の伝統校。アメリカから寄贈されたハナミズキが今年には樹齢百年となり、記念式典ではケネディー駐日大使がハナミズキの苗を記念植樹したことはニュースでご覧になった方も多いかも知れません。不肖、義家も今回の視察を記念してハナミズキを植樹させて頂きました。さてこの高校の何が凄いかというと、現在進行形で進化し続けているという点です。戦後、東京都の飛躍的な発展と合わせ昭和三十二年に「農業科」を「農業製造科」に、三十七年には「食品化学科」に、平成十八年には「食品科」に改編。変化こそ唯一の永遠。時代を先読みして先手、先手で進化を続けた結果、東京のど真ん中にある農業高校ながら、入試では定員を大きく超える人気校であり続けています。さらに驚いたのは、生徒たちは構内の農地で精魂込めて野菜を作り、それをキムチに加工。そのキムチはデパート「髙島屋」の限定ギフトとなり一セット「四五〇〇円」（税抜き）で販売されています。まさに六次産業化を実践し、動物の繁殖なども含め年間の売り上げは一千万円以上になるそうです。それが教委を通し再配分され翌年の生徒たちの実習財源となっているのです。高三のある生徒が目を輝かせて言いました。「東京なのに最高の環境で農業教育を受けることができた。その恩返しに、卒業後は新潟にある後継者のいない親戚の農家を継ぎ、日本の農を守りたいと思います」。彼らは日本の「希望そのもの」です。今後も応援し続けます。

広がる温もりの『輪』に心から感謝

副大臣に就任して早二カ月。重責と共に日々が分刻みで流れる中、先月は、本当に皆様に励まされた一カ月でした。十一月十二日には伊勢原後援会（高橋連合後援会長）の『大・バス旅行』、十九日には東京で『義家ひろゆきと日本再生を語る会』が開催され、本当に多くの皆様が物心両面で支えてくださり、ご多忙の中、会場まで足を運んでくれました。二十一日には愛川町後援会（中山後援会長）が『大・忘年会』を、二十三日には「義家ひろゆき十六区議員連絡会」（堀江会長）が総会、そして歓送迎会、副大臣就任を祝って下さいました。二十八日には相模原市南区後援会（坂本十六区連合後援会長・佐藤南区連合後援会長）が『義家ひろゆき後援会・晩秋の集い』を開催。約二五〇名の皆様が足を運んでくださいました。伊勢原の経済界の皆様には『義経会』を発会して頂きました。皆様から頂いている期待にしっかりと応えるために、更なる進化を遂げてまいります。

生涯忘れない「原点の日」。虚心坦懐、明日へ

▼『週刊よしいえ』第52号（創刊1年号）2015年12月14日

昨年の今日、十二月十四日は衆議院の解散総選挙の投開票日でした。結果が出たのは全国の小選挙区で最も遅い深夜、後援会の皆様に寒空のもと必死に汗を流して頂き、温かく支えて頂いたにもかかわらず一四八九票（惜敗率九八．五六％）の歴史的僅差で小選挙区での当選を手にすることができませんでした。あの日、私は一睡もせず、それまでの自分自身と、目の前の結果との因果関係に思いを巡らせました。辿りついたのは、明らかなる「認識の誤り」でした。政権与党の代議士として膠着していた地元課題に対し一つひとつ結果を出してきた自負はありました。国政では与党副幹事長として党内での発信力も高め、常任委員会では筆頭理事として法案を次々と成立させました。週末や夜は地元の各種行事やイベントもこまめに回り、休みなどというものは一切ない日々でした。しかしながら、私は極めて重大な「認識違い」を放置していたのです。私は「国政での仕事」と、「地元での活動」は等しく重要な「車の両輪である」と認識していました。しかし、それは明らか

な間違いでした。民主主義のもと当然ながら選挙区の皆様から支持して頂き「当選」させて頂いて初めて「国政での仕事」ができる。そう、つまりそれは「両輪」ではなく、国や地域の思いで直結する「縦の関係」だったのです。突き付けられた現実は、そんな原点に対する認識違いによる「当然の結果」だったのです。早朝五時、私は駅へと向かいました。あれから一年。駅頭、街頭活動は一二〇回を超えました。少しでも時間があけば広報車に乗り込んで、こまめに地域を回り、仲間の選挙は、「応援」ではなく「我が選挙」として共に走り回りました。

誓いを胸に、皆様と共に未来を創る

また日常どのような活動をし、どのように考えているのかを皆様に丁寧にお伝えすることも極めて重要だと痛感し、「週刊よしいえ」を毎週発行することを皆様に誓い、今号で五十二号となりました。駅頭での配布やポスティング、ＦＡＸ、メールマガジン等で毎週およそ五〇〇〇名の方々にお届けできるようになりました。朝立ちをしている際、雨天の時であっても毎週、受け取って下さる皆様のお顔ははっきりと覚えております。また、毎週月曜日「近所の人にも読んでもらうよ」と事務所まで通信を取りに来てくれる方や、発行部数拡大のために、尽力して頂いている後援会の皆様の献身にも支えられてここまで来ました。予算編成も大詰めを迎えております。国家プロジェクトが山積の神奈川十六区。それを着々と仕上げていくことで地域の発展に貢献してまいります。皆様からお預かりしている議席と職責。そのことを片時も忘れることなく、年末も奔走致します。

日中韓文化大臣会合に政府を代表して出席

▼『週刊よしいえ』第53号　2015年12月21日

十八日（金）から昨日まで、中国の青島（チンタオ）で開催された日・中・韓の「東アジア文化大臣会合」に出席しました。初日は青島に設置されている日本人学校を訪ね、激励させていただきました。異国の地で学ぶ日本の子どもたちの環境が安心・安全なものであるためにも、日中の国民レベルでの相互理解を促す文化などの交流事業をさらに深化させていく必要性を痛感しました。そして土曜日いよいよ文化大臣会合がスタート。まずは開催国である中国のルオ・シュ・ガン文化部長（大臣）と二国間会談（バイ会談）。続いて、韓国のキム・ジョン・ドク長官とバイ会談を行いました。翌日は日・中・韓の三カ国大臣会合が行われ、宣言が調印されました。私からは、文化遺産の保護や継承の担い手となる人材の育成について今後、三カ国の連携を強化していくことを念頭に、来年『日・中・韓文化遺産フォーラム』を日本で開催することを提案させて頂きました。中東では文化遺産がテロによって破壊されている悲しい現実があります。東アジアがそれぞれの文化遺産の担い手の育成について連携することは、世界における文化遺産の保護や継承に必ずや貢献すると確信しております。来年のリオ五輪の後は、二〇一八年に韓国の平昌（冬季）、二〇年に東京、二十二年に中国の北京（冬季）と二年刻みでオリンピック・パラリンピックが東アジアで開催されます。また一九年には日本でラグビーワールドカップ、二十一年には生涯スポーツの世界大会・マスターズゲームズが開催されます。東アジアに世界の注目が集まる黄金年間が、いよいよ始まるのです。文化を繋げ、未来を拓き、平和を築く。必ずや、成し遂げてまいります。

宮中午餐、参加の栄に浴しました

さる十二月十六日（水）、天皇陛下、皇太子殿下にお招きを賜り『宮中午餐』に出席させて頂きました。これは天皇の認証職である総理大臣、各国務大臣、副大臣が皇居に招かれ、天皇陛下、皇太子殿下と親しくさせて頂く会（夜の場合は晩餐会）です。天皇陛下のお心配りで、席での会食を挟んだ始めと終わりは、立式にてドリンクを頂きながらお言葉をそれぞれが頂ける機会があり、私も大変、温かく、優しいお言葉を頂きました。全ての大臣、副大臣のこれまでや、関心事、取り組んでいる懸案をご理解された上で丁寧に柔和にお話になられる天皇陛下、皇太子殿下の御姿勢に接し、崇敬の念が心の底から泉のように湧きあがってくる、という感覚に包まれました。共に過ごさせて頂いたお時間は、振り返ると永遠だったようにも、夢だったようにも感じます。本日は平成二十八年度予算の大臣折衝、明後日には閣議決定となります。必ずや皆様の期待に応えてまいります。

▼『週刊よしいえ』第54号　２０１５年12月28日

年越しの夜に響き渡る、除夜の鐘の音に思う

先日、高名な僧侶と対談の機会をいただきました。テーマは宗教と戦争、平和から、日本人の感性と文化・歴史や、教育再生の処方箋など多岐に渡るものでしたが、その際、僧侶から極めて興味深いお話を伺ったので、年の瀬の今週号で皆様にご紹介したいと思います。

「副大臣は今、八面六臂のご活躍ですが、でも実情は、『四苦八苦』していらっしゃるのではないですか」。僧侶は対談の途中で突然、そう切り出しました。私が「確かに、常に職務に追われながら、もがいています」と素直に答えると、僧侶。「話は変わりますが大晦日の『除夜の鐘』はいくつ突くかご存知ですよね？」「百八つ、仏教において語られる『煩悩』と呼ばれる悪しき心の分類の数ですよね」「その通り」、僧侶はニヤリとして続けます。「副大臣はそうとうその煩悩がお強いようですな」「はぁ」。滅私の思いで奉職しているつもりの私は曖昧に、そう返事することしかできませんでした。すると僧侶。「冗談です、冗談。副大臣の担われている重責はよく理解していますよ。私が伝えたかったのは四苦八苦と煩悩の関係です。四苦八苦を掛け算と足し算をしてみて下さい。四×九（苦）と八×九（苦）。足すと？」「ひゃっ、一〇八、です」「そう、煩悩の数になりますね。私を含めて人は誰も煩悩から逃れることはできません。大切なのはそこから目を逸らすのではなく、認めること。そしてだからこそ四苦八苦することなのです。子煩悩という言葉は後ろ向き

の言葉ではありませんよね。副大臣の現在の奔走は実に、正しい。期待しておりますよ」。目から鱗の思いでした。年越しの夜に響き渡る鐘の音。今年はそれがしんみりと心に胸に届きそうです。

今年一年、心から感謝いたします

いよいよ本年も本日を入れて残すところ四日となりました。戦後七十年、自民党結党六十年、個人的には北海道から神奈川に戻ってきて十年という「節目の一年」でした。国政においては与党副幹事長、委員会筆頭理事に続き、十月には文部科学副大臣に就任するなど生涯忘れ得ぬ一年となりました。ひとえに皆様のご支援のお蔭でございます。年の瀬に際し、改めて感謝と御礼を申し上げます。政府・与党の国会議員にとって『最後の詰め』を行わなければならない年末年始となります。正月明け一月四日からの『通常国会』が目前に控えています。現在、私たちは時代の転換期を生きております。向かっていく未来が『希望と安心』の社会なのか、それとも『諦めと不安』の社会になるのかの分水嶺。年末年始も決して責任から目を逸らさないことを皆様に誓います。

第2章

日本の伝統を、世界に発信——平成28年新春

平成二十八年年頭、改めて「平和」を考える

▼『週刊よしいえ』第55号　2016年1月4日

昨年は戦後七十年の節目の年でありました。祖父母に育てられた私にとって、幼き頃から繰り返し聞かされた戦争の悲惨さと平和の尊さの話は、すでに他界している祖父母の「表情」や「声」も含めて心に刻まれていますが、祖父が語ってくれた「ある話」を、年末年始「恒例のテレビ番組」を眺めながら、鮮明に思い出しました。

「ひろゆき、じいちゃんは家族みんなでこうして観ている『サザエさん』が多くの国民に愛されている限り、再び戦争への道を選ぶことはないと思っているんだ。サザエさんは戦争が終わってすぐの昭和二十一年に新聞連載がスタートしたが、そこには当時の多くの人々の願いがこもっていたんだ。サザエさんは、波平（父）、カツオ（弟）、マスオさん（夫）、タラちゃん（子）の男四人と、フネ（母）、ワカメ（妹）、そしてサザエの女三人が寄り添い暮らす七人家族だが、戦争では、多く

の男たちが命を失った。遺影がある通りじいちゃんの弟も戦争で亡くなった。戦後は父を、夫を、弟を、子を亡くした女性、そして親を失った子ども達が街に溢れかえったんだ。残された人々は涙に明け暮れ、だからこそ心の底から平和を願った。サザエさんは当時多くの女性が失った存在に囲まれて幸せに暮らしているだろう。サザエさんは世代を越え、核家族化が進む今も変わらずにみんなから愛されている。そうである限り、平和は続くと、じいちゃんは思っているんだ」。現在も『サザエさん』の視聴率は常に上位です。それぞれが意識をせずとも決して忘れてはならない「喪失の記憶」を今日まで連綿と受け継いできたともいえましょう。新たなる年、日本の、世界の安寧のため引き続きこの身を尽くしてまいります。

本日、通常国会がスタートします

三が日が明けたばかりの本日、通常国会が召集されます。まずは平成二十七年度の補正予算の審議からスタートし、続いて施政方針演説の後、平成二十八年度当初予算審議、さらに各委員会の審議と続いていきます。私は基本的に予算委員会と文科委員会で答弁する大臣とは別に、要求があるすべての他委員会での答弁を受け持つこととなります。答弁をするためには当然、諸課題すべてに精通していることが求められます。極めて責任の重い一五〇日間がいよいよスタートするのです。また繰り返し申し上げてきましたが、神奈川十六区には日本の未来を左右する国家プロジェクトが集中しています。プロジェクトを進めるためには計画、政策だけではなく、実行力が求められます。

地元の繁栄、日本の成長のためにも与党の代議士として、未来を見据え、弓を改めてしっかりと握り直し、希望の矢を力強く放つ、そんな通常国会にして参ります。応援、お支え宜しくお願い致します。

▼『週刊よしいえ』第56号　２０１６年1月11日

教訓を生かし、誠実、着実に歩みます

ウィリアム・シェイクスピア戯曲『マクベス』は日本でもよく知られています。私は大学時代この原文を翻訳する授業を選択したのですが、その際シェイクスピアの偉大さはもちろん、これまで何度も言及してきた「日本語」の奥深さに脱帽させられました。当時、法曹を目指していた私にとって法律以外の「時間のかかる予習を要する授業」は負担以外の何者でもありませんでした。そんな私は極めてよこしまな理由で『マクベス』を翻訳する授業を選択したのです。この有名な戯曲の翻訳本が日本で出版されていることを知っていたからです。教材指定されている原書と日本語の翻訳本を照らし合わせれば予習時間が最短で済むという算段だったのです。しかし実際にはその作業は困難を極めました。なぜなら原文と翻訳文がなかなか一致しないのです。例えば『Fair is foul, and foul is fair』をなんと訳すか。翻訳本の訳を比較すると小田島雄志訳の『マクベス』（白水ブックス）では「いいは悪いで、悪いはいい」、松岡和子訳（ちくま文庫）では「きれいは汚い、

汚いはきれい」、福田恆存訳（新潮文庫）では「きれいは穢い、穢いはきれい」、安西徹雄訳（光文社）では「晴々しいなら禍々しい、禍々しいなら晴々しい」、木下順二訳（岩波文庫）では「輝く光は深い闇よ、深い闇は輝く光よ」と訳されています。「日本語」深すぎです。かくして安易に修得できると思った授業の選択は、もっとも考えさせられる、そして時間のかかる選択となりました。急がば回れ、丁寧に。国会論戦も本番に突入しておりますが、重責を担っている今、改めてそのことを肝に銘じ、日々を丁寧に重ねてまいります。

光あるうち、光の中を歩め！

本日は「成人の日」。次の時代を創っていく若人が、晴れて大人として歩み出す記念日です。そんな新成人に今年は心を込めて『光あるうち、光の中を歩め』という言葉を贈りたいと思います。この言葉はロシアの小説家トルストイの短編のタイトルにもなっていますが、もともとは新約聖書・ヨハネによる福音書十二章三十五節から三十六節にかけての言葉「光は、いましばらく、あなたがたの間にある。暗闇に追いつかれないように、光のあるうちに歩きなさい」という箴言です。私は「必死」という言葉を大切に生きています。人は誰も、生を受けたその瞬間から、いつか必ず訪れる「死」に向かって歩き出します。だからこそ「必死」に「生」を燃やしながら、この時代に生きた足跡を刻みながら、「人生」という名の道を歩きたい。そして「必死」に燃やした「生」の灯が、後進たちの温もりある光へと変わると信じています。若人よ、光あるうち、光の中を「必死」に歩め。

教科書は、子ども達の「学びの地図」です

▼『週刊よしいえ』第57号　２０１６年1月18日

新聞全紙だけでなく、テレビニュースでも大きく報道されましたが、先日、私は文部科学副大臣として、学校の「教科用図書」（教科書）を出版している全出版社の責任者の方々にご参集頂き「揺らいでいる教科書業界の信頼を取り戻すため、各社において徹底的な調査を行っていただき、二十日までに文部科学省に報告していただきたい。その際、万が一、隠蔽等があった場合には、教科書発行会社としての指定取り消しも含めて必要な措置を講じる」という大変厳しい方針を伝えさせていただきました。昨年十二月、三省堂が「検定中の教科書」（公にしてはならない）を、教科書採択に影響を持つ二十六都府県の公立小学校校長ら五十三人に見せて意見を聞くという名目の編集会議を開催（違法）し、さらに、五万円の謝礼を払っていた（違法）ことが判明しました。義務教育の教科書は法律により全額国庫負担で子ども達に届けられます。だからこそ公共性・公平性を担保するための厳格な手続きが同時に定められているのです。発覚した事例は教科書業界の信頼を根底から覆すものでした。文科省としては即、教科書会社に調査を要請し、随時、その進捗を確認してきましたが、今年に入り、類似の事例が他の教科書会社で次々に発覚しました。さらに問題な

のは、それらは教科書会社の調査・報告によるものではなく、マスコミの取材で発覚した、という事です。これでは「隠蔽体質」とのそしりを免れることはできません。教科書は公教育の「信頼」であり、子ども達の「学びの地図」です。責任を持って「これまで」を検証し、速やかに「これから」を再構築いたします。会社のためでも、教師のためでもなく、大切な子ども達のために。

皇居にて「歌会始の儀」を拝謁

先週一月十四日、宮中松の間において「歌会始の儀」が行われ、光栄なことに私もご招待を頂き出席させて頂きました。本年のお題は「人」。陛下は、

戦ひに　あまたの人の　失せしとふ
　島緑にて　海に横たふ

と詠まれました。昨年四月にパラオをご訪問され、戦没者を慰霊された時の「おもひ」を和歌に込められたのでありましょう。「表現」とは、言うまでもなく文字が少なければ少ないほど、難しいものです。その意味では他に類がない形式と限られた文字数で「こころ」を詠む日本の和歌は、世界で最も「高度な表現」だと言えるでしょう。あれから五日、私は天皇・皇后両陛下を始めとした皆様が詠まれた歌をそれぞれ何度も何度も心の中で反復させながら、歌に込められた「こころ」

「おもい」「ねがい」をじっくりと噛みしめております。

思春期の私を包んだ穏やかな温もりを振り返る

▼『週刊よしいえ』第58号　２０１６年1月25日

すでにご存じの皆様も多いかと思いますが、私は十六歳の時、自らの至らなさの結果、生家を追われました。その先で辿りついたのは曽根川秀衛・多美という夫妻が暮らす平屋の一軒家。曽根川氏は環境衛生業を営みながら何人もの里子を育ててこられた方で、中国残留孤児の帰国者や二世・三世の里親も引き受ける人格者でした。しかし、当時の私のような「やさぐれ者」を里子に迎えるのは初めてのことで、決断には躊躇したと後日、笑いながら語ってくれました。ご夫妻と私の約束はたった一つ。それは「三食の食事を一緒に食べる」ということでしたが、この約束はそれまで乱れていた私の生活を見事に改善してくれました。朝七時過ぎに朝食を共にするためには、夜更かしは出来ません。昼食を共にするためには、仕事に出掛けているおじさんがいつ帰ってくるのかを気にしていなければなりません。夕食を共にするためには、おばさんがいつ夕食の準備を始め、おじさんが何時に帰ってくるのかを把握する必要があります。たまに出かけても夕方には帰宅していなければ約束が守れません。私たちは毎日三人で食卓を共にしながら、少しずつ少しずつ打ち解けていきました。思春期に里親さんと過ごした約一年に及ぶ「静謐な暮らし」は、私が挫折から立ち上がる温かく優しい土台となってくれました。

あれからもうすぐ三十年。おじさんは三年前に他界され、おばさんは今、病と闘っています。「沢山の里子を育ててきたが、ひろ、お前は一番の孝行息子だ」。在りし日におじさんが残してくれたもったいない言葉は私の誇りです。「おじさん、おばさんのことは安心して任せてください。お二人は恩師であり、親なのですから」。

「社会的養護」の形を考える

トップコラムで少年時代、私が里親さんに引き取られ育んでもらったことを独白しました。これに関連して是非、皆様に考えていただきたいことがあります。日本では「社会的養護」を必要とする子どもたちの八割以上が「施設」で暮らしているという世界的に特異な状況が続いています。現在、乳児約二九五〇人、三歳から十八歳未満の児童約二万七五〇〇人が全国一三三カ所の乳児院と六〇一カ所の児童養護施設で生活しています。対して里親や五〜六人のファミリーホームで暮らす子どもたちは約五六〇〇人と全体の「十五％」にとどまり「七〇％」を超えている英米に比べて極めて低い状況となっております。愛着や自己肯定感を育む観点からも、様々な事情で親に養護してもらえない子ども達が、家庭的環境の下で育てられることが望ましいのは自明のことです。真に公助が必要な「希望」達を包み込む「温かな構造改革」を推進するため、今後も恩返しの汗を流して参ります。

地元で目にする伝統的な情景について思う

▼『週刊よしいえ』第59号　２０１６年2月1日

早いもので本日から二月です。明後日の三日には地元でも各神社で「節分祭」が執り行われますが、一月のお正月、二月の節分祭、三月のひな祭り（卒業）、四月の新年度スタート、五月の端午の節句など月ごとに「季節の香り」を感じる伝統行事が刻まれている日本の暦（伝統・文化）は、日本の「深さ」の象徴だと感じます。これは自然と「対峙」し、「克服」するのではなく、自然に「感謝」し、自然と「共存」することを大切にして歴史を紡いできた我が国ならではのものであり、「自然のすべてに神々が宿っている」（八百万の神）という考え方や、「お天道様が見ている」といった尊き教えも、それ故でありましょう。中東では宗教を巡る深刻な対立を今も重ねていますが、日本は伝来する異文化や信仰に対し、排外主義に陥ることなく、共存、深化させてきました。これは平和や温暖化対策などについて、改めて世界の国々が学ぶべき態度であろうと私は思います。地元を歩くと随所で暖かい気持ちになる伝統的情景と出会います。お正月からのものでしょう、地元に多数残っている道端の「道祖神」や「お地蔵様」の前にはお餅やミカンがそっと供えられております。日本人は古来より道端の道祖神やお地蔵様に、お花を添え、お水をかけてきました。神社仏閣への礼節や、冠婚葬祭の儀礼でもなく、ただ敬い、大切にし、手を合わせてきました。それは「神様、どうぞ救ってください」でも、「幸せにしてください」でもない「そこにいらっしゃこのような情景が日常の暮らしの中に残っているこのまちは、私の誇りです。るもの」（自然）への感謝、そして祈り、すなわち日本人にとっての「自然な祈り」なのでしょう。

実績着々。厚木がホストタウンに！

この度二〇二〇年東京オリンピック・パラリンピックに参加する海外の選手らと地域住民の交流を推進するプロジェクト「ホストタウン構想」の一次登録二十五都道府県四十四件を公表させて頂きました。神奈川県では小田原市・箱根、大磯が「エリトリア」、横浜・川崎両市が「イギリス」、平塚市が「リトアニア」、そして、我が地元「厚木市」は「ニュージーランド」のホストタウンに決定しました！競合が多く紆余曲折もありましたが決定により合宿の誘致活動や選手との交流事業を行う際には費用の半額を国から補助できます。そして、それだけではありません。オリンピック・パラリンピックの前年はラグビー・ワールドカップが日本で開催されますがニュージーランド代表は「オールブラックス」と呼ばれ畏怖されている世界屈指の強豪です。彼らが厚木に、県央に！大役を果たすことができ、まずは、ほっと胸を撫で下ろしています。皆様のお支えあってこそ感謝です。

重点的に支えなければならない現場の実情

▼『週刊よしいえ』第60号　２０１６年2月8日

先般、横浜市南区にある南吉田小学校と横浜吉田中学校を視察させて頂きました。横浜市の教育委員を務めさせて頂いていたこともあり、両校の存在や課題、取り組みは理解していたつもりでしたが、十年経って状況は驚くほど激変しておりました。南吉田小学校では全校児童に占める外国籍または両親のどちらかが外国人という子女の割合が五〇％を上回りました。そのうち「日本語」の理解に難がある（ほとんど理解できない）児童は二割を超えます。国籍も中国・韓国・フィリピン・ウクライナなど十を超えています。それぞれ習慣も違えば、家庭環境、言語も異なります。また、小学校から持ち上がる横浜吉田中学校もほぼ同様の状況で、持ち上がりの生徒だけではなく、日本語がまったく喋れない生徒が多数、年度途中に編入してきます。校長先生によると、親の事情で子どもをコミュニティーの知り合いに預けて母国に帰ってしまうというケースも珍しくないそうです。「途上国では、中学生はもう大人なんですよ」、と努力だけでは対応できない現状への無力を口にされました。昨年の予算編成ではなんとか踏ん張り切りましたが、財務省は少子化を理由に継続的な教職員の大幅削減を打ち出しています。しかしソロバンばかりはじいているのではなく現場に足を運んで現状を直視すべきだと私は主張しています。神奈川では、外国人子女に対応する『追加配置』（加配）は五人で教員一人、二十人で二人となっていますが、これはまさに昭和の基準。

少なくとも両校では基準通りの配置では到底対応できません。まさに教育は人なり、です。今後も徹底した現場主義を貫き、今ある実情をしっかり認識し、政策へと繋げてまいります。

「新春の集い」が盛大に開催!・感謝

二月六日（土）、今年も皆様の存在とご尽力のお蔭で厚木市のレンブラントホテルにて『義家ひろゆき・新春の集い』が盛大に開催されました。後援会の輪は年々、大きく外に向かって広がり、そして「和」がさらに深まっていることを全身で感じさせていただき、感謝の気持ちが溢れかえりました。ご多用の折、各自治体首長を始め、県議会議員、市議、町議、村議の皆様にも足をお運びいただき、企業、各種団体や地域を代表する皆様にも多数ご参集いただきました。改めて後援会の皆様に心から感謝を申し上げますと共に、皆様に恥じぬようさらなる精進を重ねることを約束いたします。予算の審議が一区切りつくと、次は各委員会が一斉に開催され、副大臣を拝命している私の「答弁に明け暮れる」日々がスタートします。奢らず、謙虚に、丁寧に、しかし明確な政策と、改革への強い意志を携え、地元を背負い、未来を見据え、それぞれの審議で職責を全うします。

「個」が重なり合い、「子」が生まれ「親子」になる

▼『週刊よしいえ』第61号　２０１６年2月15日

昨年二月十六日、道路を隔てた自宅向かい側のマンションの一室で忘れることのできない悲痛な事件がありました。二十九歳の母親が六歳と三歳の二人の娘の首を絞めて殺害したのです。母親は「家事や育児をこのまま続けられるか、将来が不安になった」と供述。父は会社から帰宅する途中だったといいます。国会で男性議員が「育休宣言」して話題となりましたが、私は育児休暇などでは解決できない一部の親たちの心性（傾向）に大変な危惧を覚えています。我が家にも十二歳の息子がいますが思春期に差し掛かり、最近は一筋縄ではいきません。必然、厳しく叱ることも増えました。しかし親として彼のことを心の底から愛おしいと常に感じています。分娩室で繰り広げられた、妻と生まれてくる命との壮絶な向き合い、息子の真っ赤な泣き顔、「かっか」（お母さん）から遅れること一カ月、初めて「てって」（お父さん）と笑顔で私を見上げてくれたあの日の夕暮れ。私たちは彼によって「親心」というかけがえのない気持ちを授かりました。翻って、現代の「一部の親たち」は「子」より、「個」を優先する傾向があるとはいえないでしょうか。髪を染めた幼児を連れている親や、夜分に子ども連れでカラオケに興じる親などがその典型です。「個」が最優先なら、思い通りにならない「子」は、やがて「負担」となるのでしょう。誕生するのは「子」だけではなく「親子」という「命の絆」が同時に生まれます。そのことに喜びと責任を感じることがで

きないのだとしたらそれは尊厳に関わる由々しき事態です。そしてその問題の根底にはやはり「教育」があるのだと思います。悲しみを力に変え、今週も着実な一歩を重ねて参ります。

『バレンタイン・デー』を随想する

昨日は「バレンタイン・デー」でした。現代日本では季節の風物詩としてすっかり定着し、「義理チョコ」なる言葉もあるように、女性は職場の男性みんなにチョコをプレゼントしなければならないかのような風潮。結果毎年バカにならない出費となっているのではないでしょうか。しかぁし！今年は日曜日。十二日（金）にチョコを渡すのも早すぎるし、今日ではもう過去のイベント。暦の巡り合わせを「ラッキー」に思った女性も多いのではないでしょうか。恩恵は女性だけではありません。三月十四日には「ホワイトデー」なる返礼の日がやってきます。巷で囁かれる相場は「倍返し！」。同じく胸をなでおろしている男性も多いことと思います。青少年のチョコを「貰えない寂しさ」も和らぎます。一部、在庫を抱えてしまったお店も、暦は動かせません。今日には値引きチョコが陳列されます。子どもにとっては嬉しいご褒美。さて、今日はチョコを買って自宅に帰ります。

未来のために、「大切なもの」を見失わない

▼『週刊よしいえ』第62号　２０１６年2月22日

衆議院の審議もいよいよ大詰めを迎えております。相も変わらず「予算と関係ない議論」に多くが割かれていますが、残念でなりません。本来は未来を見据えた「具体的政策」を各党が示し、どこに力点を置き、予算をどのように配分していくのかを議論するのが予算委員の責任です。もっと言えば、今夏から選挙権年齢が十八歳に引き下げられますが、現役世代は日中学校や職場にいます。国家の一年を左右する議論なのですから、国会戦術であえて空白を作ったり、会議を引き延ばすくらいなら、いっそ夜七時から予算委員会をスタートさせてNHKで生中継すべきです。国会審議を観られない多くの皆様は、ニュースや新聞で報道される「断片」しか知り得ないのですから。ところで皆様は「果樹で最も大切なものはなにか?」と問われたらどのようにお答えになるでしょうか。実は、ドイツの哲学者・ニーチェがこれに関して大変、興味深い指摘をしています。「その問いに対してほとんどの人は『果実だ』と答えるだろう。しかし、それは間違いである。実際に最も大切なのは『種』である。種無くして樹木はなく、従って果実もなく、未来の収穫もない。枝葉の現象にとらわれずに物事の本質を捉え、そこから生まれる結果を考えることが社会問題と向き合う際には求められる。『今の満足』ではなく『未来の充実』を目指して建設的な対話や取り組みを重ねなければならない。人生は短く、時間やお金など投じる資源は限られているのだから」。とかく「果

実」の議論になりがちな予算審議。しかし最も大切なのは「種」（＝未来に向けた成長戦略）の議論なのです。そして教育こそが最大の成長戦略。未来に向けた論戦を主導して参ります。

「学校給食」が軽減税率の対象に

昨年、消費税が八％から十％に上がる際、外食・酒類を除く食料品への「軽減税率」が決まり、国会にその根拠法が提出されました。報道等であまり大きく扱われなかったため「すんなり」と提出された感を持たれた皆様も多いかも知れませんが、実はここに至るまで水面下では熾烈な綱引きが展開されました。代表例が「学校給食」です。学校給食は大きく分けると三つの方法で子どもたちの元に届けられます。一つは学校に調理場を持つ方法、二つ目は「給食センター」で調理して各学校に配送される方法、そして三つめがお弁当形式のデリバリーです。この線引きをどうするのか、また、そもそも学校給食は外食なのか否か。少しでも徴税を増やしたい財務省と、少しでも子どもたちに関わる負担を軽減したい私（文科省）。何度もやり取りを行った結果、学校給食と老人福祉施設の食事については税率を軽減することになりました。真に公助が必要な方々の安心は、断固守ります。

社会総がかりで守らねばならない子ども達がいる

▼『週刊よしいえ』第63号　２０１６年2月29日

先日、横浜市泉区の無職の男が、十四歳の息子に万引きを指示していたとして神奈川県警に逮捕されました。金に困るたびに息子に万引きを強要し、リサイクルショップでの換金を目的に万引きをさせてきたそうです。報道を受け、はらわたが煮えたぎるほどの怒りを感じました。信じがたいことですが、同質の事件は他にも多数あります。例えば大阪府吹田市では、「両親」が九歳から十四歳の小・中学生の子ども三人に、釣具店で釣り具セットを万引きさせて逮捕された事件。逮捕当初、両親は「子どもが勝手にやった」とうそぶき、容疑を否認しましたが、捜査の過程で携帯電話のメールで子どもに指示を出していた履歴が明らかとなりようやく認めました。さらに父親には月四十万円の収入がありながら、「生活保護」も不正受給していました。不正を働き様々な保護や手当を享受しながら、さらに我が子を巻き込んで非道な犯行を犯す。利用された子どもたちは、罪の意識よりも、言う事を聞かなければ生きていけない、という切迫した思いの方が強かったことでしょう。これは明らかな虐待です。また小学五年生の男児が父親から指示を受け「一〇〇円でもいいから恵んで欲しい」と路上で『物乞い』をさせられるという事件もありました。その際、警察が児童に事情を尋ねたところ、近くで車から監視していた父親が逃走する、という信じがたい暴挙もありました。学校・地域・児相・警察のネットワークの更なる強化を図り、不幸な境遇に置かれている子ども達を一刻も早く保護できる仕組みを構築しなければなりません。彼らにとって「家庭」は温もりの場所ではなくまさに地獄なのですから。子ども達の悲鳴に耳を澄ませています。

地元を愛し十二年。二千本超の桜山

厚木市には鳶尾山という相模平野を一望できる古くから地域の皆様に愛されている里山があります。その山を更に多くの人々に親しまれる場所にしようと十二年前、地元有志の皆様が「桜」の植樹を始められました。その運動は二年前「ＮＰＯ法人グリーン成長・桜」の結成へと拡大し、これまで二千本以上の桜が皆様の手で植樹されました。義家事務所も毎年参加させて頂いておりますが、子ども達、保護者の方々、企業の方々、地域の皆様方が一堂に会し一本、一本、丁寧に植樹されていきます。私が過去に植樹させて頂いた桜はまだまだ細い幹ですがやはり思い入れもひとしおです。里山の片隅にしっかりと根付いている桜の姿を眺めると、改めて「大地への感謝」がこみ上げます。継続は、力なり。干支一回り、二千本以上が重なった桜たちは、春の訪れと共に一斉に咲き誇り、訪れる人々の憩いを彩ってくれるでしょう。間もなく桜の季節。来訪、お待ちしております。

優しさを、届ける ―― 平成28年春

仰げば尊し我が師の恩　教えの庭にもはや幾年

▼『週刊よしいえ』第64号　２０１6年3月7日

今年も「卒業」の季節がやってまいりました。私も複数の学校の卒業式に臨席させて頂きますが、巣立ちゆく児童・生徒・学生、そしてそれを見守る保護者や先生方の姿を眺めるとなんともいえない叙情詩的な思いがこみ上げてきます。新たな場所に巣立つすべての「みらいたち」に今年も心からのエールを贈らせていただきます。

ところで、私の子ども時代は「卒業式の定番」といえば、コラムタイトルでも歌い出しを記しましたが「仰げば尊し」でした。「仰げば尊し　わが師の恩　教えの庭にも　はや幾年（いくとせ）思えば　いと疾（と）し　この年月　今こそ別れめ　いざ　さらば」。歌詞をなぞるだけで、当時の学び舎での思い出が蘇ります。そして同時に思い出すのですが、当時私たちは「仰げば尊し」を、先生の指導で一番と三番を歌いましたが、多くの学校で二番を飛ばして歌われるようになった理由

を後から聞かされて少し驚いたことです。「互いに睦（むつみ）し　日ごろの恩　別るる　後にもやよ忘るな　身を立て　名をあげ　やよ励めよ　今こそ別れめ　いざ　さらば」（二番）の「身を立て名をあげ」が「立身出世主義的」で現代社会にそぐわないという声があがったことが慣習の発端だそうです。さらに近年では「仰げば尊し、我が師の恩」という歌詞自体が、教師への尊敬を生徒たちに押し付けている、と多くの学校で流行歌に変更しているのだそうです。流行歌は時代、時代で移り変わっていくもの。老・壮・青・子どもたちが世代を越えて学び舎での在りし日々を歌にのせて共有できなくなりつつあることは、大変残念です。「師」は人生の道しるべ。私は胸を張って「師」である皆様を、仰がせて頂きます。

表出した「無責任」に毅然たる対応

マスコミでも大きく報道されましたが、現在、三重県伊賀市で「構造改革特区」を利用して設立された通信制高校「ウィッツ青山学園高校」がこれまで行ってきた「教育の名に値しない」と断じざるを得ない運営、授業に対して厳しい姿勢で向き合っております。「卒業保証」と募集（営業）して約一二〇〇人の生徒を集め、あろうことか法定の「面接指導」において、「遊園地でのお釣りの計算で『数学』の授業」「バスでの洋画鑑賞で『英語』の授業」「夜景を観て『芸術』の授業」と単位認定してきたのです。東京地検特捜部も『就学支援金サギ』の容疑で強制捜査をしておりますが、その捜査結果を座して待つことは、できません。まず巻き込まれた卒業予定者約三百人の「回復措置」を一刻も早く実施しなければなりません。「高卒とは認められない」と進路先での「内定の取り消し」も場合によっては想定されるからです。教育とは学校とは何か。今その根本が問われています。

大震災から五年。「地上の星」の背中を、胸に

▼『週刊よしいえ』第65号　２０１6年3月14日

東日本大震災の発災から十一日で丸五年。本年も天皇皇后両陛下のご臨席を仰ぎ、政府主催「東日本大震災五周年・追悼式」が執り行われました。改めてお亡くなりになられた方々に衷心より哀悼の誠を捧げるとともに、未だ故郷に帰れぬ皆様の気持ちに心を重ねながら献花をさせて頂きました。あの日、あの時、私は国会対策委員会副委員長として参議院の第一会議室で決算委員会のテレビ入り質疑を見守っておりました。同僚議員が当時の菅内閣総理大臣の「政治と金」にまつわる重大な問題に対して質問を始めた、ちょうどその時、委員会室を未曽有の揺れが襲いました。私も含めて茫然自失となる委員会室の面々。そんな中一人の男の声が轟きました。「委員長、今日の審議は終わり！総理は大至急、官邸へ戻って！」。当時、自民党・国会対策委員長を務めていた脇雅史参議院議員の声でした。建設省（現・国土交通省）出身の生え抜き議員ですが、即座に状況を捉え、全体を動かすリーダーシップは、役人の次元ではありません。脇氏の号令に促され、委員長は閉会

を宣言。菅総理を始め、大臣たちも官邸に向かいました。脇氏は直ちに「政局休止」を宣言し、政策提言や速やかな立法措置を主導されました。私は直属の部下として常に行動を共にしましたが、まさに大魔神でした。脇氏がいなければ復興対策は迷走を繰り返すだけだったことでしょう。今夏、脇氏は議員を勇退されます。当時、大震災をアピールの場にしようと企てる政治家がいた一方で、眠ることも忘れリーダーとして、自身の持ち得る全てで辣腕を振るった「地上の星」の背中を私は生涯忘れないでしょう。今後も口ではなく行動で被災地に寄り添ってまいります。

「未来への扉」の「カギ」を握る責任

昨年十二月八日の夕刻、広島県府中町の中学三年生が自らの手で命を絶ちました。同じ時間、本人と両親、そして担任が「進学」について話し合う「三者面談」が行われる予定でしたが、本人が学校に姿を見せることはありませんでした。学校は前月、生徒の進学に際して一年生から三年生までの間で「触法行為」があった生徒については私立高校への専願（学校認証）を出さない、という基準を新たに定めました。生徒や保護者に伝えることなしに、です。そして少年が一年生の時「万引き」したという『誤記載』を理由に「専願は出来ない。両親に万引きをしたことを話すように」と再三指導しました。少年は、思い描いてきた未来へのカギは学校から貰えないと絶望してしまったのでしょう。今回はそもそも「誤記載」であり論外ですが、もし仮に幼さの残る中一の時、万引きの虞犯があったとして、それだけをもって希望する進路が閉ざされていいのでしょうか。悲しいです。

春の甲子園で『史上初』の始球式を挙行しました

▼『週刊よしいえ』第66号　２０１６年3月21日

「甲子園・春の選抜高校野球」が開幕しました。本年は私が文部科学省を代表して祝辞を述べさせて頂き、始球式の大役も任せて頂きました。生放送されたため、私が挙行した「史上初の始球式」の様子を観られた皆様からは、「よくやった」「感動した」など本当にたくさんのお褒めの言葉を頂きました。光栄の極みです。

春の選抜高校野球の始球式は通常、文科大臣か副大臣が行いますが、今回は、私がその大役を任されました。五万人を超える観客が見守る中、野球少年時代から憧れてきた甲子園のマウンドで一球を投じることができるなんて、私にとって本当に「夢」のようなことです。しかしだからこそ私は思いました。もしも可能ならば高校野球の聖地・甲子園のマウンドに立つことに憧れても、憧れても、しかし叶わない、そんな野球少年の「夢」を叶えるためにこそ、私の「夢」を使わせて頂きたい、と。第八八回・春の選抜高校野球の始球式は、右下肢機能障がいを抱える高校球児・山本大誠君に務めてもらうことになりました。彼は何度も私に「夢のようです」と礼を述べました。「夢」とは見るものではなく叶えるもの。障がいを抱えていても、君は大好きな野球を辞めたり諦めたりしなかった。だからこそ夢の方から君を迎えにきたんだよ。君は夢を決して諦めない若者たちの代表だ。胸を張って、思いっきり一球を投じれば、それでいい」。そう声をかけ、マウンドで白球を託しました。負託されている力は、誰かの幸せのためにこそ使う。皆様から教えて頂いていることです。山本君の歴史的一投と、それをまっすぐ見守ってくれ、盛大な拍手で称えてくれた甲子園の大観衆は、私の生涯の宝となるでしょう。

キーワードは「道」。歴史的協定締結

先般、上野にある重要文化財「旧岩崎別邸」にて文部科学省が所管する「文化庁」「スポーツ庁」、国土交通省が所管する「観光庁」の「連携協定」の調印式を挙行いたしました。訪日外国人は史上最多を更新し続けておりますが「日本」をより知ってもらうためにも、また地方創生を成し遂げるためにも、縦割りを排した戦略的な省庁連携が重要です。各庁が別々に動いても効果は限定的。それでは日本の資源を生かしきれません。このため掛け声だけでなく、実質的に連携し、チームとして機能させる「公的協定」が必要だと唱え、この度ついに実現にこぎつけました。日本は古来より茶道、華道、柔道、剣道など、文化や武術を「道」になぞらえてきました。国交省はまさに「道」を造ってきた役所であり、各観光名所も「道」で結ばれています。キーワードは「道」。「振興・三本の矢」を放つ準備が整いました。広く世界に開かれた「日本道」を全力で拓いてまいります。

研究成果に「愛」が刻まれてもいい、と私は思う

▼『週刊よしいえ』第67号　2016年3月28日

学生の頃、「水平リーべ僕の船…」（水＝H・兵＝He・リー＝Li・べ＝Be・僕＝B／C・の＝N／O・船＝F／Ne…）と語呂に合わせて必死に覚えた「元素記号」。そこに理化学研究所の研究グループが発見した「一一三番元素」が加えられることとなったことは基礎科学の分野における「日本のチカラ」を改めて世界に証明しました。森田浩介・理研グループディレクターらは九年間に渡り原子核同士を衝突させる実験を四〇〇兆回繰り返しましたが、最初の七年間は何の成果も出せなかったといいます。森田氏の実験との向き合いは「すさまじい」の一言に尽きます。氏はこう語っています。「実験の期間中はずっと家に帰らず泊まり込んでいた。数カ月以上の連泊もしたが、それは研究者として当たり前。こうやって研究に携わらせてもらっている生活に、『ああ、幸せだな』といつも感じています」。実は森田氏は実験の最中、奥様を病気で亡くしているのです。「妻が居たから実験を続けられた。寂しい思いをさせてしまったが『家に帰って来ないの』などとは一切言わず『あなたなら絶対できる』といつも励まされた」とも語られています。ワークライフバランスの観点からも様々な御意見があるでしょう。しかし少なくとも森田氏が居なければ、奥様の理解と支えがなければ、人類史に残る「一一三元素」がメイド・イン・ジャパンとして登録されることはありませんでした。来週には命名権を持つ森田氏らにより新元素の『名称』が発表されます。私には

何の権限もありませんが、そこに『奥様の名』を刻まれてもいいのでは、と勝手に思っております。その『名』はきっと世界の人々の心と化学を優しく温めることでしょう。

暴挙が生み出した、甚大な影響

先日、本当に肝が冷える出来事と遭遇しました。朝一番、横浜での公務を終え横浜駅から新橋駅に移動しようとした丁度その時、「新橋駅で事故」があり東海道線・京浜東北線のダイヤが見合わせになっていました。一時間半後には委員会で答弁に立たねばならず、答弁者が遅刻した場合理由の如何を問わず審議がとまってしまいます。瞬時の判断で横須賀線ホームに走り、すし詰め電車に何とか滑り込み事なきを得ましたが、本当に肝を冷やしました。お昼のニュースを眺めていると「新橋駅の事故」が報道されていました。「痴漢」を働いた男を被害女性と駅員が取り押さえ一一〇番通報。すると、男が暴れ出し、無謀にも線路に飛び込み、駅に入ってきた電車と衝突し重傷を負った、これが「真相」だったのです。一人の暴挙によって二万三千人の通勤・通学に影響が出ました。大穴を開けてしまった方もいらっしゃったことでしょう。その責任までは問えないのがもどかしいです。

『週刊よしいえ』第68号　2016年4月4日

ある教師に教えていただいた驚くべき替え歌

散りゆく桜とともに早いもので、子どもたちの新入学の季節を迎えました。そんな折、ある先生から一部の先生たちの間で流布されているという驚きの替え歌の存在を教えていただきました。まずは紹介いたします。

心ならずも「君が代」を歌わざるを得ない状況に置かれた人のための歌

KISS ME

kiss me, girl, and your old one.
きみが　あよ　おわ
a tip you need, it is years till you are near.
ちよに　いいや　ちよ　に
sound of the dead will she know?
さ　ざ　で(れ)うぃしのう
she wants all told, now retained, for, cold caves
し(い)わおと　な　りて　こ　か(け)
know the moon's seeing the mad and dead.
の　むうす　まあで

(訳)
私にキスしておくれ、少女よ、このお婆ちゃんに。お前がそばに来てくれるまで、何年もかかったよ、そばにきてくれるまで。死者たちの声を知ってくれるかい？すべてが語られ、今、心に留めておくことを望んでくれるんだね。だってそうだよね。冷たい洞窟は知っているんだからね。お月様は、気がふれて死んでいった者達のことをずっと見てるんだってことを。

最初は「いくらなんでも、そこまでは」と思って調べてみたら、確かに存在しておりました。右図が先の先生から指摘があった「君が代」の替え歌です。それも（考えに考えて作り上げたのであろう）極めて偏向的な内容を詰め込んだものであり不適切を通り越しまさに「売国的」であると断じざるを得ません。国旗・国家を敬う、これは世界共通の常識です。国歌がこのような形で歪曲され、とりわけ国民の税により営まれている、子どもたちを育む公教育の現場で用いられることなどあってはならないことです。早急に実態把握を進めてまいります。

発想や着眼により、全く変わる意味

本日は４月４日。病院や一部ホテルでは、病室や客室の番号で「４」という数字の使用が避けられています。「４」が「死」に置き換えられるのがその理由だそうです。その意味で、「４」が重なる今日は、重篤な病などをお抱えの隣人がおられる方にとっては、前向きな気持ちになりにくい日なのかもしれません。しかし、万象に通ずることですが、考え方を少し変えただけで、同じものが、まったく違ったものにも変わります。例えば本日を「４」が二つ重なる日、すなわち「しあわせの日」とも解釈できます。また「基礎自治体」を超えて広域連携する、「し（市）あわせの日」とも言えますし、「支」と「支」を合わせる「支えあいの日」にもなります。残念ながら国会の議論が本論を大きく逸脱して漂流しておりますが、本日が「志」と「志」を合わせる「志あわせの日」であって欲しいと思いますし、そうすることが国会議員の「責任」であると私は思っております。

経済一流、政治は三流と揶揄されるゆえん

▼『週刊よしいえ』第69号　２０１６年4月11日

先日、訪日したイギリスの保守党議員と時を忘れて議論する機会を持たせて頂きました。その折、日英両国は「議院内閣制」を採用していますが、その運用における「違い」で盛り上がりました。日本においては国会開会中、内閣総理大臣及び国務大臣は原則、国会に拘束されます。例えば、日本の内閣総理大臣は年間「一二七日」国会に出席し特に予算委員会の総理入り質疑などは丸一日の出席となります。一方、同じ政治形態を採用するイギリスでは首相の国会出席は「三十六日」で、毎週水曜日に行われる「クエスチョンタイム」（党首討論）が大半です。「国家行政を担っている『内閣』が、これほど国会に拘束されなければならない日本の政治システムがちょっと理解できません。例えば『外務大臣』は、世界を相手に仕事をするミニスターなのに、国際会議がない限り、ずっと国会（国内）にいる。このシステムには何か秘密があるのですか？例えば文部科学大臣は答弁が担当で、実は義家副大臣、あなたが全ての権限を握っている、とか（笑）」。この冗談には参りました。一九九九年「国会活性化法」成立により「副大臣」が新設され、大臣にかわって国会答弁を担う役割が期待されました。しかし状況はまったく変わりませんでした。大臣が所掌委員会と予算委員会で答弁、その他の委員会では副大臣が答弁します。答弁前日、役人は徹夜。そうむしろ内閣全体の負担は「増え」ているのです。激動する国際社会にあって、せめて「外務大臣」くらいは、

国会開会中であっても、国益のために世界を飛び回ることが許される環境を整備すべきだと思います。以前から揶揄されている「経済一流、政治三流」では世界で勝てないのです。

子ども達の未来を守るために、総力

「遊園地でお釣りの計算をして『数学』の面接指導」などのトンデモ授業をしていた三重県のウィッツ青山高校には唖然とされた方も多いかと思いますが、私はこの一カ月半、まさにギリギリの対応に奔走しました。と申しますのも、学校教育法施行規則において「高校課程修了」を認めるには、「高等学校指導要領の定めに従い」「七十四単位以上を修得」という条件が定められております。ウィッツ青山はこの条件を満たしていないということになります。すなわち生徒たちは卒業できないのです。大学進学、就職の生徒に対して「緊急回復措置」を実施しなければ路頭に迷う生徒も出てきます。私は全国の「通信制高校」を運営する「まっとうな学校」に働きかけ、ようやく当該学校群の全面協力を取り付け、三月末からそれぞれの学校において「回復措置」の実施が始まりました。問題を嘆くだけではなく、生徒たちを、教育を守るために、全力で奔走しております。

ルールには、それができた理由があります

▼『週刊よしいえ』第70号　2016年4月18日

先日、十五歳の中学生の新聞投書を読み、朝から本当に申し訳ない気持ちになりました。投書の概要は以下の通りです。「僕は三年後には十八歳になり、選挙で投票できるようになります。国会では静かに話し合いが進むと思っていました。しかし実際は発言している議員に対してやじが飛び、採決のときには議員同士でもみ合いになることもあります。国会では、こんなやり方で物事を決めるのだと思うと、がっかりしました。学校では、発言の際には手を挙げ、人の発言をよく聞くよう教えられています」。恥ずかしい限りです。また国会では資料を用意するため、前日までに質問の骨子を役所に通告というルールがありますが、残念ながら夜中まで通告をしてこない議員もいます。当然、徹夜での答弁作成となります。立法府である国会に属する議員がルールを蔑ろにするのはあるまじきことだと思います。ところで同じく重要なルールとして、日本では「車」は「左側通行」で原則「人」は「右側通行」、となっておりますが、その経緯をご存じでしょうか。このルールは昔のマナーに由来しております。その昔、武士は身体の左側に刀を差していました。そのため武士同士がすれ違う時、右側通行だと刀と刀があたってしまい斬り合いになりかねません。そこで「左側通行」というルールが出来ました。その後、今日の車社会を迎え、人々の移動が「徒歩」から「自動車」へと変わり自然と車も左側走行となりました。しかし徒歩も自動車も左側通行だと歩行

者の後ろから車が来ることになり危険です。そこで「車が左、人が右」という新ルールができ、現在に至っているのです。子どもたちは見ている。絶えず意識しながら今週も邁進します。

九州で発生した大震災に全力傾注

四月十四日（木）、大地震が熊本を襲い、さらに十六日未明、再びマグニチュード七・三の地震が発生しました。これは阪神淡路大震災と同規模の地震です。政府としましては即座に対策本部を設置し、不眠不休で対応にあたっておりますが、家屋の倒壊、トンネルや橋の崩落など深刻な事態となっており、週末には自衛隊員を一五〇〇人態勢で派遣、さらに今日にも二万五千人に強化する予定で調整しております。人命救助は時間との闘いです。警察や消防と連携し総力で対応しております。また私が副大臣として所管する学校は地域の避難所となっており、状況把握、水や食料の供給、病院への搬送判断など極めて重要な役割を担っております。文部科学省として発災直後に職員を派遣し対応にあたらせております。命を守りたい。心を守りたい。希望を守りたい。今週も緊張感を持ちながら文部科学省として総力で震災対応に全力を傾注いたします。どうぞ見守っていてください。

熊本地方地震、現在までの把握・対応状況

『週刊よしいえ』第71号　２０１６年4月25日

熊本地方を襲った大地震の発災から一週間余りが経過しましたが現在も余震は続いており、避難場所となっている学校や公民館、また文化財等を所掌する文科副大臣として二十四時間、緊張感を持って陣頭指揮にあたっております。新聞等では細かく報道されませんが『文部科学省関係』の被害の状況と、矢継ぎ早に対応してきた措置について皆様に報告させて頂きます。

まず、人的被害については東海大学の学生が住むアパートが倒壊し、誠に残念ながら三名が亡くなられた他、熊本県で児童・生徒八名、教職員一名が重症となっております。また物的被害については学校施設などで天井・ガラスの破損、熊本城など文化財の被害を合わせると計六七〇件を確認しております。一方で学校施設の耐震化を断行してきた成果もあり校舎等の倒壊はありませんでした。現在、休校となっている学校は熊本・大分で四九〇校、そのうち二五四校が避難所となり、大変重要な役割を果たしております。対策措置等につきましては十四日省内に「非常対策本部」を設置。同時に被災地に職員を派遣し、医学附属病院からも医療チームを派遣しました。さらに翌十五日には被害学生に対する「奨学金」の緊急採用や返還猶予等の申請を開始し、十六日には関係教育委員会等に対して避難所として最大限配慮する旨の要請をいたしました。また、耐震工学の専門家及び熊本県への出向経験を有する職員を追加派遣し、情報の共有と避難所への適切かつ円滑に物資

を届けるための調整に全力を傾注しております。学校は子どもたちの学びの拠点であると同時に、地域防災の拠点です。今後もあらゆる手立てを講じて被災者に寄り添ってまいります。

「しつけ」と称する「虐待」の非道

子どもの頃、私はよく親の目の届かない物置の二階スペースや押し入れに「秘密基地」を作り、おもちゃを持ち込んで兄弟で遊んだものです。今では考えられないほど小さな密室でしたが、自分の部屋もあてがわれず、体も小さかったあの頃の私にとって、それは「自分の城」で、とても誇らしかったことを記憶しております。翻って先日、奈良県生駒市で、父親が二歳の息子と三歳の娘に対し、彼らの身長にも満たない長さのロック付きプラスチックケースに閉じ込め三十分以上放置し、男児を窒息死させるという凄惨な事件が起きました。殺人容疑で逮捕された父親は「これまで十数回閉じ込めてきた。しつけだった」と供述しました。この姉弟にとって狭き密閉空間はまさに「地獄」だったでしょう。「身」を「美しくする」と書く「躾」と、幼き子どもを蹂躙する「虐待」とはまったく別のものです。その区別さえつかぬ者に親を名乗り教育を語る資格はない、と私は思います。

一億総スポーツ社会の実現に向け、着々

▼『週刊よしいえ』第72号　2016年5月2日

文部科学大臣政務官を務めていた三年前、私は強い信念で「スポーツのバリアフリー」を推進しました。それはオリンピックとパラリンピックの本質的な一体化です。ご承知のようにアスリートの育成・支援は文部科学省の仕事ですが、しかし当時パラリンピック（障がい者スポーツ）は厚生労働省が所管しておりました。結果、パラリンピアンはナショナルトレーニングセンター等を自由に活用することが出来ず、現実的には「お客さん」の状況でした。障がいの有無に関わらず、スポーツは私たちの人生を豊かにする必要不可欠なものであり、アスリートの練習機会は均等に保証されるべきです。累次にわたる調整会議の末、オリンピックと共にパラリンピックも文科省に一元化されました。あの時のパラリンピアンの歓喜は今も私の胸に焼き付いております。そして現在、文科副大臣として取り組んでいるのはアスリートだけではなく、障がいを抱える全ての方々がスポーツに参画できる「わおりんぴっく」（仮称）を企画立案し、進めております。障がいを持つ方々がスポーツに親しめる公の施設は現在、全国にわずか一一四カ所しかありません。一方、文部科学省が所管する特別支援学校は全国に一〇九六校。もちろん体育館もグラウンドもあります。学校を開き、生徒たち、アスリート、地域の皆様がこぞって大会に参画する、そんなスポーツの祭典を全国で開催したいと考えております。障がいのある方たちにとっては「観る」こともスポーツで

す。参加者全員が「おりんぴあん」。日本の精神である「和」は五輪の「輪」でもあります。その心をみなで重ね「織る」それが「わおりんぴっく構想」です。実現に向けて全力投球します。

伊勢原、〈日本遺産〉に決定!!

ついに皆様に堂々と報告できる時が来て大変、嬉しく思っておりますが、歴史が薫る街、神奈川県伊勢原市が文部科学省文化庁にて正式に「日本遺産」として指定登録されました。日向薬師の大改修もようやく終わり、大山阿夫利神社につながるケーブルカーもリニューアル、待望の小田急ロマンスカーも伊勢原駅に停車するようになりました。新東名インター開設も控え、国道２４６バイパス事業も着実に進めておりますが、その中での快挙!まさに、伊勢原新時代のスタートです。同時に伊勢原と関わりの深い幕府があった鎌倉も同時指定させていただきましたが、その相乗効果は絶大です。伊勢原と鎌倉、伊勢原と厚木（七沢温泉、飯山温泉等）、また清川村や愛川町、同じく歴史の薫り漂う津久井との相乗効果も大いに期待されます。これが実現できたのも髙山伊勢原市長をはじめ市民の皆様の誇りと情熱があってこそ。共に切り開いていきましょう。我々の「未来」を！

四つの台座、残りの一つは皆様の立する場所

『週刊よしいえ』第73号　２０１６年5月9日

先月も多くの皆様が「国会見学」に足を運んでくれました。私もご案内させていただきますが、その折、ある児童から大変素朴な疑問を指摘され、深く考えさせられる場面がありました。「あの台座にはどうして銅像がないのですか?」。国会を訪ねられた皆様はご記憶があると思いますが、国会の衆議院と参議院の真ん中の中央広場には四隅に台座があり、三人の政治家の像が載せられております。銅像が設置されたのは昭和十三年で大日本帝国憲法発布五十年を記念して設置されました。明治初期、「国会」の開設を求める「自由民権運動」を展開し日本初の政党「自由党」の党首を務められた「板垣退助像」、初の「内閣総理大臣」で初代貴族院議長を務められた「伊藤博文像」、そして日本初の「政党内閣」を樹立し「立憲改進党」の党首を務められた「大隈重信像」の三つであります。しかし「四つ目の台座」には確かに像がありません。先日、改めて中央ホールを管理する参議院に問い合わせてみると「当時、四人の像を計画していたが、四人目を選出できず将来に持ち越しになった」との回答がありました。また「政治に完成はない。未完の象徴」だと政治家の間では語られております。他方、「どうして銅像がないのですか?」と指摘した児童に対して、私はこう答えました。「日本は国民主権。そう、君たちが主権者。つまりあの台座は国民一人ひとりが立つ場所なんだ」。まるで来たる将来を予見していたかのような空席。台座に立つのは、地元を、

日本を想う皆様お一人おひとりこそ、ふさわしい。私はそう確信しております。是非、皆様、お誘いあわせの上、国会見学に、文部科学省にいらしてください。御待ちしております。

神宿る島・沖ノ島を視察しました

五月六日・七日の二日間、ユネスコに『世界遺産』として申請されている福岡・宗像にある『沖ノ島』を視察させて頂きました。宗像（むなかた）地域は太古の昔、優れた海運技術で大和朝廷と古代東アジアとの交易の窓口を担い、沖ノ島を含む三カ所で宗像三女神をまつる厳粛な祭祀が行われるようになりました。神宿る島と言われる沖ノ島には三つの『禁忌』があります。島で見聞きしたものは一切口外してはならない「不言様」（おいわずさま）、一木一草一石たりとも島から持ち出してはならない、着衣をすべて脱いでから海に浸かり心身を清めてからでないと上陸できない「禊《みそぎ》」、の三禁忌が守られてきました。したがって皆様に詳しく報告することは出来ませんが、島には「千年の時を経ても変わらないもの」が悠然と横たわっており、私という存在が次第に島と同化していく…そんな神秘的な体験をさせて頂きました。この経験を一生の宝とさせて頂きます。

夢は逃げていかない。油井氏と大いに語る

▼『週刊よしいえ』第74号　２０１6年5月16日

宇宙で一四一日・十六時間という日本人史上最長のミッションを完遂した油井亀美也・宇宙飛行士がミッション報告に文部科学省を訪ねてくれました。油井氏と私は同年代の信州生まれで、共に農家の長男、十代で神奈川にやってきた、という共通点もあり、会話は大いに盛り上がりました。油井氏は川上村（長野）でレタス農家の長男として生まれました。「故郷は、何もなかった。でも夜、空を見上げると真っ暗な夜空の向こうに輝く星たちが、ほんっと綺麗で。いつか宇宙に行きたいと自然に思うようになったんです」。そう語る油井氏の目は、少年のように輝いていました。親に経済的な負担をかけられない。しかし少しでも星の近くで仕事がしたい。そう考えた油井氏は、横須賀の防衛大学校に進学し、卒業後は航空自衛官（パイロット）として活躍されました。そんな油井氏に転機が訪れたのは、三九歳の時だったそうです。ある日、奥様がおもむろに宇宙飛行士が募集されていることを油井氏に告げ、「チャレンジしてみたら」と勧めてくれたんだそうです。歳は四十前、世界でわずか三名の募集、それに合格したからといって五年間の厳しい訓練があり、自衛隊では幹部としての地位が保障されている一方、宇宙に行くことが保障されているわけではありません。しかし少年の日に目に焼き付けた夜空は色褪せていなかったのでしょう。油井氏は夢に人生を賭け、そして、五年後、夢と歴史的偉業を見事に達成したのです。夢は逃げない。自分が夢か

ら逃げていく。夢から逃げなかったからこそ、夢が油井氏を迎えに来てくれたのでしょう。「明日にでも宇宙に戻りたい」。そう語る油井氏の瞳は夜空の星のように輝いていました。

教育大臣会合、議長国として主催

日本が議長を務め今月末、伊勢志摩で開催される『先進国首脳会議』（G7）。それに先立ち、各省テーマ別でG7の国々と大臣級の会議が行われておりますが、先週末、私は文部科学省を代表して岡山県倉敷市で開催された『G7教育大臣会合』に出席し、各国の大臣らとバイ会談（一対一の会談）に臨みました。AI・人工知能の発達により、二十年後には現在ある職業の4割以上が代替されるといわれている現在、教育はまさに国家の命運を左右する分岐点に差し掛かっています。これまでの教育は主に今ある職業の担い手づくりに力点を置いてきましたが、今後は、今は存在していない職業を創造し、発展させていく力を育成していかねばなりません。各国大臣との会談では、社会の潮流を先進国こそが的確に捉え、協働して教育イノベーションを興していく認識で一致しました。各国の日本への、とりわけ義務教育に対する評価は極めて高かったことは、大変誇らしかったです。

朝駅頭の積み重ねで繋がった絆に、ほろっ

▼『週刊よしいえ』第75号　２０１６年5月23日

先日、私のホームページに、とっても心温まるメッセージが届きました。送ってくれたのは小学4年生の女子児童で、お母さんの携帯電話を借りて届けてくれました。この絆は朝の駅頭の積み重ねから生まれました。

「義家さん、こんにちは。私は二週間前に小田急相模原駅で話しかけてめいし（名刺）をもらった小学生です。もらっためいしはお守りとしてランドセルにいれています。私は去年まで厚木市に住んでいて毎週月曜日の朝、本厚木駅で義家さんに会っていました。けれどずっとイジメにあっていて、その子たちと離れるために相模原に引っ越しました。学校に行けなかった時期もあったけど今はなんとか頑張って通っています。中学は別の学校に行きたいので勉強も頑張っています。将来は薬ざい師になってむずかしい病気の人たちを治りょうするお手伝いをしたいです。熊本の地震とか大変なこともたくさんあるでしょうが、国のお仕事、がんばってください」

彼女に「お守りだよ」と名刺を渡したのは新年度が始まったばかりの先月初め、小田急相模原駅のデッキで朝のご挨拶をさせて頂いていた時でした。私は朝の駅頭活動の際には、マイクを使わずに地声ですれ違う一人ひとりの目を見て挨拶をするというスタイルを貫いております。もちろん選挙権を持たない子どもたちに対しても同じです。だからこそ彼女は私に歩み寄り、話しかけてくれ

たのでしょう。嬉しい出来事でした。この一年半、選挙があろうとなかろうと、晴れでも、雨でも、風でも雪でも、欠かすことなく駅頭に立ち続けてきました。継続こそ「絆の産みの親なり」ですね。熊本地震の復旧も着実に進めています。あらん限りの力を今後も注ぎます。

熊本地震補正予算が成立。しかし

先週月曜日に衆議院予算委員会でテレビ入り質疑後、衆議院本会議で採決、翌火曜日に参議院予算委員会で同じくテレビ入り質疑後、参議院本会議にて採決され、熊本を震源地とした地震への復旧に使途を限定する総額七七八〇億円の補正予算が成立しました。速やかに成立が図られた背景には、被害状況をつぶさに把握し報告してくれた現地の汗があったおかげです。謹んで敬意を表させて頂きます。翻ってこの予算委員会における、とりわけ「民進党」の質問は被災地に対して大変非礼なものでした。質問はアベノミクス批判、待機児童問題、さらには安倍総理がその昔に逝去されたご尊父の後継者となった際の政治団体の引継ぎに関する追求など震災とまったく関係のない質問にほとんどの時間を充てました。「震災より選挙が第一」で、この国会審議をＴＶでご覧になっている被災地の方々のことなど眼中にないかのようでした。本来の政治を、国会を取り戻さねばなりません。

▼『週刊よしいえ』第76号　２０１６年5月30日

G7サミット閉幕。平和と繁栄のために結束

本日は一人息子の十三回目の誕生日。そして私たち夫婦が親となった記念日でもあります。互いに寄り添い合いながら歩んできた歳月が干支で二回り目となった重さを感謝と共に三人で噛みしめる記念日といたします。

先週末、裏方として多くの力を費やしてきた伊勢志摩サミットが閉幕しました。終わらないシリア内戦、それに伴う難民の増大とヨーロッパへの流入問題、ギリシャなどの行財政問題、イギリスのEU離脱の可否、アメリカ大統領予備選挙に散見される不安定要素、中国の海洋進出に伴う東南アジアの緊張、北朝鮮による核開発と独裁体制の強化、新興国経済の成長鈍化など現在、世界は多くの「喫緊の課題」を抱えております。経済が国境を越えて繋がっている現代では一国、一地域の有事は、たちまち世界の有事へと波及します。だからこそ自由・基本的人権・民主主義・法の支配等の価値観を共有する先進主要国が問題意識を共有し、連帯して平和と繁栄のために行動することが求められます。その意味で今回の伊勢志摩サミットにおいて主要七カ国が極めて有意義な共同声明を世界に向けて発することが出来たことはタイミング的にも大変、意義深かったと思います。そしてメッセージだけでなく、オバマ大統領が米国の大統領として初めて被爆地である広島を訪問し、被爆者の前で、原爆でお亡くなりになられた罪なき人々への哀悼と、核兵器なき世界への決意を示

したことは世界平和に向けた歴史的な一歩となるでしょう。野党は内閣不信任案の提出を検討しているようですが、面会した要人はそれを聞いて呆れておりました。いよいよ国会会期末です。決して浮足立つことなく地に足を着けて今週も責任と向き合います。

まちを歩けば、そこに「先生」は居る

私は一日を実りあるものとするため平日は早起きを心がけております。分刻みの重責を全うする為には入念な準備が必要となります。そのため平均で朝五時には起床します。土曜日だった一昨日は国会での仕事がないのに四時に目覚めてしまいました。自宅を出るのが十時。久しぶりに手にした六時間もの「余裕の時間」。さっと着替えを済ませて散歩に出掛けました。人も車もまばらな土曜日の早朝。ゆっくり散策していると、遠くで道路に手を伸ばして何やらしている老年の方が目に留まりました。はて、と思い近づいていくと、その方は道路に落ちているタバコを拾っておりました。「おはようございます。そして、ありがとうございます」と声をお掛けすると、その方は「なぁに、たいしたことじゃないよ」と照れ笑いを浮かべられました。私も見習ってゴミを拾いながら散歩させて頂きました。まちを歩けば、そこに「先生」はいる。さりげない献身に心から感謝致します。

真の共生社会の実現に、動く——平成28年夏

深緑は、日本の心と、木々に宿る命の色

▼『週刊よしいえ』第77号　２０１6年6月6日

昨日、大変光栄なことですが、「国民体育大会」「全国豊かな海づくり大会」と並び天皇・皇后両陛下のご臨席を仰いで執り行われる「三大行幸啓」の一つ「第六七回・全国植樹祭」に政府を代表して御同行させて頂きました。本年の開催は長野市、私の生まれ故郷です。全国植樹祭の後は、信州大学も御案内させて頂きましたが、まさに「故郷に錦」です。ご先祖様もさぞお喜びになってくれたと思っております。さて、ではなぜ文部科学副大臣の私が「全国植樹祭」に御同行させて頂くことになったのでしょう。それは、当時の政府が明治二十八年、明治天皇の御誕生日である十一月三日を「学校植栽日」として定めたことが植樹祭の起源であるからです。その後明治三十一年には神武天皇祭の四月三日が「植栽日」となり、さらに昭和八年には四月二日から四日までの三日間が「愛林日」とされ、翌年から陛下御臨席の中央行事となりました。戦争が激化した昭和十九年に一

時中断されましたが、戦後間もない昭和二十二年には復活し、さらに昭和二十五年「全国植樹祭」として発展的に引き継がれ今日に至っております。繁栄のために自然を「克服」するのではなく、自然との「共存」（調和）を尊んできた「日本人の心」が、植樹祭の歴史の源流にあります。自民党では長く「都市農業」を守るための議論が行われ、平成二十七年「都市農業振興基本法」を成立させました。これは、まさに「和の立法」です。私の地元も「都市農業」が大変盛んですが、街の発展の傍らで農がしっかりと守られてきたのは「和の心」が継承されていることの証左でありましょう。農繁期へと向かう初夏、農に従事する皆様に改めて尊敬と感謝を申し上げます。有難うございます。

第一九〇回通常国会が閉幕しました

第一九〇回・通常国会が閉幕いたしました。実務を取り仕切る筆頭副大臣という重責を担わせて頂いている私にとって精神的にも体力的にもタフな一五〇日間でしたが、地元政策の推進と予算、副大臣としての職責をなんとか全うすることができました。それもひとえに皆様のお蔭でございます。本当にありがとうございました。ところで今国会は異様な国会でもありました。「会期中」に別の政策を掲げて総選挙を戦った野党同士が合流して新党をつくりました。各々の公約に賛同して投票してくれた方々のことは考えていないかのようです。さらには未だ熊本地方で余震が続く中、東日本大震災時に与党だった党が主体となり「内閣不信任案」を衆議院に提出しました。これは

「内閣が総辞職する」か「衆議院を解散しろ」ということです。「被災地より、政局が第一」なのでしょう。「立法府の責任とは何か」。夏の参議院選挙の大きな争点でもあると私は思っております。

▼『週刊よしいえ』第78号　２０１６年６月13日

仏教と英国発祥スポーツの意外な共通点

大変興味深いお話を紹介させて頂きたいと思います。皆様はゴルフをされるでしょうか。イギリス発祥のゴルフは、日本はもとより世界中に広がり、今やオリンピックの正式種目にもなった世界的スポーツです。そのゴルフが、実はインド発祥で古より日本に根付く仏教の教えに影響を受けて出来たスポーツなのです！などと私が言ったら皆様はどう思われるでしょう。おそらく「イギリスはキリスト教の国だし、そりゃ無理があるだろう」と思われることでしょう。しかし両者の間には奇妙な共通点が多々あるのです。まずゴルフのカップの大きさは一〇八㍉ですが、これは仏教でいう「煩悩」（人を悩ませる心の働き）の数です。さらに、お釈迦様が説かれた「四苦八苦」も符合します。四×九＝三十六（ハーフ規定打数・パー）、八×九＝七十二（トータル規定打数・パー）になります。さらにこの「三十六」（四×九）と「七十二」（八×九）を足すと一〇八、そう、「煩悩の数」＝「カップの大きさ」となるのです。私は初心者ですがボールをカップに入れようともがく様はまさに「煩悩」の象徴だと感じますし、ゴルフのラウンドは人生と同じく「四苦八苦」の連続です。さらに付言すれば、ゴルフの上手な方はグリーンまでどの位の距離を残すか計算しながら一打目と二打目を打つそうです。これも仏教の「終わりを出発点とする教え」と共通です。「死」を見つめねば「生」の本質は理解できませんし、目標なき行動は怠惰を生みます。幸福なことに下手なゴルフとは違い、私は皆様に見守られ皆様の思いと共に日々の活動をさせて頂いております。今週も誠実に、愚直に、四苦八苦しながら日々を重ね、希望に向けて進みます。

和語が織りなす、ユーモアとトホホ

私も毎年楽しみにしておりますが、先日、第一生命が行っている「サラリーマン川柳」の人気投票結果が発表されました。川柳（せんりゅう）は江戸中期に俳諧から派生した近代文芸で、広く庶民に親しまれてきました。その現代進化版が「サラリーマン川柳」。今年の第一位に輝いた川柳は「退職金　もらった瞬間　妻ドローン」だそうです。おそらく妻が家から出て行ってしまったという句ではなく、自分の在職中は家事などもありどこにも行けなかったが、退職後は負担を分かち合うことで頻繁に友人らと出かけられるようになった、という句なのでしょう。勝手な希望的解釈ですが無人機「ドローン」はリモコンが無ければ飛べません。リモコンはご主人がしっかり握っておられるのでしょう。しかし中には希望的解釈が難しい句も。「じいちゃんが　建てても孫は　ばあちゃんち」「娘来て　誰もいないの？　オレいるよ」。他人事だと思えないのは私だけでしょうか（苦笑）。

先人の残した偉業に学び、自身の血肉とする

▼『週刊よしいえ』第79号　2016年6月20日

先日、日本に帰港した南極観測船「しらせ」の乗組員の皆様が帰国報告を兼ね「南極の氷」を手土産に副大臣室を訪ねてくれました。冬はマイナス七〇度、秒速九〇メートルの暴風雨が吹き荒れるという極めて過酷な環境下で任務を全うしてくれた隊員の皆様に心から敬意と感謝の意を表させて頂きました。当然のことながら現在のような優れた砕氷性能を備えた船がなかった時代における南極観測はまさに「命がけの大冒険」でした。そんな創成期、サー・アーネスト・ヘンリー・シャクルトン（一八七四 - 一九二二）というイギリスの冒険家が一九一四年、二八名のクルーを引き連れ南極大陸の横断に挑みました。しかし南極大陸まで後三二〇キロの場所で船が流氷に挟まれて閉じ込められてしまいました。船はそのまま十キロ漂流した後に沈没。彼らは最低限の備品を船から持ち出し、氷の上で野営し脱出するチャンスを待ち続けました。流氷に隙間が生じ、遂に脱出のチャンスが訪れると一行は果敢に救命ボートで荒波へと出で、明確かつ平等な役割分担で氷上野営を繰り返しながら陸を目指しました。そして一年半後、シャクルトンは一人の隊員も失うことなく生還を果たしたのです。「厳しい状況に陥った時は、祈るのではなく、悲観するでもなく、希望を持って楽観し、行動することだ。天は自ら助くる者のみを助く。楽観とは真の精神的勇気なのだ」。まさに箴言であります。「不安」に抗うエネルギーを「希望」を探すエネルギーに注ぐ。日本にはさら

に大きく飛躍する「種」がたくさんあります。シャクルトンの言葉を引くまでもなく、それを見つめ、その種に水をやれるのは私たち自身なのです。今週も怠りなく丁寧に水やりを致します。

新元素が「ニホニウム」に決定‼

以前、コラムでも取り上げさせて頂いた理化学研究所の森田浩介先生らの研究グループにより発見された一一三番元素の名称が「ニホニウム」（Ｎｈ）となることが発表されました。快挙を受け、私は研究中に亡くなられた奥様の名を、ともお話しましたが、最終的には日本の科学技術への強い自負心がにじむ「ニホニウム」という名前になりました。と申しますのも、当初、有力だったのは「ジャポニウム」でした。「ジャパン」は外国人が日本を称する時の名詞です。理化学研究所は、世界に対して「日本」（ジャパン）の快挙を「認めてもらう」のではなく、「日本」で発見された新元素を世界に発表する、という思いから「ニホニウム」としたのだと思います。この新元素は来年から理科の教科書に載ります。理科学を学ぶ子ども達が「日本」に誇りを持てるように、との思いもあったのだと推察しております。研究者たちの歴史的快挙を心から誇りに思っております。

被災者に希望を灯すスペシャルカウンセラー

▼『週刊よしいえ』第80号　２０１６年６月27日

六月九日（木）から十日（金）には熊本地震で被災した熊本・大分を、そして一七日（金）は東日本大震災から五回目の夏を迎えている宮城県名取市から日本海海岸線を車で一八〇キロ移動しながら各所を訪問し、さらに福島第一原発の隣接する地域で、地元の皆様とも懇談させて頂きました。視察では保育所・小学校・中学校・高校・大学・避難所など立て続けに訪問しましたが、その各所で「絶対的希望」を改めて目の当たりにしました。文部科学省は被災地域に向け、子ども達の心のケアを行う「スクールカウンセラー」を全額国庫負担で派遣しております。もちろん、それは非常に大切なことで、カウンセラーの皆様は子ども達だけではなく、先生方、避難生活をされている方々の心にしっかりと寄り添いながら活動してくれております。本当に頭が下がります。しかし被災地における一番の「カウンセラー」は困難の渦中にありながら元気に成長している「子ども達」だと被災地を訪問するたび痛感させられます。私自身も彼らの存在に大いに励まされましたが、いまだ明日の見えない不安な時を過ごしている人々にとって、子ども達の発するエネルギーは唯一無二の「希望」となっているのです。体育館に避難している熊本県益城町の老年の女性は私にこう仰いました。「仮設住宅が出来たら、ここで避難している人たちみんなで移動したい。不安な毎日をみんなで乗り越えてきた仲間じゃもん。でも、なにより子ども達の元気な声が聞こえてくると元気が出る。全員、孫みたいなもんだ。副大臣、あの子たちのためにも早期の復旧、復興をお願いしますね」。これからも「地域の絆を壊さない復旧・復興」に向け、全力で取り組みます。

今こそ、Ｇ７サミット合意の履行を！

イギリスで実施されたＥＵ（ヨーロッパ連合）からの離脱の是非を問う「国民投票」において英国民は離脱を選択しました。この決断は間違いなく日本経済にも波及します。世界の投資家が英国の通貨・ポンド、そして英国が抜けるＥＵの共通通貨・ユーロを売り抜けポンド・ユーロ同時安が起きます。ではその投資マネーはどこに向かうか。普通で考えればドルですが、実際はそうはならないでしょう。米国は現在、金融政策について方向性は大枠で示しながらも、決断は先送りにしていますし、大統領選の最中で近未来の姿が見えません。結果、投資マネーは世界で最も安全な通貨と言われる「円」に向かい、加速度的に更なる円高が進む懸念があります。日本は輸出国。行き過ぎた円高を放置すれば収益は大きく減少します。先のサミットでの合意に基づきＧ７各国と緊密に連携しながら国際為替・金融市場の安定のための施策を総動員してまいります。迅速に機動的に動きます。

『週刊よしいえ』第81号　2016年7月4日

春に続き夏の甲子園へ。約束の再会を願う！

春の選抜高校野球甲子園大会に引き続き、八月に行われる夏の甲子園大会でも文科省を代表して開会式に出席させて頂くことが決定いたしました。昨年は東海大相模が優勝を果たした夏の甲子園。今年は球児たちがどんなドラマを繰り広げるのだろうか、と想像するだけでワクワクします。この様な栄に浴することができるのもひとえに皆様にお支え頂いているからこそ。皆様を代表し、皆様への感謝を胸に甲子園のグラウンドに立たせていただきます。さて、まだ出場校は決定しておりませんが私には再会を切望している高校があります。先日訪問させて頂いた南相馬市にある福島県立小高工業高校の生徒たちです。プレハブの仮設校舎、仮設実習棟、自前のグラウンドなしという環境下でありながら猛練習を重ね、昨年はベスト4まで勝ち進んだガッツ溢れる高校です。出会った彼らはとにかく快活で仮設校舎にはエネルギーが充満しておりました。感嘆していると、鈴木稔校長が誇らし気に地元紙の「槌音」というコラムを紹介してくれました。原文のまま、皆様にご紹介させて頂きます。

「二三年三月の震災・原発事故直後、原発から二〇キロ圏外の南相馬市原町区に人影は少なかった。街の中を歩いているのはパトロールをしている警察や自衛隊、応急復旧を支える電力建設関係者、自治体職員ばかり。街には絶望感と喪失感が漂っていた。五月を過ぎた頃から徐々に人が戻り学校も再開し始めた。初夏のある日の陽が沈む頃ＪＲ常磐線をまたぐ歩道橋で「こんばんは！」と元気な声を掛けられて驚いた。声の主は、坊主頭の高校球児。小高区から避難し原町区の河川敷に仮設校舎を設けた県立小高工業高校野球部の生徒達だった。

彼らは復興の原動力であり希望です

周囲に聞けば、彼らはランニングしている時や登下校の際、誰にでも大きな声であいさつするという。被災施設の復旧や生活再建、賠償など先の見通しが立たず不安に包まれていた大人が下を向いていた時、高校球児の元気な姿が輝いて見えた。「あの子たちも被災者だが、自分の境遇を嘆くことなく野球に打ち込んでいる。負けちゃいられない」と思わされた。同校は夏の甲子園の出場校を決める県大会のシード校に内定した。小高工業高校としての出場は最後となる。小高商業高校との統合が決まり「小高産業技術高校」として二九年四月に開校するからだ。時代の節目を感じるが、野球部が無くなるわけではない。ひたむきなあの姿を応援し続けたい。（関）」彼らは「義家さん、次は甲子園で再会しよう！」と気勢をあげました。私も、彼らに負けてなどいられません。「雨、雨、風、風、吹き荒れてみろ。そんな時こそ俺たちは、また強くなっていく」。今週も全力疾走します。

本日から一週間、英国・ロシアを訪問します

『週刊よしいえ』第82号　２０１６年7月11日

昨日投開票を終えた参議院議員選挙。お支え頂いた皆様方に心から感謝致します。本当にありがとうございました。今後も奢ることなく、緩むことなく、丁寧に政策を積み上げていくことを改めてお誓いさせて頂きます。

与党議員、とりわけ政府の一員は選挙が終わろうが、国会が閉じていようが国のために果たさなければならない職務があります。私は本日、本厚木での朝立ちを終えた後、一週間の日程でロンドン（イギリス）、モスクワ（ロシア）、ウラジオストク（ロシア）に向けて日本を発ちます。ＥＵは今、大変混乱しております。中東の不安定な情勢を受けヨーロッパへの移民を希望する多くの人々が、各国の国境に雪崩のように押し寄せておりますが、受け入れは簡単ではありません。ただ入国させればいいというものではなく、住宅、生活、職業、教育支援が必要不可欠となります。先月、イギリスで「移民政策により英国人の職が失われている。英国はＥＵを離脱すべし」という声の高まりを受けた「国民投票」が行われＥＵからの離脱が決定しましたが、その決断の影響は我が国を始め世界経済に波及しております。また他のヨーロッパ諸国でも英国と同様の声が挙がっており不安定要素は山積しています。欧州が不安定となると世界経済は元より国際情勢に甚大な影響をもたらします。過去二回の世界大戦は欧州から始まったという事実がその証左です。「排外主義に陥ら

ず、主要国が連携・協働して世界の安定のために尽力する」ことは先のＧ７での合意事項であります。岡山県倉敷市で開催された「Ｇ７教育大臣会合」でも、教育の連携と協働により、世界平和に貢献することが確認されました。

教育こそが平和を築き、希望を守る

今回の英国訪問はＧ７の合意事項を誠実に履行するための第一歩であり、英国では要人と膝を詰めた会談を行います。一国の力には限界があっても、連帯による力は無限。しっかりと役割を果たしてまいります。続いてロシアへの訪問です。領土問題の解決、平和条約の締結に向け、安倍総理とプーチン大統領がこの秋、ロシアのウラジオストクで会談する予定であり、また年内にはプーチン大統領の来日も計画されております。これまで外務省は様々なルートでロシアとの折衝を重ねておりますが歴史的・国家的重大事案を打開するのは官僚ではなく政治家の仕事です。日本とロシアの安定した関係を構築する鍵は経済連携、そして極東での学術連携であると思います。極東でも十分な教育が受けられず開花できていない可能性がたくさん眠っております。学術連携は日ロの戦略的互恵関係構築の一里塚となるでしょう。国益を背負い皆様の期待を背負って、さあ、行ってまいります。

「ユーラシア大陸横断外交」の報告と所感

▼『週刊よしいえ』第83号　２０１６年7月18日

英国・ロシアへの出張を終え、土曜日の夜中、帰国の途に就きました。ロンドンまでの飛行時間は十二時間三十分。日本とは八時間の時差もありアジャストが難しかったですが、時間がもったいないので早速、日本大使館から現地情報等についてブリーフィングを受けました。翌日は早朝にホテルを発ち現地日本人学校を訪問して生徒・教職員を激励させて頂きました。次に、英国の公立中学校・ヘンドンスクールを視察。七四の母国語を持つ生徒たち。まさに多民族学校でした。人種・民族以外にも信仰、家庭環境、基礎学力など差異は多岐に渡っておりEU離脱の是非の争点の一つを垣間見た思いでした。とはいえ現場は日々目の前の子どもと必死に向き合っており、離脱の是非を論評したり嘆いたりするだけではなく、今後に向けて具体的な施策を講じていく必要があります。期せずしてメイ新首相の誕生と組閣のタイミングと重なった英国訪問。国会議員として唯一その場面に立ち合い、関係各位と会談を重ねさせて頂きました。外交事項なので詳細については触れられませんが、未来志向の実りある合意ができました。その後は障がいを持つ児童らのスポーツ参加に取り組んでいるロンドンスポーツの皆様との意見交換を行いました。東京オリンピック・パラリンピックを史上最高の「バリアフリーの祭典」にするため、今後も世界から実践を集めて参ります。夜は英国に留学している学生らを招いて夕食会を主催させて頂きました。日本から遠く離れた異国の地で目的意識を持ちながら学ぶ彼らの姿は本当に眩しかったです。

翌朝は六時にホテルを発ち、今回の極めて重要なミッションが待つモスクワへと向かいました。

ユーラシア大陸横断外交の御報告

モスクワではまず現地日本人学校を訪問して激励した後、プーチン大統領の側近であるフルセンコ大統領補佐官と会談しました。会談の詳細は控えますが日ロ関係の安定と進展を各論で合意する歴史的会談となりました。またモスクワ大学も訪問し研究分野での更なる協働を確認しました。夜にはロシアの要人らとの夕食会に出席しました。最後は極東のウラジオストクに空路移動。秋に安倍・プーチン会談が予定されている場所です。現地では沿海地方行政府副知事、ウラジオストク市長代行、ロシア科学アカデミー総裁らと相次いで会談し闊達に情報　意見交換を行いました。また夜には日本に留学経験のあるロシア人大学生を招いた夕食会を主催させていただきました。近くて遠い国・ロシア。譲れない問題が立ちはだかる日ロ関係。しかし、だからこそ我々は「未来」を論ずることから逃げてはならないのです。その意味で今回の歴訪は「確かな前進」となったと確信しております。

静寂の国会周辺。平和への思いをかみしめる

▼『週刊よしいえ』第84号　２０１６年7月25日

海開きも終わり、本格的な夏が到来しております。週末は涼しかったですが、今年は世界中で史上最高温の夏となる予想が出されております。地元では週末七十を超える納涼祭が地域の皆様方のご尽力により開催されましたが、熱中症にはくれぐれもお気を付け下さい。国会は閉会中ですが与党議員にとっての夏はまさに正念場。現在、私は秋に予定する大型補正予算、年末に編成される来年度予算に向けた編成と概算要求の策定作業に奔走しております。副大臣を務めている文部科学省関連予算、総合的な地元予算を確保できるか否かはこの時期の頑張りにかかっております。副大臣として地元代議士として、今週もしっかりと職責を全う致します。応援、願います。

国会が閉会中のこともあり国会・永田町周辺は今静寂に包まれていますが、一年前を振り返ると、この時期、国会周辺では朝から夜中まで、拡声器から発せられる大音量と、太鼓の音が響き渡っておりました。そう、平和安全法制の審議が佳境を迎えていたのです。振り返ればそんな折も折、ルクセンブルクからベッテル首相が来日され、首相との首脳会談と晩餐会が行われたのですが、ベッテル首相は当初、太鼓の音とともに国会及び官邸を取り囲むデモ隊を、自分に対する歓迎行事だと勘違いして感激したそうです。それが平和安全法制に反対するデモだと説明され、理解すると、「極めて重要な法制である」と評価した上で、「なぜ戦争を未然に防ぐための法律なのに日本人は反

対しているのか疑問に思う」とおっしゃられました。「平和」とはもともとあるものではなく、力を合わせて築き、守り抜くものです。ユーラシア横断外交を経て一層その重要性を噛みしめております。

二宮金次郎像論争と現在の実情

一昔前は日本中どこの小学校にも、薪を背負い勉強する神奈川が生んだ偉人「二宮金次郎（尊徳）」の像があったものですが、戦後は「戦前教育の象徴」とされて撤去が進み、また「歩きながら本を読む姿は教育上悪い」といういわゆる「金次郎像論争」も巻き起こり、実際、栃木県日光市の小学校では薪を背負ったまま木の切り株に座って本を読む「二宮金次郎像」が建てられたりしました。金次郎の時代と今では、学習環境、生活水準、教育機会がまったく異なりますし、そもそもランドセルを背負い、歩きながら教科書を読んでいる児童など少なくとも私は出会ったことがありません。一方で歩きながら「スマホとにらめっこ」している人々になら毎日出会います。任天堂のネットゲーム「ポケモンＧＯ」のブームでそれが一層、加速しそうな気配です。まさか金次郎像がその原因だとはもはや言われないでしょう。子ども達の振る舞いの見本は大人たち。気を付けたいものです。

▼『週刊よしいえ』第85号　2016年8月1日

戦後最悪の残忍極まりない大量殺人事件

戦後最悪の大量殺人事件が、地元選挙区で発生しました。私も何度も足を運ばせて頂き、地域の皆様、職員の皆様と共に応援させて頂いている相模原市の「津久井やまゆり園」に七月二十六日深夜、元職員・植松聖容疑者が侵入し、入所者を次々に刃物でめった刺しにし、十九人が死亡、二十六人が重軽傷という残忍極まりない凶行に及びました。出頭した植松容疑者は「障害者などいなくなってしまえ」と、人間として許しがたい供述をしているといいます。また今年二月には衆議院議長公邸を訪れ、大島議長宛てで「やまゆり園」を名指しした上、今回の凶行を予告する手紙を渡していました。実名であったため公邸は即刻、警察に通告し、相模原市は「他害の恐れがある」と判断し精神保健福祉法に基づく「措置入院」で身柄を確保しました。その際、検査の結果、尿と血液からは大麻の陽性反応が確認されました。しかし大麻取締法は「所持」については罰則があるものの、「吸引」のみでは適用されません（現行犯の場合は実際手に持っているので「所持」で逮捕されます）。この「措置入院」という制度は二人以上の指定医が診断にあたりますが、退院に際しては指定医一人が自傷・他害の恐れがないと診断すればよいこととなっており、「大麻の使用による精神・行動障害があったが、症状が改善し、本人からも反省の言葉があった」と診断され、十二日後には退院してしまいました。しかし極めて憂慮すべき問題があるにもかかわらず手紙や大麻使用などの情報は関係者間で共有されませんでした。担当者は「届け出の義務はないので届け出ていない」と話していますが明らかな「欠陥」がこの制度には存在しているのです。

怒りと悲しみを胸に、行動する決意

「措置入院」から退院した後の措置やケアについては法律も制度も存在していないのです。実際、問い合わせた厚生労働省の担当者も「退院後の特段の措置はない」と話しましたが、関係者間で憂慮すべき重大事項の情報の共有ができないことは大きな問題です。植松容疑者は昨年六月に八王子市で暴力事件を起こし傷害で書類送検されており、また犯行直前の二十五日には違法駐車で警察から事情聴取を受けております。もし、これまでの経緯がしっかり共有されていたら警備・警戒は更なるものとなっていたでしょう。津久井やまゆり園の職員の皆様の献身、地域の皆様の温かい見守り、入所者の皆様の笑顔と身近で接してきた者として、即刻、制度確立に向けて行動を始めておりますが、それは戦後最悪の凶行が起こった地元の代議士としての使命であると強く、深く胸に刻んでおります。正直、考えるだけで怒りと悲しみで涙が溢れてきます。だからこそ…「行動」いたします。

▼『週刊よしいえ』第86号　２０１６年8月8日

『元』ではなく『現役』であり続けるために

先週金曜日（5日）、安倍総理大臣から引き続き安倍内閣の最重要課題の一つである「教育再生実行」のかじ取りに努めるように、とのご指示を頂き、文部科学副大臣を留任することとなりました。副大臣二十五名中、留任はわずか5名。官房長官からも「継続して取り組む重要案件がある省庁においては、副大臣に留任してもらった」という発言がございましたが、今後も地に足を着けて着実に課題と向き合ってまいる所存です。当然、地元課題にも代議士として全力を傾注してまいります。

さて、私も国会議員になってから十年目に入りましたが、先日、ようやく一つの挑戦を終えました。一月に期限を迎えていた「高等学校一種・教員免許状」の「更新講習」を終えたのです。十年前「教師は常に学び続けなければならない」という理念のもと「教員免許更新制」が始まり、定められた期限を迎えたら免許の更新のための講習の受講と認定試験の受験が義務付けられました。しかし毎年複数の教師が更新手続きをし忘れて失職するという由々しき事態が繰り返されております。だからこそ副大臣自らが免許更新講習を受けて啓発したい、という思いもあり、桜美林大学にて必修領域6時間、選択必修領域6時間、選択領域18時間の講義を受講し、認定試験もクリアし、晴れて教員免許を更新させていただきました。認証官、国会議員の教員免許更新は史上初です。

これにより「元」ではなく、いつでも「現役」で教壇に立ち生徒を教えることができる立場となりました。今後も徹底した「現場主義」を貫き、関連する全ての皆様と協働しながら、国家の礎である「ひとづくり」にわが身を捧げながら、未来を切り開いてまいります。

夏の全国高校野球選手権でエール

春の選抜高校野球大会に引き続き、日曜日に開幕した夏の甲子園の開会式に出席し、文科省を代表して祝辞を述べさせて頂きました。激戦を勝ち抜いて甲子園の土を踏んだ球児たちの織り成すドラマは今年も多くの感動を与えてくれるでしょう。今年は夏の全国高校野球選手権大会、ブラジルで開幕したリオオリンピック・パラリンピックが重なり、さらに義家がずっと力を傾注してきた「野球・ソフトボール」が五輪の「正式種目に復活」というニュースが重なりました。きっと今夏、甲子園で戦う選手たちの中から、四年後の東京オリンピック・パラリンピックの日本代表が出ることでしょう。野球少年の夢を一身に背負った選手たちの奮闘を心から期待しております。同時に、海の向こうで活躍するイチロー選手の史上三十人目となる「メジャー通算三千本安打」にも国境を超えて注目が集まっております。スポーツの力は偉大。当事者としてその応援が出来ることは誇りです。

終戦の日。蝉しぐれを聞きながら、おもう

▼『週刊よしいえ』第87号　２０１６年8月15日

こどもの頃、私と姉弟は、生家の仏間のことを「なんまいちゃん」と呼んでいました。この部屋で耳にする念仏（南無阿弥陀仏）が、「なんまいだ〜んぶ」と聞こえたこと、また、この部屋に掲げられているご先祖様の遺影に「ひいじいちゃん」「ひいばあちゃん」などと身近に語りかけていたことが重なり誰が言い出したか定かではありませんが自然と仏間のことを「なんまいちゃん」と呼ぶようになりました。そんな「なんまいちゃん」に掲げられているご先祖様の遺影の中で、一つだけ「ちゃん」ではなく「さん」で呼ぶ遺影がありました。先の大戦で亡くなった祖父の弟「義家忠次郎さん」です。幼かった私にとって、制服に身を包み、凛々しく佇む若き忠次郎さんは特別な存在で、憧れを抱いていました。眠りにつく前の物語に「忠次郎さんのお話をして」と何度も祖父にせがんだものです。その度、祖父はいつもの他の昔話と違い、決まって複雑な表情をしました。私は「じいちゃんは、忠次郎さんにやきもちをやいているのかなぁ」なんて軽く思っていました。少し大きくなって、先の大戦の惨禍を知るまでは――。次男だった忠次郎さんは祖父に「兄貴がいるから安心だ。両親、そして幼い兄弟たちを頼む」と、志願して大陸の前線で戦い、短い生涯を閉じました。義家家で唯一の戦死者となった忠次郎さん。学問も、青春も、淡い恋も、何一つ謳歌することなく逝ってしまった忠次郎さん。家族にとって「なんまいちゃん」の「忠次郎さん」は戦争

の悲しみそのものだったのです。終戦の日。忠次郎さんに改めて誓いたい。若者が当たり前に幸福を追求できる。そんな国をこれからも護ってまいりますと。蝉しぐれを聞きながら――。

季節の風物詩に見る、日本のこころ

お盆を迎え、首都圏の高速道路は恒例の「帰省ラッシュ」で大渋滞しております。地元の東名高速も大混雑。四年後に新東名高速道路を開通させるために全力を傾注しておりますが、開通してもこの季節の風物詩は変わらないでしょうし、変わらないでいて欲しい。おそれながら私はそんな風に思っています。こんなにも多くの郷里を離れ都会で暮らす人々が、車に愛する家族とお土産を乗せて帰省し、祖先を迎え、人数が増えた家族みんなでお盆を過ごし、そしてまた、それぞれの日常へと戻ってゆく。毎年お盆の帰省ラッシュの様子を眺めながら「日本は、大丈夫」と勝手に安堵する義家です。私自身、郷里を離れてから二十九年。なかなかこの時期に生家に帰ることは叶いませんが、気持ちは同じです。いつの日か跡を継いでいる弟家族、姉夫婦、私たち家族、お迎えした御先祖様が一堂に会してお盆を過ごす、そんな日を夢見ながら、今週もしっかり地元に根を張り精進します。

夢に向かい、思考より試行、成功より成長

▼『週刊よしいえ』第88号　2016年8月22日

あっという間にお盆が過ぎ去り季節は秋へと向かいます。「四十歳を過ぎると時間の流れが速くなる」と先輩諸兄によく言われてきましたが、まさにその通りになった、と痛感する今日この頃です。ところで私がインターネット上にホームページを開設してから今年で十二年になるのですが、高校・大学で教鞭をとってきたこと、ラジオで相談番組を長らくしてきたこと、文部科学副大臣を拝命していること、などもあり夏休み中の今も毎日、全国の子ども達からの悩みや相談等が寄せられております。これまでの総数は早二万件を超えています。その中で特に感じるのは、現代の若者たちは「失敗」を怖れる余り「挑戦」することにとても臆病になっている、ということです。失敗は成功の産みの親です。にもかかわらず多くの学校や家庭では子どもたちに対する「失敗させせない教育」への傾倒が顕著です。私も親ですから気持ちは分かりますが、それが行き過ぎると「成長させない教育」になってしまいかねません。あくまでも机上での計算ですが、可能性1％の物事は450回挑めば99％の確率で成し遂げられます。例え可能性が0・5％の物事であっても、2000回の挑戦で99・9956％の成功確率となります。プロ野球で世界最多安打を樹立したイチロー選手でさえ10打席に6回以上失打をしています。世界で展開されるケンタッキーフライドチキンの創業者カーネル・サンダースも、考案、そして店のフランチャイズ化までの間、実

に１００６回もの交渉を重ねたそうです。「思考」よりも「試行」、「成功」より「成長」。その姿勢を求め続け、貫き続けていくことが夢を実現する唯一の方法であると私は信じております。

二者択一ではなく、総花的でもなく

たまたま入った食堂のメニューに「普通カレー（五〇〇円）」と「特製カレー（一〇〇〇円）」の二種類があったなら、皆様はどちらを注文されるでしょうか。恐らく多くの方は「普通カレー」を注文されるのではないでしょうか。しかし、もしも「普通カレー（五〇〇円）」「特製カレー（一〇〇〇円）」「極上カレー（一五〇〇円）」の三種類があったならどうでしょう。先程と比べて「特製カレー」を注文する可能性が上がりませんか？これは心理学で「おとり効果」と呼ばれるものです。他方、心理学実験で、試食販売ブースで六種のジャムを売る場合と二十四種を売る場合の比較をしたところ、六種が二十四種の７倍の売り上げとなりました。同時に処理できる情報には限界があり、許容量を超えると購買意欲そのものが低下してしまうといいます。二者択一ではなく、総花的でもなく、柱となる基本政策群を明確に国民に示す責任。補正予算編成作業に欠かせない視点です。

▼『週刊よしいえ』第89号　2016年8月29日

ASEAN+3（日・中・韓）に出席・主導

先週二十四日（水）～機中泊で二十六日（金）に帰国という日程でブルネイを訪問し、ASEAN+3・文化大臣会合に政府を代表して出席してまいりました。東南アジア諸国連合の国々と日本、中国、韓国の文化政策の責任者が一堂に会し、相互の文化理解と協力、協働による地域の安定と繁栄、世界への発信などを忌憚なく話し合う二年に一度の定例会合です。日本はこれまでアンコールワットの遺跡（カンボジア）の修復への総合支援など東南アジア地域の文化に対し多大な貢献をしてきました。東南アジア諸国の日本に対する信頼の大きさを肌で感じながら新たな国際人脈も構築することができ、大変、有意義な会合となりました。この夏リオ五輪が盛大に開催されましたが、今後、秋には日本で開催される世界スポーツ・文化フォーラム、二〇一八年にはピョンチャン冬季五輪、二〇一九年にはラグビー・ワールドカップ日本大会、二〇二〇年には東京五輪、二〇二二年には北京冬季五輪と世界が注目するスポーツイベントがアジアで立て続けに開催されます。「世界への発信」という観点で言えば「アジア黄金の六カ年」です。各国代表には、文化・スポーツ・観光を一体化した総合戦略や著作権保護のためのシステムの提供など（ジャパン・イニシアティブ）を強く訴えさせて頂きました。大変だったのはそのスピーチがASEANルールにより通訳を介してのものではなく「英語」によるスピーチであったことです。来週はカンボジア出張。国を背負っての外交が続きますが、だからこそ今週も地元を大切にします。地元なくして国はなく、国を守らずに世界の安定を守ることなどできないのですから。今週も一歩、一歩を、丁寧に重ねます。

パラリンピック。胸を張って世界へ！

大いに盛り上がったリオデジャネイロ・オリンピックが閉会しました。史上最多となるメダルを獲得した選手の皆様、長きにわたり選手を指導したコーチの皆様、スタッフ、チームメイトの皆様など関係する全ての方々に心から敬意と感謝を申し上げます。感動と寝不足（笑）をありがとうございました。メディア報道だけを見ると「オリンピックが終幕。五輪旗が次の開催地・東京へ」と終わったように感じますが、オリンピックはまだ終わっておりません。引き続き、障がいを抱えながらもアスリートとして戦う選手達による「パラリンピック大会」が開幕するのです。三年前、文科大臣政務官を務めていた折、私は主体的に調整し厚労省所管だった「パラリンピック」を「文部科学省・スポーツ庁所管」に移行させました。これによりパラ選手にナショナルトレーニングセンターが解放されました。あれから三年、いよいよ勝負の時です。全力で声援を送ります。皆様と一緒に。

変化こそ、唯一の永遠である――平成28年秋

▼『週刊よしいえ』第90号　2016年9月5日

ASEAN＋3に続き、カンボジアに出張

本日（9月5日・月）、1年9カ月間、雨の日も風の日も雪の日もルーティンとして守っている小田急本厚木駅での駅頭挨拶を終えた後、成田に向かいカンボジアに出張いたします。カンボジアの文化大臣とは2週間前のASEAN＋3でも会談しましたが、日本・中国・韓国のプラス3の3か国の中で「我が国は、とりわけ日本のイニシアチブに期待していますし、信頼しています。日本は我が国のレガシーをずっと守り続けてきて下さいました」と外交辞令を超えた感謝の意を表明してくれました。日本の研究者チームは二十年前から風化が著しかった「アンコールワットの遺跡群」の修復作業を主導してきました。また修復に留まらず、東南アジア5カ国から文化財保護関係者を集め、修復技術の研修も行っております。彼らは口を揃えて言います。「普通、修復を主導する研究者は、現地の技術者に指示を出しながら作業を監督し、コントロールする。しかし日本人は

違う。共に中に分け入り、指示だけではなく復元作業に共に汗を流す。それがどれほど簡単ではないことか、尊いことか、を私たちは知っている。いや教えてもらったのです」。植民地支配、そして解放後にあった筆舌に尽くし難い圧政に苦しんだ歴史を持つカンボジア人にとって、日本は尊敬する真の友人となっております。近年、多くの日系企業がカンボジアに進出するようになり、政府もそれを歓迎してくれております。単に安価な労働力を獲得するために資本投下を行っているのではなく、カンボジアの豊かな未来を創るために来てくれているとさえ考えてくれているのです。日本とカンボジアを結ぶ「希望の架け橋」となるべく、副大臣として全力を尽くします。

「が」ではなく、「を」を大切にしたい

まだまだ残暑は続いておりますが、九月に入り実りの秋、収穫の秋が確実に近づいております。地元は都市農業が盛んですが、不安定な気候を乗り越え、農業者の皆様が丹精込めて育てられた「芸術」の領域に達している安心・安全な農作物をいただけることに、自然と感謝の念が湧いてきます。また同時に大切なことを常に教えて頂いております。作家の司馬遼太郎は「時」という随筆にこう書き残しました。「日本語は『助詞』の『を』という回転バネに置くだけで『自動詞』がくるりと『他動詞』になる」。この解説は農業者が日々実践されている尊き営みを端的に説明しております。「作物が育つ」のではなく、常に見守り手を掛けながら「作物を育て」ているからこそ、気温や気候の変動を乗り越え毎年、素晴らしい農作物が私たちの食卓に届くのです。「地元がある」

ではなく「地元を創る」。今週も常に意識を「が」から「を」に変え丁寧に日々を重ねてまいります。

▼『週刊よしいえ』第91号　２０１６年9月12日

政党とはなんのためにあるのでしょう

早期開催を強く求めてきましたが、秋の臨時国会の開催が二十六日からとなりました。主因は野党第一党・民進党が代表選を行っているので終了して体制が整うまでは招集には応じられないと拒んできたためであります。大型補正予算、米国の大統領候補双方が反対・慎重を主張しているＴＰＰの批准問題、北朝鮮の核実験問題と安保、待機児童問題や、私が座長を務めてきた家庭の経済状況により意欲・能力がありながらも進学を諦めざるを得ない子ども達に対する「給付型奨学金」実現の是非を巡る議論、さらには今夏、天皇陛下がお示しになられた「お気持ち」に対する真摯な対応など、懸案は山積しております。民進党の代表選が遅れた理由は民主党と維新の党が合併したことにより党員・サポーターの把握と整理に時間がかかった、ということですが、そもそも国家運営の一年を担保する平成二十八年度予算の審議が佳境にあった3月、その審議の重要性を否定するかのように「夏の参議院選挙のためだけ」との誇りを免れないような急転直下の合併を決断したのは民進党の皆さんです。政党とは党所属の議員の選挙での生き残りや権力闘争のためにあるのではありません。選挙によって選ばれた議員で組織する政党は、公約に基づき国民に代わって国政を司り、国民の幸せや安心を守るためにこそ存在しているはずです。例え議会における多数があろうとも、我々与党だけで強引に国会を召集することはできません。民進党の皆様におかれましては一刻も早く党役員人事だけではなく、国会の委員会人事も整えて頂き、懸案へのスタンスを明らかにして頂きたいと切望しております。民進党を支持する皆様も思い同じなのではないでしょうか。

カンボジア出張からの帰国報告

カンボジア訪問から無事に帰国いたしました。一日目は成田→プノンペン、プノンペン→シェムリアップと主に移動の一日。二日目は早朝からバスで世界遺産である「アンコールワット遺跡群」を訪問し、修復や技術者育成の先頭に立つ日本人研究者を激励させて頂きました。また遺跡群を管轄するアプサラ機構の責任者とも会談しました。三日目は早朝、空路、首都プノンペンに飛び、教育省で教育・スポーツ大臣と会談。人材育成における支援の継続を約束しました。その後、日本大使館で隅丸大使と面談。夜は地元の企業でカンボジア発展の為に尽力しておられる「小島組」主催のレセプションに出席させて頂きました。本当に誇らしい気持ちになりました。最終日は日本人学校訪問、文化大臣との会談、大学学長との会談など終日精力的に動き夜の便で帰国の途に（機中泊）。難題を抱えるアジア情勢の中、友好の輪を広げる重大ミッションを今後も主体的に担ってまいります。

敬老の日の今日、改めて「人生」を考える

▼『週刊よしいえ』第92号　２０１６年9月19日

本日は「敬老の日」。平和で豊かな我が国を築いてこられた諸先輩方に、改めて敬意を抱くと共に、衷心より感謝の意を表させて頂きます。ありがとうございます。

去る七月二十七日、厚労省から最新の日本人の平均寿命が発表されました。それによると、男性が八〇・七九歳、女性は八七・〇五歳になりました。現行の社会保障制度がほぼ整った一九六〇年には男性六五・三二歳、女性が七〇・一九歳でありました。そして、今、比較するとこの五十年間で男性・女性とも人生が一五年以上長くなったことになります。しかし人生が長くなった他方、日本社会のライフステージには、あまり変化がありません。例えば国家公務員の定年は現在も六〇歳。定年後の人生が二十年以上もあるのです。六〇歳以降も希望者の雇用を継続する企業も増えましたが、しかしほとんどの場合、第一線の仕事からは退かされてしまいます。私が知るシニア世代の皆様の多くは、活力が漲っております。誤解を恐れずに言えば十代・二十代の一部の若者より、よほど快活です。もちろん、そのような方々が「現役世代」の分まで地域を守り、支えておられるのですが、諸先輩がこれまでの人生で培われた経験や知見は地域のみならず、疑いようのない「国家の財産」であり、まだまだ「第一線」で発揮されて然るべきものであると私は思います。少子化の進展に伴い労働人口の減少が危惧され「移民の是非」さえ論じられておりますが、意欲と能力をお持ちにな

りながら、その力を持て余しておられる諸先輩もたくさんいらっしゃることを直視した上で未来を議論すべきだと私は思います。本日は敬老の日。改めて「自身の老後」についても考える日といたします。

「喜びの痛み」を頂いた夏を終えて

大変、誇らしく、しかし、ちょっと恥ずかしい話をさせて頂きます。七月の終わりから九月半ばにかけては毎年、地元各地で「納涼祭」や神社の「大祭」が行われます。多くの皆様方も主体的に参画しお支え頂いている地域社会の財産。今年もこれまで二〇〇以上の会場を回らせて頂きました。そんな中、今年は特に「神輿を一緒に担いでいけよ」、とお声をかけて頂く機会が多く、その度に担がせて頂きました。地域の宝である「神輿」を共に担がせて頂けることは、地域の皆様に認めて頂いている、ということでもあり大変嬉しく、誇らしく思っておりますが、一区切りついた今、両手を肩より上にあげようとすると……いっ、痛い（苦笑）。初心者ゆえ、皆様とのリズムが合わず神輿がズシンと肩に食い込む「がっつり」を繰り返してしまった結果です。お恥ずかしい限りです。年を重ねながら少しずつ上達をはかり、近未来には「粋な担い手」になりたいと思っております。

日本の雇用慣行と、新たな雇用形態の考察

『週刊よしいえ』第93号　２０１６年9月26日

今週は日本社会特有の雇用形態である「終身雇用制」について考えてみたいと思います。制度の始まりは大正時代末期に遡ります。当時、いわゆる「熟練工」と呼ばれる職人は、「よりよい待遇」を求めて職場を転々としており、五年以上同じ職場に勤続する「熟練工」は全体の一割程度でした。企業側にとっては「熟練工」の短期転職は大変なコストでした。そこで、大企業や官営工場などは「熟練工」の職場への引き留め策として、「定期昇給」や「定年」「退職金」の制度を導入し、「年功序列」を重視する雇用形態を築くようになったのです。この日本独自の雇用形態はジェイムス・アベグレン（米社会学者）によって「lifetime commitment」（終身雇用）と名付けられ、「年功序列」、「企業別組合」とともに「日本的経営の特徴」と世界に紹介され、驚きを持って受け止められました。しかしこの制度は「経済成長」という前提がなければ存続できない制度でもあります。実際にバブル崩壊を契機として大規模なリストラも行われ、派遣雇用者数も増加し、社員の身分や保証、待遇を巡る「格差」が拡大の一途をたどったのは周知のことです。そこで現在、国際労働機関（ＩＬＯ）が推奨する「同一労働・同一賃金」の採用が本格的に検討されているのです。これは同一の仕事（職種）に従事する労働者は、正規・非正規などの雇用形態に関わらず同一の賃金が支払われるという仕組みです。これは一聞すると大変素晴らしい制度のように思えますが、当然、憂慮

する点もございます。第一に、企業が支出できる人件費の総額が同じなら、正社員に支払われていた給与は当然、減る、こととなります。第二に会社が「人」に対して給料を支払う制度から、「職能」への対価として支払われるようになれば、雇用に流動性が生まれ、必然「安定」という労働概念は揺らぎます。

過去、現在、未来を繋げ、議論を

企業の目的は「利益を上げること」です。従って正規・非正規・パートタイムの区別なく、企業の利益に繋がらない職種や仕事は賃金が安価に設定され、職種や能力による企業内格差がより鮮明になることも想定されます。「同一労働・同一賃金」を進めるＯＥＣＤは二〇〇八年「日本は正規・非正規の待遇・賃金格差の是正」を求める報告書をまとめましたが、これは「正規雇用社員の保護条件を緩和せよ」ということでもあります。永年勤続者を敬い定年まで会社が社員の身分と生活を保証する、という旧来の日本型・家族経営の根幹の是非が今、問われようとしているのです。正規・非正規社員が共にフルタイム職員として同一の給料が支払われ、結果、非正規社員の給料が上がることは歓迎すべきことです。しかし導入に伴う、我が国の雇用慣行に対する影響も同時に議論されねばなりません。ようやく臨時国会がスタートします。課題は山積。どうぞ皆様、見守っていて下さい。

▼『週刊よしいえ』第94号　２０１６年10月3日

日本の心と、国際社会におけるプレゼンス

「ものいへば 唇寒し 秋の風」。松尾芭蕉が詠んだ有名な句です。「人の短（短所）をいふ（う）事なかれ」「己が長（長所）をとく（説く）事なかれ」という前書きがあることから、この句の「もの」とは、他人の悪口や自慢話のことで、芭蕉が「自戒の念」を詠んだものと言われています。十月に入り、秋も本番。先週、開幕した秋の臨時国会。野党質問も、熱を帯びてまいりました。（大変失礼ですが汚いヤジも含め「罵詈雑言」と言わざるを得ないものが多々ありますが、芭蕉の句を噛みしめながら、他党の短はこの（　）の中だけに留めます）。とは言え「あれ、先月の代表選の時、なんて言ってたっけ？　たしか批判ではなく提案・対案って言ってなかったっけ？　提案・対案ってどういうものかわかってます…よね？」と、未熟ゆえにどうしても思ってしまうのですが、だからこそ自身がなお謙虚かつ誠実であらなければ、と秋の空を見上げながら自戒しております。

さて、前記の松尾芭蕉の句は江戸時代、限定的にしか世界との交易がなかった頃に詠まれた句ですが、国際社会の中で存立している現代、そのような「日本人の矜持」を貫くだけでは国益を守ることはできません。例えば、北朝鮮の核・ミサイル問題などは、国際社会で問題を共有し、連帯・協働して対処にあたらねばなりませんし、日本のコンテンツを強く世界に発信することなしにシェアを獲得することはできません。「お天道様は見てる。きっと分かってくれる」だけでは済まない局

面が多々あるのが現実です。外交は「互いに国益を背負い、テーブルの上では笑顔で握手するが、テーブルの下では激しく蹴り合うもの」と例えられる厳しい世界なのです。

世界の真ん中で日本が輝くために

その外交の当事者として私は明日（十月四日・火）から九日まで、南米ペルーで開催されるＡＰＥＣ（アジア太平洋経済協力会議）教育大臣会合に政府を代表して出席する予定でした。周到かつ入念な下交渉も終え、基調スピーチも完成しておりました。しかし「衆議院の副大臣の海外出張は認められない」との御意見で急遽、出席が叶わなくなってしまいました。もちろん国会は何より大切です。しかし同時に外交、とりわけ多くの関係国と課題を共有し、将来に向けた共通の方向性を取りまとめる今回のＡＰＥＣ教育大臣会合は「国益」という観点からも大変重要な会議であり、来月ペルーで開催されるＡＰＥＣ首脳会談（安倍総理出席）を成功に導く試金石として位置づけられておりました。その意味で、本当に残念でなりません。「副大臣制度」がなぜ作られたのかを考えれば尚更です。とはいえ決定は決定。今週も今いる場所で出来ることを誠実に、精一杯重ねさせて頂きます。

「体育の日」が、十月十日に戻ってきた！

▼『週刊よしいえ』第95号　2016年10月10日

本日、十月十日（月）は「体育の日」、国民の祝日です。「体育の日」はアジアで初となるオリンピックであり、日本の戦後復興を世界に高らかに示した昭和三十九年（一九六四年）の東京オリンピックの開会式が行われた十月十日を記念して昭和四十一年（一九六六年）から国民の祝日となりました。しかし昨年も書きましたが、平成十二年（二〇〇〇年）からの「ハッピーマンデー制度」の適用により、「体育の日」は十月の第二月曜に変わりました。観光振興の観点では三連休は有意ですが、歴史の継承という観点では、他の祝日も含め、毎年、何とも複雑な思いを抱いてきました。しかし、今年の「体育の日」は十月十日に戻ってきました！　折しもリオデジャネイロオリンピック・パラリンピックが盛大に挙行され、四年後の開催国である日本にオリンピック・パラリンピック旗が手渡された今年に！　もちろん暦の巡り合わせの問題ですが、「体育の日」の由来を伝承するまたとない機会を「時」（歴史と未来）から与えていただいたような気持ちになっております。また別の視点で、「十月十日」（とつきとおか）は、生命が母の胎内に宿ってから誕生するまでの「時」を表します。十月十日は未来を左右する「大切な時」を指す「日」でもあるのです。さらに論考すると、十・月・十・日、を組み立てると「朝」という漢字が出来上がります。四年後の東京オリンピック・パラリンピックに向かっての夜明け（朝）を告げる十月十日でもあるのです。連休は地元各所で開催された多数の運動会に足を運ばせて頂きましたが、これほどスポーツが万人に開かれている国は、世界でも類がないのです。この秋、私も選手として汗を流します。

野党第一党、補正予算に反対

明日（十一日）、補正予算が成立いたします。この度の補正はアベノミクスの恩恵を全国に届ける「経済の好循環補正」として編成いたしました。例えば私が所管している文部科学省関係では近年、基礎自治体から要請があがってくる学校の老朽化対策予算は、ごく一部しか応えることが出来ませんでした。しかし熊本地震でもそうであったように学校は「地域防災の拠点」でもあります。今回は、税収増の恩恵を最大限補正予算に積ませて頂きました。また激甚災害に指定させて頂いた熊本地震、東北・北海道の台風被害に対する復興予算、大規模な農業関連予算も計上されています。しかし事もあろうか与党経験のある野党第一党の民進党は、補正予算に反対しました。当初予算ならまだわかりますが、まさか補正に反対とは…。地元に、被災地にどのような説明をなさるおつもりなのでしょうか。いずれにしても「反対より、対案」というご方針が口だけだった事は事実であり、大変、残念に思います。

今宵、オリジナルストーリーが始まります

▼『週刊よしいえ』第96号　２０１６年10月17日

皆様は読書はお好きでしょうか。私は幼いころから読書が大好きでした。複雑な家庭環境のもとで育った私は「家族団らん」に対して常に疎外感を抱え、ひとり自分の部屋で過ごすことが多い少年でした。現代と違い、テレビは一家に一台の時代、孤独な私を包んでくれたのはラジオから流れるＤＪの話や音楽、そして幸いなことに生家に溢れんばかりにあった「本」の存在でした。もし傍らにその二つがなかったならば、どのような人生になっていただろう、と時々考えます。少なくとも自ら何冊もの書籍を上梓することはなかった（できなかった）でしょうし、だとしたら著作を原作としたドラマも映画もなく、したがって少なくとも「今」とは全く違う人生を歩んでいることでしょう。また、こうして毎週のように「通信」を書くこともできなかったでしょう。少年時代の私にとって「本」は「友人」であり、「先生」であり「恩人」であり、多様なアトラクションを内包した「遊園地」であり、無限に広がる「宇宙」でもありました。インターネットの普及に伴い、昨今「本離れ」が急速に進み、多くの雑誌や文芸誌が廃刊を余儀なくされております。実際、通勤電車でも新聞や本を読んでいる方は圧倒的少数で、大半の方はスマホとにらめっこしております。確かにネットで得る情報はタイムリーかつスピーディーです。しかしそれはあくまでも「消費情報」であり「知の醸成」の手助けにはなり得ないのではないでしょうか。読書の秋。今宵、虫の音を聞

きながら、新しい本を手に空想の旅へと出掛けませんか?物語はきっと皆様の心の宇宙で「オリジナルストーリー」へと変わることでしょう。まるで「秋の夜長」が魔法をかけたように。

世界文化フォーラムから帰国しました

お許しを受け、十月十二日(水)、国会開会中につき一泊三日(機中泊)の強行日程で、インドネシアで開催された「世界文化フォーラム」に政府を代表して出席させて頂き、世界各国の大臣・国連関係者に向け、およそ十分間、英語による「ステートメント・スピーチ」をさせて頂きました。要旨としては「国連持続可能な開発目標」(SDGs)の達成における文化の多様性と相互尊重の意義、日本の復元技術等による世界の遺産への貢献や、アニメーションなどのコンテンツの更なる発信、東京オリンピック・パラリンピックに向けてスポーツ・文化・観光を一体的に動かしていく方針などを表明させて頂きました。スピーチが終わると、ひときわ大きな拍手が私を包みました。その喝采は、私に、ではなく、これまで我が国が行ってきた世界の文化への貢献に対する拍手であると肌で感じさせて頂きました。日本人であることを改めて誇りに思った、そんな今回の海外出張でした。

安倍総理「ソサエティー5」を世界に提唱

▼『週刊よしいえ』第97号　２０１６年10月24日

意図的なのか、重要性の認識がないのか、残念ながらほとんどメディア等で報道されませんでしたが、先般、京都で「第十三回科学技術と人類の未来に関する国際フォーラム」（ＳＴＳフォーラム）が開催され、参加した世界・地域約１００カ国、ノーベル賞受賞者を含む１２００人以上の学者、経済人、政治家の前で安倍総理が大変、素晴らしいスピーチを英語で行いました。今週はその要旨を皆様に紹介させて頂きたいと思います。

「これまでの私は、科学技術は社会をどう変えるのだろうと考えてきました。ところが国連総会出席のため米国を往復した際ある考えが浮かびました。もはや『どう変えるか』ではない。科学技術によって『世の中を変えなくてはならない』のだということを。皆さんがはめている腕時計が、血糖値が一定以上になる度に警告音を発してくれたら皆さんはどうするでしょう。きっと歩くか、ジョギングするか、食べる量を減らすかして、元に戻す努力をするでしょう。これが予算に与える意味合いは大きい。生活習慣病に要している医療費は実に一〇兆円以上。これは教育予算より大きいのです。科学技術は高齢化や生産性の伸び悩み、健康増進という社会課題に取り組む上で最も重要な役割を果たします。そういう世の中を私は『ソサエティー５・０』（第五社会）と命名します。これこそ政府が長期戦略として目指しているものです。大昔、人は皆、狩猟と採集の生活をしていました。それが『ソサエティー１・０』です。その後の農耕による社会が『２・０』、産業化で『３・０』、高度情報化社会が到来して『４・０』となりました。そして今、新しい社会『５・０』を創る時なのです。

科学技術を所管する文科省の責任

センシング、ロボット、通信、ビッグデーター、クラウド・コンピューティングなどの技術が融合すれば、今まで解決できなかった問題が解けるようになるのです」。

総理はさらに分かりやすく説明するために、ご自身を引き合いにしてユーモアたっぷりにこう語りました。

「私の場合、マイクロセンサーのロボットがあったらいいなと思います。持病の潰瘍性大腸炎が落ち着いているか見てくれるロボットです。ちなみにお薬のお蔭で今はずっとうまくいっております。あまりにうまくいっているのでリオ五輪ではマリオにさせられました（笑）」。

場内が爆笑したのは言うまでもありません。農耕も、産業革命も、ＩＴ革命も、日本は先進国の後塵を拝してきました。しかし今、医学、科学技術において日本は間違いなく世界をリードしております。新たな安心・健康社会を創る。文科副大臣として全力を傾注いたします。

待機児童問題だけが少子化の原因ではない

▼『週刊よしいえ』第98号　２０１６年10月31日

現在、少子化問題解決のため国会で様々な議論が交わされております。そんな中、生意気ですが、耳を傾けると的外れに感じるものが少なくありません。少子化には様々な要因がございます。未婚、晩婚化、共働き、働き方、教育費負担、待機児童問題など、どれもその一因であることに一切の疑いはありません。しかし、現役世代にとってより切実な問題は、国会ではあまり取り上げられることはありません。それは「住宅問題」です。

約一億二六九三万人の人口を擁する日本ですが、なんとその総人口の四分の一以上は東京、神奈川、千葉、埼玉のいわゆる「東京圏」に集中しており、人口減少がささやかれる中、五年前の国勢調査と比較しても五十一万人増加しています。同じく大都市圏である大阪、愛知、福岡を加えれば総人口の半分以上。待機児童問題が発生するのは自明であります。さて、そのような中、若い夫婦の生活、特に住環境の現状はどのようなものでしょう。私は神奈川県厚木市で暮らしておりますが、リビング＋二部屋の住居を通勤に便利なエリアに借りようとすると最低でも五万円以上の家賃が掛かります。また将来を見据えてマンションなどを購入しようとしても、銀行からの借入金三千万円、三十五年ローンを組んだとしても７０平米（十畳のリビング、小さな部屋二つくらい）程度が限界です。東京に近づけば近づくほど、平均的な年収の夫婦に購入可能な住宅の間取りは小さくなっていきますし、待機児童の問題も、より切実、深刻になります。若い夫婦がどれほど多子を望んだとしても、三十五年ローン、夫婦の部屋＋ひと部屋という住環境では第二子以降の出産を躊躇せざるを得ないのです。

だからこそ、地方創生を進めねば

恵まれた環境で育ち、国会に程近い都内の一等地に格安の宿舎を借りられる議員たちは疎いのかもしれませんが、議員宿舎を借りず、日々一時間以上かけて通勤している私にとって、若い夫婦の日々の切実は、自身の実感でもあります。大都市への一極集中は就業と住環境に直結し、それが更なる少子化を生んでいるのです。もちろん首都圏に保育の受け皿を増やすことも重要です。しかし根本的な解決策、つまり地方において安定した雇用を創出することなしに、少子化に歯止めをかけることはできないのです。最近、テレビで東京都知事を見ない日はありません。一三六三万人もの人口を抱える東京ですからテレビが取り上げるのは自然なのかも知れません。しかし国会では、都市政策を議論するのと同様、いやそれ以上に地方のこれからを議論し、集中的に政策を投下していく必要があります。地方こそ国の未来を決するのですから…。責任感を持って議論をリードして参ります。

▼『週刊よしいえ』第99号　２０１６年11月7日

「さよなら」の先にある責任を見つめて

秋から冬へと向かうこの季節、複数の大恩のある方々が天国へと旅立ちました。地元を愛する一途な思いと共に、私の政治活動をお支え頂いた方、地域福祉、支え合いの意味を背中で示しながら私を導いて下さった方、少年時代、途方に暮れていた私を包んでくれた母（里親さん）、本当にお世話になった大先輩の元文部科学大臣、そして副大臣（天皇陛下認証官）として御葬儀にも出席させて頂いた三笠宮崇仁親王殿下…。在りし日の一つひとつの場面や、私にかけて頂いた忘れられぬ言葉たちが次々と胸に去来し、寂しさが溢れてきます。同時に皆様の歩まれてきた道の続きを、その「思い」を継承しながらどのように歩いていくのか、その責任の重さと正面から向き合いながら、改めて自らの襟を正しております。

葬儀や御仏前に伺うと、複数の御遺族の方が遺影を見つめながら私に仰います。「この写真は義家さんと一緒に撮った写真なんです。とってもいい顔をしているでしょう。本当に心から義家さんを応援していたんですよ。照れもあったんでしょうけど私たち家族との写真では、こんなに柔らかな表情はしてくれない人でしたから」。

ただ、ただ、感謝で胸が一杯になります。本当にもったいなく、畏れ多いことです。天上界に旅立たれた皆様から生前寄せて頂いた期待を、決して忘れることなく、変わることなく、奢ることなく全うしてまいることを改めてお誓い致します。国会議員となって十年。日本を、地元を想う皆様の無私のお支えなしに国政活動はできませんでした。とりわけ国民政党・自由民主党の代議士の任を全うすることはできません。皆様、今後とも、ご指導、ご鞭撻の程、何卒、宜しくお願い致します。合掌。

「母」の生き様に思いを馳せながら

以前、トップコラムでも書かせて頂きましたが、癌を患っていた母が十月二十七日、静かに息を引き取りました。フェイスブックをご覧になった後援会の皆様からも多くの弔意を頂きました。心から感謝すると共に、十一月一日の通夜、二日の告別式を終え天上界に向かって旅立った母にも報告させて頂きました。私は母がお腹を痛めて産んだ子ではありません。少年時代、生家を追われて行き場を失ってしまった私を「里親」として引き取ってくれたのが亡き父そして母でした。あれから三十年、私たちは本当の親子として時を重ねてきました。選挙にも、パーティーにも、遠く長野から必ず足を運んでくれました。そしてその度、後援会の皆様によろしく、くれぐれもよろしく、と申しておりました。流転の人生の先で息子がついに「地元」を見つけ、皆様と共に歩んでいる事を殊の外喜んでくれておりました。享年八十六歳。この人生が尽きるまで、母への恩返しの旅を続けます。

▼『週刊よしいえ』第100号　2016年11月14日

続けることの意味、重ねることの意義

毎週月曜日に発行している、後援会通信『週刊よしいえ』が今週号で一〇〇号となりました。「日頃、どのような活動をしているのか分からない」「どのような思いで、どんな政策を推進しているのか知りたい」「代議士として地元の未来にどのようなビジョンを抱いているかもっと知りたい」「まずは、人柄。日頃、どんなことを考えているのか多くの人に知ってもらうべき」。後援会の皆様、そして地元の皆様、応援して頂いている皆様のそんなお声にしっかりと答えられなければ一人前の代議士とは言えません。そこで一念発起し、二年前に発行を始めた週刊通信も今週で一〇〇号となりました。通信は現在、七つの方法で毎週、皆様の元にお届けさせて頂いております。ファックス、メールマガジン、毎週最低二回を自らに課している朝の駅頭挨拶、週末の地域イベントや行事、ファックスがない皆様や党員の皆様に対する十号ごとの郵送や直接のお届け、秘書のみんなが必死に頑張ってくれているポスティング、そして後援会の皆様が行って下さっているご近所へのポスティングによるお届けです。ある方は、毎週月曜日の朝、事務所に足をお運び下さり通信の束を持ち帰って近所の方々に丁寧に配って下さっております。本当に感謝に堪えません。創刊当初の発行部数は全部合わせて五〇〇部程度でした。しかし創刊二年となる今では、ファックスだけで毎週五〇〇〇部、街頭配布、イベント時配布、ポスティング、メルマガを合わせ毎週、平均八〇〇〇部

もの通信をお届けできるようになりました。また、ある後援会の方はわざわざファックス機能付きの電話に買い替えても下さいました。ただ、ただ、感謝でございます。

今後も地道に、地に足を着けて

多くの政治家は、定期的に通信を発行されておりますが、私が知り得る限り国会議員では、多い方でも月に一回、大半は春夏秋冬の年四回と、選挙が差し迫った折の発行です。ＳＮＳ（ソーシャルメディア）をこまめに更新されている方はいらっしゃいますが、活動写真や、日常の「つぶやき」がほとんどです。皆様から御指導いただく前の私も同様のありさまでした。確かに、特に国会開会中は多忙を極めます。現在も副大臣を務めておりますが朝立ちや委員会のある日は朝四時半起きで、答弁準備や政策会議・予算折衝などの関係で帰宅が夜半になることもしばしばです。しかしそれが丁寧に自らの政策や思いを皆様にお伝えしない理由にはなりません。むしろそのような時にこそ新聞やテレビニュースに発信を委ねることなく、きちんと自身の思いや考えを皆様に発信すべきなのです。すべて後援会の皆様から学ばせていただいたことです。今後は「週一万部」の発行を目指し、丁寧に思いを綴ってまいります。今後とも、どうぞ宜しくお願い致します。

世界のセンターを期待されている日本の責任

▼『週刊よしいえ』第１０１号　２０１６年11月21日

先般、日本の同盟国でもあるアメリカで大統領選挙が実施され、大方の予想を覆す形で共和党のドナルド・トランプ氏が大統領に選出されました。互いに互いを罵り合うことに終始し、政策議論が深まらなかった「史上最低の大統領選」だったとの評価が海の向こうから聞こえてきますが、日本の国会論戦でも同様の傾向が散見されます。テレビ入り審議で議論されるのは「政策」ではなく「政局」が圧倒的で、野党は「対案」を示さずに何でも「反対」の対決姿勢に終始。先般の衆議院本会議では最大野党・民進党が討論をするだけして、採決時には退場。反対でも賛成でもなく「棄権」という極めて無責任な対応をされました。さらに「政策」よりも「政局」を優先するが故、国家観を異にする政党同士が「野党共闘」を旗印に選挙協力に向けて話し合いを続けておられるようです。私は内閣の一員ですが、百歩譲って「安倍政権はけしからん。一丸となって安倍政権を倒す」という野党各党の共闘に対しては、虚心坦懐向き合わせて頂きます。しかし「倒した先で、どのような社会を、どのような財源と政策で創るのか」を語らない（国家観と基本政策の相違で「語れない」）選挙のためだけの野党共闘は、政治家である前に、一人の日本人として、極めて無責任だと断じざるを得ません。夏の天皇陛下のお言葉に対する対応、トランプ新大統領が選挙戦で言及した在日米軍基地問題、米国との同盟関係を今後も維持するのか、破棄するのか、経済政策・金融政策をどうしていくのか、社会保障とその財源をどうするのか…。そのどれをとっても民進党と共産党さらに自由・社民両党を含めた野党間では合意することなどできないのです。

求められているのは「安定」です

中国の野心的台頭や朝鮮半島情勢など、我が国を含む東アジア・東南アジアのバランスは現在、いつ崩れてもおかしくないギリギリの状態にあります。さらに米国の混乱と、イギリスのＥＵ離脱と中東から波のように押し寄せる移民の問題を抱えるヨーロッパ情勢など、世界を俯瞰すると、実は先進国の中で政治が安定しているのは日本だけ、という状況なのです。安倍総理・トランプ次期米国大統領会談が大統領選挙から間をおかず行うことが出来たことはその証左ですし、ペルーで開催されたＡＰＥＣにおいて日本が主導的役割を期待されたのも、当然の成り行きだったのです。もちろん慢心は厳に慎まねばなりません。しかし今、日本が揺れたら世界のバランスは完全に崩壊します。世界のこれからは我が国の経済的・政治的安定にかかっているのです。その自覚と覚悟を持って今週も自身の職責と向き合います。世界の安定と繁栄を心の底から願いながら…。見守っていてください。

新時代教育体制の確立は、私たちの責任です

『週刊よしいえ』第102号　2016年11月28日

国会で政権批判を繰り返してメディアで取り上げてもらう事に血眼をあげる野党とは異なり、文科副大臣として夏の概算要求から継続的に行ってきた来年度予算に向けて財政当局（財務省）との折衝が、いよいよ大詰めを迎えております。この週刊通信でも幾度か断片的に取り上げてきましたが、道筋を描けるまで具体的に示すことのできない案件が多々ございました。しかし、先に出された『財政審』の答申で学校指導体制について看過できない記述を含む方針が当局より示されました。当然、私はそれに強く反発しておりますが、是非とも今週は新時代の学校における指導体制の在り方を皆様にも考えて頂きたいと思い、本通信で取り上げさせて頂きます。

義務教育学校の一般教員の配置は法律の定めにより、一学級当たり「四〇人」（児童・生徒数）を基準として各学校、学級に配置されます。分かりやすく申し上げれば、仮に新入生が「四〇人」であった場合、一学級で教師一人を配属、新入生が「四一人」であった場合は、二学級（二〇人と二一人の二クラス）編成となり、教師二人が配属されることとなります。これを「基礎定数」と言います。子どもの数が増え続けた時代、その子たちに向き合う「教師を増やす目的」で、作られた法律です。しかし今、打って変わって少子化の時代を迎えました。必然、配置される教員数は児童生徒数と比例するので、法改正がない限り「教師の数は減り続け」ていきます。しかし現在の教育

現場は、当時は想定していなかった諸課題を多数抱えております。いじめ、不登校、発達障害を含む特別支援のニーズの激増、外国人児童・生徒の急増…など枚挙にいとまがありません。

テストの点数こそ教育と考える愚

文科省はこれまで、それらの諸課題に対応するため毎年、財務省と厳しい折衝を重ねながら「加配」という形で教員を確保して急場を凌いできました。しかし手遅れとなってしまう前に、今こそ法を改正し、少なくとも喫緊の課題である発達障害等に対する通級指導などの「特別支援」と「外国人児童・生徒への対応」については対象者の数に応じて「定数配置」する案を示しました。しかしそれに対し財政審は今後十年で四万九千人の教員減を唱えた上で、特に特別支援を必要とする子供について「学級規模と学力には相関関係がない」などと明記したのです。そもそも特別支援とは、いわゆる「勉強」だけではなく、障がいによるハンデを克服するためにこそあります。財務省の皆さんが「テスト結果だけが教育」だと考えているならば、現場を知った上で誤った認識を改めて頂かねば我が国はおかしな方向へと導かれてしまいます。今週も一歩も引かない覚悟で折衝を重ねます。

日本を、取り戻す——平成28年年末

目前に迫る日ロ領土交渉を冷静に考察する

▼『週刊よしいえ』第103号　2016年12月5日

来週一五日、山口県で行われる安倍内閣総理大臣とロシア・プーチン大統領との首脳会談が迫り、メディア等では何の根拠もないまま「二島返還で決着」とか「交渉決裂」とか、さらには「日本の経済援助だけ食い逃げされる」等々の報道が飛び交っております。そこで今週は「地政学」の観点から北方領土問題を皆様と共に考えたいと思います。「北方領土は歴史的に我が国固有の領土であり、戦後、ロシア（ソ連）により不法占拠されている」という政府の立場について異論を挟む方はおそらくいらっしゃらないでしょう。悠久の歴史を持つ日本の側から見ればそれは厳然たる事実です。しかし諸外国の側から見ると「領土」は常に変容してきた、これもまた事実なのです。例えば北方領土を内包するロシア・極東連邦管区はウラジオストクを日本海への玄関とするロシア領ですが、ウラジ地域は歴史的には清国（満州）の一部で、ロシア（帝政ロシア）の領土となったのは一八六〇年以降です。またソ連崩壊時にはバルト三国が独立するなど、ロシアにとっての領土は歴史的プロセスと共に変容しているのです。明治時代、岩倉使節団がプロセイン（ドイツ）を訪問した折、当時宰相だったビスマルクは使節団に語りました。「大国は自国に利益がある時は国際法に従うが、不利と見れば力に物を言わせる。国家の究極的な目標は生き残りなのだ」。日ソ中立条約を一方的に破棄して北方領土を占拠した当時のソ連の行動とも重なります。だからこそ、我が国の立場に基づく正論だけでの交渉では領土交渉はなかなか進展しません。必要なのは相手国の「利益」と「弱点」を冷静に分析し、地政学に基づく外交を展開することなのです。

相手の弱点と利点を冷静に俯瞰

では北方領土を含む極東連邦管区の「弱点」、「利益」は何でしょう。その一つは、ソ連崩壊以降激減した人口と経済の停滞です。現在、広大な面積を持つ管区の人口はおよそ六二〇万人。これは千葉県の人口（六一四万人）とほぼ同じです。一方、国境を接する中国の東北部（旧満州）の人口は約一億二千万人。現在、中国からロシア極東に人口が流出しており、住民投票で独立を宣言させて編入したクリミア半島を巡る流れと同じ懸念が生じています。また私も訪れましたが、極東経済の停滞は極めて深刻であり、北極海〜オホーツク海（北方領土）〜太平洋ルートの貿易路を切り開くことは、現時点で、隣接する中国を介在させることなく極東経済を再生する唯一の手段なのです。北方領土に対するロシアの姿勢が、強硬一辺倒ではなくなった理由はまさにそこにあります。しかし、事はそう単純ではなく、複雑な問題も孕んでおります。来週号でも迫る日ロ交渉を、考察させて頂きます。

領土交渉の進展のために越えねばならぬ関門

▼『週刊よしいえ』第104号　2016年12月12日

先週の「週刊よしいえ」では、ロシア側から見た極東連邦管区の弱点と、日本との経済協力を進展させる利点について考察させて頂きましたが、今週は北方領土返還に対する「否定的な要素」を「ロシアの側」から考察させて頂きます。そもそも戦後、日本とソ連（ロシア）両国により署名された「日ソ共同宣言」（一九五六年）では「平和条約が締結された後、歯舞群島と色丹島を日本に引き渡す」ことが合意されました。ならば何故、宣言から六十年、終戦から七十年以上を経た今も平和条約が締結されず、従って領土交渉も進展しない事態となっているのでしょう。その背景にソ連が崩壊するまで続いたソ連を中心とした東側諸国（社会主義）と、欧米・日本を中心とする西側諸国（資本主義）との「冷戦」があったのは言うまでもありませんが、ロシア側から見た根本的問題として「日本の安全保障体制」があります。一九五一年、日本と米国は「日米安全保障条約」を結び、これにより日本は米軍の駐留を認めました。しかしこの条約には米軍の日本への防衛義務は明記されていませんでした。武装解除していた我が国にとり朝鮮半島が激化する中で抽象的片務条約は極めて不安なものでした。そこで一九六〇年に日米安保条約を改定し、形式的には双務的安全保障（同盟）を採用し、両国が日本及び極東の平和と安定に協力する内容に変更されたのです。ではそのような体制下で日ロが平和条約を締結し歯舞・色丹が日本に返還されたらどうなるでしょう。当然、返還された領土には日米安全保障条約が適用され、米軍基地が置かれて極東に展開するロシア海軍が米国の監視下に置かれる、という懸念がロシアに生まれるのです。

世界を俯瞰し、日本を取り戻す

浅はかな識者は「返還されるなら日米で話し合い、北方領土を日米安保の対象としないという選択肢もある」と軽口を叩きますが、それには仮に有事が起こった時、日本独自で断固、領土を守れる、という前提があってこそです。それだけではありません。ロシア側から見れば北方領土の返還は排他的経済水域の喪失を意味します。それを失ってもなお、自国の利益になる日本との経済協力がなければ交渉は頓挫します。さらに、北方領土支配が「第二次大戦の結果だ」と主張してきたロシアが日本への返還に応じることは形式上、前言撤回をすることとなり、結果、再び欧州との間で抱える国境問題を再燃させることに繋がるのです。いずれにしても返還の実現には一朝一夕ではできませんし、世界との共働が必要不可欠。そのためにこそ総理を先頭に一丸となって地球儀を俯瞰する外交を展開してきたのです。私たちは今、試されています。そして挑戦は、これからも続きます。

あの日から三回目の冬。感謝の念と共に春へ

『週刊よしいえ』第１０５号　２０１６年12月19日

「世の中に一番たくさんあるものは、なにかね」。

天下統一を成し遂げた戦国武将、豊臣秀吉はある日、家臣たちにそう尋ねました。その問いに知恵者で知られた曽呂利（そろり）新左衛門は「人でございます」と答えました。すると秀吉は「ならば、一番少ないものは何かね」と聞きました。すると新左衛門は即座にこう答えたといいます。「それも、人でございます」——大変、興味深い頓智《とんち》問答であると思います。

街を歩いたり、イベントに参加すると、本当に多くの人々と出会います。しかし、その数多の人々の中でご縁を頂き、目標を共有しながら日々関わることができる方は極々、少数です。人は誰しも、ひとりでは生きていけません。一人では何事も成せません。私たちは誰もが人と人との間で「人間」として生かされているのです。出会いは無限でも、絆は有限。その自覚があればこそ、かげひなたの隔てなく、本当の意味での感謝の念（お蔭様の気持ち）が自然と湧いてくるのでしょう。

二年前、私は皆様にお支えを頂きながら一四八九票差で衆議院小選挙区を落としてしまいました。改めて振り返ってみると当時の私に欠けていたのはまさしく「真のお蔭様の念」だったと思っております。私は変わりました。こうして毎週、思いを綴った通信を発行しながら「感謝」を込めて丁寧に地元を歩く日々を、今日まで重ねてまいりました。あの日から三回目の冬を迎えましたが、二

年前と比べると、より多くの温もりに包まれていると感じます。それはこの広い世界で「最も少ない人々」（皆様）とこうして絆が生まれたからに他なりません。今週も感謝の念と共に次に訪れる春に向けて誠実に歩みを重ねます。

「約束」を一つひとつ、実現致します

アメリカ大統領選、ロシアのプーチン大統領の来日など歴史的な出来事が多々あった今年の臨時国会。すべてはまだスタートラインに立ったばかりであり、今後も腰を据えての対応が続きます。必ずや御期待に応えてみせます。どうぞ見守っていて下さい。さて、大きな出来事の陰に隠れて全く報道されませんでしたが今国会では皆様から長く要請され、実現のために汗を流してきた「鳥獣による農林水産業に係る被害の防止のための特別措置に関する法律」の改正を成し遂げることが出来ました。鳥獣被害が極めて深刻な地元ですが、今回の改正により「捕獲した鳥獣の食品としての利用」「鳥獣被害対策実施隊の創設」「市町村・都道府県の対策連携」「市町村の鳥獣対策に対する国・都道府県の支援」「銃刀法剣類所持等取締法に基づく技能講習の免除期限の延長」などが盛り込まれました。一つひとつ、約束事を着実に実現してまいります。今後とも宜しくご指導ください。

本年、最終号。平成二十八年を振り返って

▼『週刊よしいえ』第106号　2016年12月26日

クリスマスから一夜。そのわずか一夜の間に町の風情がたちまち「和」に衣替えされる年の瀬が私は大好きです。今年も一年、本当に、本当にお世話になりました。

振り返ると本年の通常国会は一月四日開会という異例の早さでスタートしました。文部科学副大臣として連日国会で答弁に明け暮れる一方、教科書会社の不正問題、広域通信制高校の不正問題、「指導死事案」「震災避難者イジメ」（原発イジメ）など心痛める事案と徹底的に向き合った一年間でした。一方、身に余る光栄な出来事も多々ございました。長野で行われた「全国植樹祭」では天皇・皇后両陛下に随行をさせて頂き、大臣政務官時代に着手した信州大学で行われている「水の研究」もご案内させて頂きました。また春の選抜甲子園、夏の甲子園大会の開会式にも政府を代表して出席させて頂き、球児たちに思いを伝えさせて頂きました。倉敷市で開催されたＧ７教育大臣会合では各国の大臣とバイ会談を重ね「倉敷宣言」の取りまとめにも携わりました。通常国会終了後の参議院選挙は、皆様から絶大なるお力添えを賜り素晴らしい結果で勝利することが出来ました。ここに改めて、心から感謝の意を表させて頂きます。参院選投票日翌日には恒例の早朝駅頭の後、ＥＵ離脱に揺れる英国を日本の国会議員として最初に訪問し様々な協議をさせて頂きました。また引き続いてロシア（モスクワ・ウラジオストク）を訪問して大統領補佐官などと、立て続けに会談

し、日ロの教育・文化・科学技術連携協議をスタートさせました。夏以降もＡＳＥＡＮ教育大臣会合、ＡＳＥＡＮ文化大臣会合への出席等、地球儀俯瞰《ふかん》外交の一翼を担わせて頂きました。

全ては皆様の支えがあってこそです

訪問国は10カ国に及び、日本で開催されたサミットなどでの会談や交流などを加えると50を超える国や地域と教育・スポーツ・科学技術・文化連携を深化させることが出来ました。副大臣留任で迎えた秋以降は、未来を見据えながら財務省と膝詰めで向き合い、学校教職員の安定的な配置、親の経済状況に関わらず進学できる機会を子どもたちに保障する「給付型奨学金の創設」を成し遂げることができました。代議士としても大型の補正予算を史上最大規模で地元に投下させて頂き地域経済の下支えに尽力致しました。また伊勢原市を「日本遺産」に、厚木市を東京オリパラの「ホストタウン」にも認定させて頂きました。これも一重に、皆様のお支えがあってこそ、でございます。年の瀬、改めて皆様の地元・国への思いを我が「心」と「活動」の真ん中に据え、新年に向かわせて頂きます。どうぞ良いお年をお迎えください。激動の一年、温かくご指導賜り有り難う御座いました。

第3章

節目の年を、皆様と共に——平成29年新春

国会議員在職十年。節目の年を迎えて

『週刊よしいえ』第107号　2017年1月2日

この通信を書かせて頂いている本日は元旦です。月曜日の朝に発刊している「週刊よしいえ」は毎週、前日の日曜日に執筆いたしますが、一年の最初の日に、こうして皆様に思いを馳せながら通信を書かせて頂いていることに、そんな暦の巡り合せにも感謝いたします。本年もどうぞ宜しくお願い致します。さて今年は私にとって一つの節目を迎える年です。最年少（当時）の参議院議員として国会議員にさせて頂いたのが、平成十九年でございました。その後は皆様のお力で代議士として衆議院に送って頂き、迎えた平成二十九年、国会議員在籍十年の節目を与党代議士として、副大臣として迎えさせて頂きました。これも一重に皆様のお支えのお蔭であり、全うしなければならない責任の重さと、その意味を噛みしめながら元日より地元を回らせて頂いております。本年は将来「歴史という名の法廷」で審判を受けることになるであろう重要な一年になると覚悟しております。

米国では今月末トランプ大統領体制が発足しますが、政治未経験の大統領が推進していく政策は未だ見通せておりません。隣国の韓国にも政治空白が生じており、ヨーロッパも極めて不安定な政治情勢下にあります。昨年末に前進したロシアとの平和条約交渉も、過去の経緯を踏まえれば一切の予断は許されない状況ですし、トランプ・プーチン両大統領の関係も世界情勢を大きく左右します。中国、北朝鮮の動きも一触即発の懸念がアジア各地で蔓延しております。そのような世界情勢の真ん中で、自由主義の海洋国家として我が国が存立しているのです。現下の情勢下で本年、日本は我が国の繁栄、世界の平和と安定のために何を成すべきなのでしょうか。

日本は対立を生まぬ「強み」がある

それは現在、私が担わせて頂いている「教育・文化・スポーツ・科学技術・テクノロジー」という日本の強みを積極的に海外に展開していくことであると考えております。振り返れば帝国主義が台頭し、世界地図が刻々と塗り替えられていた江戸末期から明治にかけ、我が国は教育（人づくり）を国政の中核に据えて近代化を図り二十年余を費やしながら近代国家を建設し、当時の世界と対等に渡り合いました。あれから百年余。蓄積を重ねてきた「人の力」で積極的に世界の融和に貢献する時代を迎えねばなりません。日本は世界有数の経済大国ですが、通商や金融は時に他国との利害対立を生みます。しかし教育を始めとする分野での連帯は関係国との間に「希望」を育み、世界の平和と安定に間違いなく寄与致します。世界は今、日本を必要としているのです。「排外」から「融和」へ――。国会議員十年の節目の年。本年も皆様と共に、地に足を着けて着実に歩みを進めて参ります。

一年が本格始動。私たちに課されている使命

▼『週刊よしいえ』第108号　2017年1月9日

平成二九年がスタートして一週間。本日の成人の日まで三連休だったため、本格始動は明日の十日（火）からとなりますが、既に連日、精力的に活動しております。

ところで先般、ある企業がオランダから輸入した球根の箱が荷崩れを起こし計約五十万個、数百種類の新種が混ざってしまうというアクシデントがございました。数が数だけに改めての選別は不可能で、経営に直結する深刻な事態となりました。その時、一人の社員が「このチューリップを『ごちゃまぜチューリップ』としてネットで通販をしましょう。『何色が咲くか不明ですが格安にて是非！』と送料込みで出しましょう」と提案したそうです。するとこの『ごちゃまぜチューリップ』はネット上でたちまち話題になり、なんと二週間で完売してしまったそうです。まさに「逆転の発想」であり「ピンチはチャンス」という格言の象徴的事象だと言えましょう。ひるがえって国会では、衆議院解散を念頭に相も変わらず「野党共闘」の調整が行われているようですが、先に例示した『ごちゃまぜチューリップ』は、あくまでも同じチューリップの話です。理念は隔すれど同

じ国会議員同士だろう、とご理解を示す方も中にはおられるやも知れませんが、政党とはそもそもそれぞれの政策を国民に示し審判を仰ぐものです。民進党は昨年春に前身の民主党と分裂した維新が合併して出来た政党ですが、お互い相容れない政策を掲げ国民に信を問うた寄り合い政党です。結果、政策に対して党内で結論が出せず、昨年の臨時国会では賛成でも反対でもなく「棄権」を繰り返したのは周知の事です。「棄権」は代議制民主主義における責任放棄に他ならず、言語道断の姿勢です。

政治とは、国民のものである

昨年の民進党の代表選で蓮舫氏は「批判より、対案」を掲げ党員・サポーターの支持を集め代表に選出されましたが、ではこれまで民進党は国会で議論された法案に「対案」を出したでしょうか。否であります。審議の遅延に最大限の労力を費やし、委員会採決時には認められていないプラカードを持ち込んで委員長席を包囲して有形力を行使し、挙句、本会議では反対討論をするだけして退場です。これは国民に対する背信以前に、党員・サポーターへの背信なのではないでしょうか。仲間との約束さえ守れぬ政党にどうして国民を守ることが出来ましょう。先のチューリップは、色は違えども地中に根を張り太陽に向かって花を咲かせます。政治家は国に根を張り、「国民に向かって咲く花」の「種を播く」責務があります。国会議員の当選（花）のために国会があるのではないのです。政治とは国民のもの。わが党の立党の精神を改めて噛みしめながら今週も重責と向き合います。

宇宙空間で夢を追う者の輝きに触れて思う

『週刊よしいえ』第109号　2017年1月16日

忘れられない少年の日の思い出があります。学校の理科の授業で「宇宙」について習った日のことです。「宇宙は『無限』に広がる『無重力』の空間である」。私たちは果てしなく一点に留まることのできない宇宙という無限世界の中にある小さな地球という惑星で万事有限の囲いの中で生きている一生物に過ぎない。その事実は少年だった私をとても不安にさせ、その日は遅くまで寝付くことが出来ませんでした。あれから随分と時を経ましたが『無限』『無重力』というものへの畏怖は今も私の中に強くあります。だからこそ、なのでしょう。私はその無限空間に果敢に挑む宇宙飛行士に強烈な憧れを抱いております。先日、宇宙飛行士として国際宇宙ステーションに赴き、小動物飼育、高品質たんぱく質結晶生成実験、静電浮遊炉実験などのミッションを完遂して約四カ月ぶりに地球に帰還した大西卓哉宇宙飛行士が帰国報告で文部科学省を訪問してくれました。「重力がない世界は慣れるまでは大変ですが、いったん慣れてしまえば結構快適なんです。例えば僕は地球では八時間くらい寝ないと疲れが取れないたちですが、関節や筋肉に負荷がかからない宇宙空間では、寝袋にくるまってふわふわ浮かびながら寝るのですが、地球の半分以下の睡眠ですっきりします。食事もトイレもコツさえつかめば苦になりません」。そう語る大西さんは少年のように輝いていました。「まさに、宇宙人ですね」と冗談を言うと「私も初めて会う宇宙人が、まさか自分になるなんて思いもしませんでした」と笑いました。未知への挑戦は未知との遭遇。本年も、大西さんのように臆すことなく未知なるものに果敢に挑もうと思います。ただし地球で（笑い）。

熱き男の熱き年賀状に、熱くなる

ずっと前から気になる男がいます。テレビの画面でその男を見かけるだけで心がグッとくる。そんな思いが通じたのか、十年前にはその男との対談本を出版させて頂きました。東京オリ・パラの招致決定の瞬間もその男と同じ空間で歓喜しました。昨年の夏にロンドンを訪れた際も、偶然にも、テニスのウィンブルドン大会の応援に駆け付けたその男と同じ飛行機でした。その男は身体だけではなく声も飛び切りでかい。しかも、熱い。なのに暑苦しくはない。その男は常に夢を追い求めます。誰かを心の底から応援することで、自分に、夢に、触れることが出来るんだ、とまっすぐに語ります。そんな男に私は憧れ、そんな男だから心底、応援しております。彼の名は「松岡修造」。今年も元旦、修造さんから年賀状が届きました。年賀状には、必ず直筆で檄文が添えられております。今年の檄は「義家と勇気で日本を変える！」でした。はい！心の真ん中に勇気を灯し、邁進します。

重責担う通常国会がスタートいたしました。

『週刊よしいえ』第110号　2017年1月23日

一月二十日（金）、第一九三回通常国会が開会いたしました。まずは年度内に昨年夏の台風被害等の激甚災害に要した経費の充当等の第三次補正予算を速やかに成立させ（二次補正はまさかの反対をした野党ですが、今回は事柄がことがらなだけにまさか反対しないと思いますが…）、三月末までに平成二十九年度予算を成立させることに全力を傾注いたします。また、同時に予算関連法案（日切れ法案）の成立も図らねばなりません。文部科学省が所管する予算関連法案は二本ございます。二本とも私が座長を務めたプロジェクトチームで取りまとめ、政府了承を得た施策の根拠となる法改正で、一つは史上初めて導入される「給付型奨学金」の創設、および「無利子奨学金」の大幅拡充を盛り込んだ法改正、もう一つは特別な支援を必要とする児童・生徒、および外国語を母語とする児童・生徒に対応する教員を「加配措置」ではなく「基礎定数」として安定配置するために必要な関係法令の一括改正です。いずれも教育史に残る施策の根拠となる法改正であり、後世に「法改正に込めた思い」を伝えるという使命も意識しながら、丁寧な答弁と政策への思いを委員会の場でも語らせて頂き、衆参両院の議事録に刻みたいと思っております。また、国会審議と並行して「新年会」が各所で開催されており、可能な限り出席させて頂いておりますが、ご案内を頂いている新年会は一月だけで一四六会場あります。大変、光栄なことですが物理的にすべてにお伺いすることは叶いません。秘書の皆と手分けをしてご挨拶に伺うこととなりますが、どうかご容赦くださいますようお願い致します。本格始動の一週間。ロケットスタートを切らせて頂きます。

礼に始まり礼に終わる、日本の美徳

一月は「新年会」の梯子が続き、週末などは午前中から夜まで多い日で十を超える会場を回らせて頂きます。どの会場でも乾杯などでお酒やビールを頂きますが、一会場で一杯でも十会場なら十杯です。幸いお酒に飲まれることはこれまでにありませんが、大変なのはトイレが近くなる事です。分刻みの移動をしているので切羽詰まることもしばしば。そんな時、助かるのがコンビニ。少なくとも私の地元ではどのコンビニでも清潔なトイレを開放して下さっています。日本では「トイレは有料」という概念が希薄ですが、外国では当たり前。私はコンビニでトイレを使わせて頂いた折には、必ず数百円の商品を購入させて頂きます。それは礼節です。しかし先日、慌ただしくトイレだけ利用した挙句、車中のゴミをコンビニのゴミ箱に詰め込んで走り去った家族連れと遭遇し、大変、残念な思いにかられました。一部でささやかれている「日本のこころ」の危機を垣間見た気がします。

日本の当たり前は世界の常識ではない。再考

▼『週刊よしいえ』第111号　2017年1月30日

先週のセカンドコラムで、コンビニエンスストアなど外出先でトイレを利用させて頂く際の最低限の礼節について私の所感を書かせて頂いた所、皆様から大きな反響がございました。そこで今週も改めて再考してみたいと思います。トイレは私たちが生きていく上で必要不可欠な場所です。そんなトイレですが、日本のようにデパート、スーパー、コンビニ、喫茶店はもちろん、新幹線でも広く清潔なトイレが完備され、しかも無償で解放されている国はありません。諸外国の公衆トイレには大抵、入り口にキーパーさんがいて、利用料を支払わなければ使用することができません。私はこういった諸外国の慣習の方が「普通」のことだと考えております。なぜなら清潔なトイレで用を足せる、というお蔭様には、その清潔さを保ってくれている方々の、汗と献身があるからです。放置したら不衛生になる、それがトイレのさだめなのです。世界的観光地であるローマでは、このトイレを巡りひと悶着おこっております。観光を大きな収入源とするローマ市は、街のいたる場所にあるバール（立ち飲み店）に対し「観光客にトイレを開放するように」という条例を制定しました。しかし「トイレは自分の店の客だけに開放するのが当然だ」とする業界団体が反発し裁判所に提訴。結果、業界側が勝利し物議をかもしております。また、昨年には市内中心部の古い建物の一階に有料トイレの設置が計画されましたが、建物の下に遺跡があると大反対にあい計画は立ち消え

になってしまいました。どこに行っても清潔なトイレとトイレットペーパーが、さらに場所によってはウォシュレットまで無償で用意されている国は日本だけなのです。

「当たり前」は感謝と礼節あってこそ

かくいう私は田舎育ちですが、子どもの頃はまだ下水道が整備されておらず「汲み取り式」のトイレでした。また、当時は「オイルショック」が起こり、嘘か真か「トイレットペーパーが買えなくなる」という都市伝説（?）が喧伝され、スーパーなどで、トイレットペーパーを求める行列ができる騒ぎがありました。そんな影響もあったのか、実家のトイレに置いてあったのは、柔らかいトイレットペーパーとは明らかに異なる「ごわごわした紙」（苦笑）で、使うとヒリヒリしたものです。公衆トイレもなく、仮にあってもトイレットペーパーは、用意されてなかったあの頃、登下校中「どうしても」の時は、通学路にあるお宅に駆け込んだものです。断られたことは一度もありませんでしたが、礼は不可欠でした。快くトイレを使わせてくれ、さらにおやつまでくれるお宅は脳裏にしっかり刻み込んだものです（笑）。文明が進化した今、私たちは改めて「当たり前」への感謝と礼節の必要性を、再確認すべきだと私は思います。

通勤ラッシュの電車は、超満員の図書館

『週刊よしいえ』第112号 2017年2月6日

秘書に運転をお願いして車で東京まで通勤するのを一切やめ、毎日、電車（小田急線と千代田線か丸の内線）で通勤するようになって二年余。これにより秘書が地元に張り付けるようになったことが一番の成果ですが、私的なことで恐縮ですが私自身も忙しさの中で失われつつあったものを取り戻すことができました。国会までの約一時間半。その時間の大半を、私は読書に費やします。毎日、待ち合わせのホームと電車内で往復三時間余の読書タイム。その他の読書を総合するとおそらく現在、私の人生で史上最大の読書量になっています。スマホなどで手に入るネット情報は、あくまでも「消費情報」で、すぐに更新されていきます。しかし本から修得する知識や考察は「蓄積情報」です。またそれだけにとどまらず文体や、表現方法、行間の考察、描写の映像的想像など、本は奥行きの深い思索の旅を提供してくれます。勉強になったり、気に入ったりした本は、もう一冊購入して、心に留まった文章には線を引いたり書き込みをしたりもしています。結婚したばかりの頃、本棚を整理していた妻が「この棚の本なんで同じのが二冊ずつあるの?」と訊かれましたが、それは当時の私（今もですが）の一番の贅沢でした。時間は誰に対しても平等に流れ、何をしていても同様に流れていきます。仕事上で必要不可欠な移動中、充実した思索の時を過ごすことは間違いなく私の人生を豊かにしてくれています。今の私にとって通勤電車は超満員の図書館です。発想

を転換すれば苦役も楽しみに変わります。都会の電車の混雑に慣れるまでに随分時間を要しましたが、もうラッシュの電車も平気です（苦笑）。今週も押し合いへし合い読書を楽しみます。

文科省・天下りあっせん問題について

これまで一カ月以上の間、政府の「再就職等監視委員会」の調査と並行し、文部科学省の『天下りあっせん問題』の全容解明と再発防止策策定のため昼夜を問わず奔走してきました。先週も土日を返上して関係者からヒアリングを行いました。まずは違法のあっせんがあった事実、そして皆様に大変ご心配をおかけしていることに心よりお詫びを申し上げます。今回、全容の解明に全力を傾注しているあっせん構造が始まったのは平成二十一年夏です。民主党政権時も含め、およそ七年半続いてきた構造が明らかになったのは、安倍内閣で省庁人事が官邸の「内閣人事局」に一元化し、また民主党政権時代は形だけだった「再就職等監視委員会」を「機能」させたからこそ、なのです。本日（２月６日・月）は朝７時から会議のため、早朝駅頭にての御挨拶はできませんが、断固政治主導を貫き、全容究明と再発防止体制を確立致します。本日昼、調査結果第一弾を発表させて頂きます。

トランプ現象の背景を冷静に分析する必要性

▼『週刊よしいえ』第113号　2017年2月13日

強権的施策を次々に披瀝するドナルド・トランプ米国大統領。その度に、世界中が動揺し、不穏な憶測が飛び交います。その意味で予算委員会の網目を縫いながら、先週十日、日米首脳会談が行われ、安倍総理と新大統領が直接「日米同盟の深化」が確認できたことは大きな一歩となりました。私も副大臣として特に教育分野の世界的リーダーたちと精力的に会談を重ねる予定ですが、今はまさに正念場。米国も含め国際情勢は予断を許さない状況下にありますが、だからこそ唯一の安定した先進国である日本が「上滑りする数多の言葉ではなく、政策に立脚した着実な行動」を旨としながらリーダーシップを発揮する必要性がございます。私も内閣の一員として国益、そして地元を背負い、粉骨砕身、尽力致します。

それにしても過激な言動を繰り返すトランプ氏が大統領に選出された背景には何があるのでしょう。私たちはそれを「対岸の火事」としてではなく、当事者として冷静に分析しておく必要がございます。トランプ大統領は「白人労働者」たちの多数の支持で競り勝ったと言われておりますが、そもそも労働者（組合）は民主党（ヒラリー陣営）の大票田であったはずです。なのになぜ白人労働者がトランプ氏支持に雪崩を打ったのでしょうか。「移民に雇用を奪われた不満から」と新聞などでは書かれていますが、これは浅はかな評論です。なぜなら能力が同等であれば移民してきた人々より、言語、習慣、教育などに優位性を持つ米国人の方が雇用においては遥かに有利であるからです。本当の要因は米国が世界を席巻してきたＡＩ（人工知能）技術が、従来の社会構造を根幹から変えつつある、という現実なのです。

トランプ氏勝利の深層を考察する

人工知能（ＡＩ）は、白人中間所得層が主に従事してきた事務労働（経理など）の仕事を次々と代替するようになりました。これまでも産業革命に伴う「手織り工」や、自動車普及に伴う「馬車」（御者）など、社会の進歩により多くの職業が奪われてきました。しかしこれまでは例え従事していた職業が無くなっても、同等かそれ以上の収入が得られる新たな職業が生まれてきました。しかし極度に高度化した現代は状況が違います。人工知能（ＡＩ）に職を奪われた事務系労働者は、生活するために、より待遇の悪い賃金の低い労働に流れるより他なくなってしまうのです。そのことへの不安と不満が「雇用」を最重要政策に掲げたトランプ氏に流れた、という分析がより現実に近いでしょう。我が国にも米国と同様の波が確実に押し寄せてまいります。しっかりと未来を先見し、着手している新学習指導要領改訂作業を成就させ、「次世代型人創りモデル」を創生してまいります。

生命の源泉である「水」について考える

『週刊よしいえ』第114号　2017年2月20日

私の地元選挙区には相模湖・津久井湖・宮ケ瀬湖の三つのダム湖があり、この水瓶は人口九一四万人余を有する神奈川の水瓶として私たちの暮らしの根幹を支えてくれております。豊富な水瓶を持ち、全国津々浦々まで上水道が整備され、安心・安全な水が隅々まで供給されている国は世界でも極めて稀です。また、そのような恵まれた環境にありながらも、コンビニでは外国の飲料水メーカーのものも含め500mlのミネラルウォーターのペットボトルが百円以上で販売され、年々、種類も売り上げも伸びております。一リットルあたりの「ガソリン価格の二倍の値段！」この事実を知った外国の友人は目を丸くしておりました。日本はまさに世界有数の「水大国（天国）」なのです。余談ですが日本における水ビジネスは今に始まったことではなく時は江戸時代まで遡ります。「水道水の産湯に浸かれる」という言葉は当時、江戸っ子の誇りであり、自慢でした。そんな江戸では一七世紀半ば使われずに堀や川に注ぐ水道水をもらい受け郊外の人々に売って歩く、という原価のかからない「水商売」が生まれたのだそうです。同時に上水道の管理は極めて厳格に行いました。上水道で洗濯や水浴びをすることなどは固く禁じられ「水番屋」と呼ばれる人々が例外なく取り締まったそうです。「水の惑星・地球」。しかしそのほとんどは「海水」です。地球上の水に占める「淡水」の割合はわずか3％です。さらにその「淡水」の大半は南極大陸などの氷で人が使える（飲める）水は０・０１％前後です。「湯水のごとく」という言葉は日本だからこそ存在する「贅沢な言葉」なのです。命の源泉・水への感謝、決して忘れずに生活したいものです。

もどかしさを抱えながらも、責任

文科省全体で、特に未来の文科省を担う「しがらみの少ない精鋭の若手」を中心に昼夜をいとわず向き合っている「天下り組織的あっせん問題」。私自身、現場で陣頭指揮を執らせて頂いておりますが、もどかしさも感じております。弁護士など外部の方々も調査班に入って頂きながらヒアリングを行っておりますが、しかし同時に連日、国会から質問があり、一日の大半がその対応に費やされ、特に関係者からの累次の聞き取りが思うように進みません。まさか関係者に夜中に来ていただくわけにもいかずまた外部有識者の皆様にも本業がございます。しかしそうであっても歩みを緩めるわけには断固いきません。監視委員会から指摘された三七事案に加え、文科省本省職員約二〇〇〇人、出向職員約八〇〇人の「天下りあっせん」の認知調査、「あっせん」が始まった平成二一年以降に退職したＯＢ約六〇〇人への聞き取りもあります。今週火曜日には、第二中間報告を致します。

世界の真ん中で咲く温もりの花「日本」

『週刊よしいえ』第115号　2017年2月27日

「国の豊かさ」をはかる際の基準は何ですか、と問われたら、恐らく大半の皆様はGDP（国内総生産）だとお答えになるのではないでしょうか。実際、日本政府も経済成長の目標値としてGDPの伸び率を掲げております。我が国のGDPは現在、世界第三位。二〇〇九年に中国に抜かれるまではアメリカに次いで二位の経済大国でした。日本がアメリカのカリフォルニア州とほぼ同程度の面積で、中国と比べて十分の一以下の人口しかいない国家であることを考えれば、そのポテンシャルは世界でも突出していると胸を張っていえるでしょう。しかしバブル崩壊以降の長期にわたる景気の低迷や、長らく君臨してきた世界第二位の座を中国に明け渡したことなどもあり、日本では悲観論が強まっております。事実、日本は「発展途上国」でも、そしてもはや「先進国」でもなく「衰退途上国」である、などという悪意を感じる声さえ一部にはあるのです。しかし果たして本当にそうなのでしょうか。また、本来「豊かさ」とはどのような観点をもとに推し測られるべき性質のものなのでしょうか。今週は、それについて皆様と考えてみたいと思います。そもそもGDPは原則として市場で取引された財とサービスのみを計上したもので社会的な財や持続可能性などの要素は含まれておりません。そのような指標のみで豊かさを推し測るという手法は現在、世界のトレンドではございません。国連は二〇一二年「人的資本」「生産資本」「天然資本」「健康資本」という四つの要素を総合した「新統計」とその統計方法に基づいて導き出した「統計結果」を公表しました。栄光の第一位に輝いた国は、他でもない、我が国でした。

歴史、今、そして未来を繋げる使命

「人的資本」は職務遂行能力・雇用・賃金・教育実績など、「生産資本」は投資・産出伸び率・生産性などを総合したものですが、この統計分野における日本の水準は二位の米国を大きく引き離しました。言い換えれば、人が充実した人生を送るのに役立つ教育力と、経済が高い生産性を維持するのに必要な企業設備や道路・港湾などのインフラの水準が他のいかなる国よりも高い、ということであります。地下資源が乏しい我が国ですが、新統計の「天然資本」では手が行き届いた水田・畑・森林に加え、世界一豊富な水も加味され世界一三位、「健康資本」（社会関係資本）は学校・公民館・自治会・職場・ＮＰＯなどの「人の輪」が高く評価され福祉大国ノルウェーに次ぐ第二位となり、総合第一位に輝きました。そう、我が国は紛れもなく世界に冠たる国なのです。そんな国を、地元を、次世代へと繋げていくのは私たちの世代の責務。今週も責任ある一歩を重ねさせて頂きます。

歴史的課題と正面から向き合う覚悟——平成29年春

広く社会に世界に開かれた扉が持つ意味

▼『週刊よしいえ』第116号　2017年3月6日

「光陰矢の如し」——ついこの間、新年が始まったように思っていましたが、もう三月、桜の開花も目前に迫っております。国会対応、副大臣としての公務、違法な「再就職あっせん問題の調査」と「取りまとめ作業」が重なり時の流れを意識する暇がなかったこともあって、こうして通信を書くために改めて日付と向き合い「浦島太郎」のような心境になっております。とはいえ歩みを緩めることは許されません。平成二十九年度予算の三月中の成立はもちろんですが、責任者を務めてきた十六年ぶりとなる教職員の「計画的定数改善」や「給付型奨学金創設」を実現するための「予算関連法案」を成立させなければなりません。三月も緊張感を持ちながら謙虚かつ丁寧に、「対話のドア」を常にオープンにしながら職責を全うしてまいります。ところで皆様の御自宅の玄関ドアは外側開きですか？それとも内側開きですか？日本の玄関ドアは「外側開き」が一般的ですが、諸外国のドアは「内側開き」が一般的だと先日、聞きました。外国の「内側開き」ドアは防犯上の理由とプライバシーを保護する目的があるそうです。確かに暴漢に押し入られそうになっても内側開きならバタンとドアを閉められますし、トイレで鍵をかけ忘れた場合なども安心です。他方、水大国の日本の一般的な家屋では、水はけなどの理由から伝統的に玄関の床を外に向かって傾斜させており内側開きだと引っかかってしまうため不向きなのだそうです。しかしそれだけではなく「家庭の扉」が外に開かれているのは、たえず近隣同士で支え合い、助け合いながら暮らしてきた日本の歴史の所以でもあると私は思います。外に向かって開くドア、心がけてまいります。

品格なき議論は、日本を貶めます

現在、政策と予算の中身が闊達に議論されてしかるべき国会が、あらぬ方向（政局）へと急旋回し続け罵詈雑言が飛び交う荒れたものとなっております。議事妨害、品性を疑うようなヤジ、レッテル張りは元より、働き方改革で過労死の問題や残業の上限についての議論が行われている一方で、翌日の委員会での質問通告を夜遅くにお出しになられ職員が徹夜で答弁の作成をする、という悪弊が半ば慣例となってしまっている実情、さらには夜に事務所に役人を呼び付け反論できない立場の相手を長時間に渡って恫喝するという、いわゆるパワハラ事案も複数報告を受けております。報道で知りましたが野党議員が参加した国会周辺デモでも、耳を疑う暴言がございました。「安倍政権こそ反社会勢力。あいつらこそ罪人。法案を取り下げさせるために、私はヤクザとも共闘しなければならない」。せめて最低限の社会常識と、品性くらいは持っていただきたいと切望してやみません。

腕白でもいい。たくましく育って欲しい

▼『週刊よしいえ』第117号　2017年3月13日

街をあるいていると、自身が少年だった頃の「普通」から大きく様変わりしている光景を目にすることが多々ございます。幼稚園の園庭や学校のグラウンド、公園などに「当たり前」にあった遊具もいつの間にかひっそりと姿を消しつつあります。子ども同士、利用の順番を競ったブランコや、回りブランコ、ジャングルジム、シーソー、徐々に高くなっていく一直線に並んだ鉄棒なども順々に姿を消しております。ある教育委員会の方に理由をお尋ねすると「保護者や地域から、危険だ、という声が多数寄せられるようになり、補修の際に撤去を選択せざるを得なかった」とおっしゃっておりました。自身のことを思い返せば確かに危険な利用をして怪我をしたことも多々ございました。ブランコを激しく漕ぎ過ぎ天高く宙を舞ってから陥落し、大怪我をしたこともありました。もっとも忘れられないのは、両手を横に広げてバランスを取りながら、段々と高くなっていく鉄棒の上を渡る、という遊びでの大失敗（大失態）です。仲間内での「新記録」を達成した、その瞬間、気が緩んで足を踏み外し、モロに股間を鉄棒に打ち付けて「ウゲッ」という断末魔の叫びを残して

失神した、という『やってはいけない遊びの典型』として後々まで先生方が児童に語り継いだ伝説（?）の「よしいえ鉄棒事件」です。思い出すだけで身の毛がよだちます。しかし、そんな苦い思い出がある一方、楽しかった思い出も泉のように湧いてまいります。少なくとも私たちにとって、あの「遊び場」は、ルールやマナー、年少者を含む周囲への目配り、気配り、思いやり、を学んだ、ちょっとスリルのあるリアルな「野外教室」であったように思います。

適切な「教材」の提供は大人の責任

確かに昔の私のように無茶な遊び方をすることを想定したら、伝統的な遊具は「危険な遊具」になる可能性があるのかもしれません。しかしだからこそ、それらの遊具は先生方がいる学校のグラウンドや、地域の皆様が集う公園に「教材」として配されたのではなかったのでしょうか。例えばスマホやゲームなどのように、未熟な子どもたちの閉ざされた空間に丸投げしてしまっている現代社会の実情とは一線を画す「指導者の見守り」を前提とする「学びとしての遊び」のための遊具に他ならなかったはずです。「危険」が「見守りの体制がとれなくなった」から、だとしたら、それは子どもたちにとって決して幸福なことではないでしょう。運動会の花形だった「組体操」も廃止の流れが進んでいます。確かに子ども達を怪我の可能性から遠ざければ遠ざけるほど事故は起こりにくくなります。しかしそれが身を修める「教育機会」の減少へと繋がることを大変、危惧しております。

地元の皆様の存在があってこその「国政」

『週刊よしいえ』第118号　2017年3月20日

先週、三月十三日（月曜日）、厚木市レンブラントホテルにて「義家ひろゆき春の集い」を開催させて頂きました。過去最大一二〇〇名を大きく超える皆様が足を運んで頂き盛大裡に開催することが出来ました。それが叶いましたのも、何度も遅くまで会議を重ね、企画・設営・運営を担ってくれた執行部会の皆様、連合後援会長をはじめ各地区後援会・女性の会の皆様、義志の会（義家青年部）の仲間たち、組織・団体・企業の皆様、厚木市・伊勢原市・相模原市・愛川町・清川村の首長・県議会・市議会・町議会・村議会の皆様方のご支援・ご協力のお蔭様でございます。心より感謝いたしますと共に、皆様の御期待に恥じることのなきよう、より一層、地に足を着け、おごることなく誠実に歩んでまいります。

ところで、古くから永田町では「世襲議員を除き、東京圏の議員は出世できない」という言い伝えがございます。人口移動が激しく無党派層も多いため選挙ではその時の「風」の影響を正面から受ける、平日の地元会合も出席可能なため、東京での議員同士の付き合いが悪くなる、などが理由とされています。しかし私は現在の環境を心から幸せに思っております。通えるからこそ平日の早朝駅頭で、日頃、なかなかお会いすることが難しい皆様にご挨拶ができ、この通信をお渡しさせて頂くこともできます。また毎日帰れるからこそ、ざっくばらんに意見交換できる会合も多く持たせて頂けますし、何より会期中の平日は地元にいることが叶わない議員と比べると後援会の皆様と絆を深めることができる機会は圧倒的に多いといえます。確かに睡眠時間は短くなりますし東京での会合への出席率は低くなります。

地元を紡ぎ国の未来を拓きます

正直、親友のように前日の会合の話で盛り上がっておられる先輩や同僚を眺めながら羨ましく感じたり、疎外感を抱くこともございます。しかし職場の人間関係も大切ですが、何よりも地元の皆様との信頼関係が大切です。地元の皆様に国会へと送って頂けなかったなら、そもそも国・地域の未来に係る具体的施策や事業の一切はできません。野党のような批判のための批判では、地元を、国を拓くことはできません。代議士とは権力欲や自己満足のために存在しているのではなく、地元の未来のためにこそ存在しています。国があるからこその「地元」ではなく、それぞれの「地元」があるからこそ国が成っているのです。それはすべて皆様から学ばせて頂いたことです。今夏には国会議員在職十年の節目を迎えます。もはや若手ではありません。皆様の国・地域への思い、そして皆様への感謝を胸に、決意を新たに更なる精進を重ねて参ります。今週もどうぞ宜しくお願い致します。

今週、新年度が始まります。だからこそ今

『週刊よしいえ』第119号　2017年3月27日

いよいよ今週末、新年度（四月一日〜）がスタート致します。そして、今年度最後の日、三月三十一日は私の「誕生日」です。小学校時代は「早生まれ」が大きなハンディになることもございましたが、今は最高の誕生日だと思っております。年度最後の日に予算関連法案が成立し、家族から祝福してもらい「誕生」と「生かされていること」に感謝をし、翌日、目覚めると新年度が新たな決意と共にスタートする。なんて幸福な誕生日でしょう。あと数日で四十六歳となりますが、成熟した大人として新年度も誠実に、丁寧に日々を重ねてまいります。

さて先般、一〇〇〇名余もの一行を伴いサウジアラビアの国王陛下が来日されました。主要な目的は「原油生産」とその輸出に依存してきた経済からの脱却を目指して、日本からサウジアラビアへの経済投資を促すためだとされております。確かに天然資源は無限ではありません。必然、そう遠くない未来に、それは枯渇してしまいます。「石油依存経済からの脱却」は国の継続的存続に直結する最優先かつ最重要課題であることは十分理解できます。しかし私は現時点でそれは「簡単なことではない」と感じております。なぜなら人は満たされていないからこそ努力する存在であるからです。豪華な飛行機から降り立つためだけにエスカレーター付きタラップを本国から持ち込み、大名行列さながら多くの人々を率いて来日して、最高級ホテルに陣取って日本中から五〇〇台を超

える高級ハイヤーを借り上げる。それはまさに「満の象徴」そのものではないでしょうか。日本は世界一の節エネ・省エネ大国ですが、天然資源がないからこそ不断の努力を重ねてそれを実現したのです。

「アリとキリギリス」は歴史的な教訓

二六〇年以上に渡る平和で成熟した時代を紡いだ江戸時代末期、我が国は当時の列強からの外圧により存亡の危機に直面しました。一八五八年には日米修好通商条約が締結されましたが、これは「治外法権を認める」「関税自主権がない」という屈辱的な不平等条約でした。では当時、日本人はその深刻な危機とどのように対峙したのでしょう。まず着手したのは「開かれた社会の創造」でした。身分制度を廃し能力のある若者を積極的に登用し短期間で近代国家を作り上げました。アラブ産油国は宗教的背景もあり、女性の社会進出が極端に遅れております。今こそ性別を問わず「持たざる者」に広く門戸を開き、産油を前提としない「国のかたち」を国を挙げて議論すべきです。天然資源と異なり人々の総力としての可能性は無限です。経済・金融投資は今を豊かにします。一方、人への投資は未来を豊かにするのです。教育こそ最大の成長戦略。今週も肝に銘じて専心致します。

荒れる国会。だからこそ地に足着けて

『週刊よしいえ』第120号　2017年4月3日

国会に置かれている常任委員会および特別委員会は何のために設置されているのでしょう。言わずもがな、でございますが、各委員会は国の根幹に関わる重要課題について、国民によって選ばれた国会議員が、総理大臣によって組閣された各担当大臣・政務三役及び省庁職員を国会に招聘し、専門的な質疑・議論を行うための場です。しかしその前提は今、一部の議員により崩壊寸前です。

国会議員になって十年…現在の国会の様相は「いよいよここまできたか」という次元の深刻さでございます。例えば先般、野党の要求により「重要広範議案」（特に重要な議案として本会議で内閣総理大臣の答弁を求め、必要に応じて委員会に総理大臣を呼ぶことのできる議案）の審議が「外務委員会」において内閣総理大臣・外務大臣・防衛大臣入りで行われましたが、民進党のある議員は1時間の質疑時間の殆どを先日、参考人として国会に招致した籠池氏（森友学園）に関する質疑に費やしました。北朝鮮の拉致・核・ミサイル・暗殺問題、韓国の政治空白、中国の力による野心的海洋進出など、アジア情勢がかつてないほど緊迫している折もおりに、です。百歩譲って総理をはじめ「全大臣」が出席するテレビ入りの「予算委員会」においてなら、決して褒められたものではないと思いますが、野党の数少ないアピールの場として考えればそれも理解？できます。しかし本来、財務省による国有地払い下げの問題を追求するなら財務金融委員会、私立小学校の設置認可や寄付行為等に係る疑念を追求するなら総務委員会、教育内容なら文部科学委員会で質疑すべきであり、延々と所管以外の質問をするのは「委員会の否定」でありましょう。

国会は何のため、誰がためにあるか

更に言えば、先に例示した野党の要求で「重要広範議案」となった「日米・日豪・日英物品役割相互協定（ＡＣＳＡ）」は、一昨年、野党が「戦争法」など悪質なレッテルを張り、採決の際はプラカードを掲げて大暴れした、戦後最大の会期延長で審議が行われた「平和安全法制」を受けての改定です。それに対してほとんど質問しない、ということは、一昨年の国会論戦は「激しく追及したが、実はどうでもよかった。マスコミが取り上げてくれるからやっただけ」ということなのでしょうか。とにもかくにも「旬な話題」を場所も中身もわきまえず新聞・ニュースで取り上げてもらうためだけに質問する、などという姿勢では国民から負託されている責任に応えているとは到底言えないのではないでしょうか。先月末には文部科学省の再就職あっせんの最終報告を公表し、同時に断腸の思いで厳しい処分もいたしましたが、私は今週もひたすら誠実に、自らの責任を全うしてまいります。

本格始動した特別支援総合プロジェクト

▼『週刊よしいえ』第121号　2017年4月10日

文部科学省内に設置されている私を座長とする「特別支援総合プロジェクト」でおよそ一年に渡って議論してきた施策が今、「かたち」となって着々と進んでおります。大臣政務官時代に「パラリンピック」を厚生労働省から文部科学省の所管に移すという大転換を実現させて頂きましたが、結果、昨年のリオデジャネイロオリンピック・パラリンピック競技大会の祝勝パレードは「オリンピック日本代表・パラリンピック日本代表」の合同で行われました。これは史上初めてのことで、パラリンピアンの皆様から多くの感激の言葉を頂きました。三年後に迫る東京大会は、競技場も街も心も「バリアフリー」の五輪史に残る大会となるよう、丁寧に施策を重ねてまいります。また以前もこのコラムで書きましたが二〇二〇年には全国約一〇〇〇カ所の「特別支援学校」を開放し「地域スポーツ・文化の祭典」を挙行する、という私の発案で今年度から予算化された「スペシャルプロジェクト二〇二〇」も控えております。これはいわば「逆転の発想」でございまして、バリアフリーシートなどに象徴されるように、これまで障がいをお持ちの方々の社会参画・参加に力点を置いた施策が多数行われてまいりました。もちろんそれは大変、重要なことです。しかし「障がいの側から、健常の側へ」だけではなく、「健常の側が、障がいの側へ」というアプローチも同様に重要であり、その双方があって初めて「真の共生社会」が実現すると私は考えております。障がいの重さによっては「健常の側」へのアクセスさえままならない方々がいらっしゃるのです。また新年度スタートと同時に文部科学省内での組織改革にも、着手させて頂きました。

丁寧に、丁寧に、優しさを、届ける

これまで文部科学省内の障がいがある方々に対する政策を担当してきたのは、全国の「特別支援学校」を所掌する「初等中等教育局」でした。しかし政策の対象となるのは高校卒業まで。そう、あくまでも「人生の一部」への支援だったのです。特別支援学校を卒業したら、あとは厚労省の施策によるサポートとなります。厚労省の障がい者施策の主な柱は「生活支援」（厚生）と「就労支援」（労働）です。それは大変重要ですが、しかし、それだけで潤いある日々が保障されていると言えるでしょうか。私はそう思いません。私たちの暮らしは、「生活」「仕事」そして、楽しい「余暇」があって初めて潤いが生まれます。そんな「当たり前」を支援するため私の発案で新たに「生涯学習政策局」に「障害者生涯学習支援室」を設置し、文科省が障がいをお持ちの皆様に対して生涯に渡って「潤い」を提供する、という体制を始動させました。今後も丁寧に優しさを、届け続けます。

私の答弁に対する朝日新聞の報道について

『週刊よしいえ』第１２２号　２０１７年４月17日

四月八日（土）、朝日新聞は朝刊三十四面（社会面）で私の顔写真を掲載の上、国会での私の答弁を大きく報じました。『教育勅語朗読「問題ない」』『文科副大臣「法に反しない限り」』というリードで『教育勅語の朗読をすることについて「教育基本法に反しない限り問題がない」と答弁しました。（中略）さらに泉健太氏（民進党）が「教育基本法に反しない限り」とは何を指すのかと質問したのに対し、義家氏は憲法や教育基本法に反するかどうかは、まずは所管する都道府県が判断すべきだとの考えを示した。』（抜粋）。朝日新聞は二〇一四年八月、それまで大々的に報道し、国際社会における我が国の名誉を著しく傷つけた、いわゆる「従軍慰安婦報道」の根拠としてきた「吉田清治氏」の著書や証言が「虚偽であった」として撤回、謝罪しましたが、私の答弁についての報道は「虚偽」というより、委員会におけるやり取りを特定の意図を持って編集し、あたかも私が積極的に推奨しているかのような印象を、読者に抱かせることを目的とする報道だと言わざるを得ません。委員会での議論は「教育ニ関スル勅語」の歴史や、テレビ等で報道されている森友学園が園児に「教育勅語」の朗読を行わせていたことなどに関連し、学校教育で「教育勅語」を用いる是非についての質疑が行われました。私は、まず「前提」として「教育勅語」は、日本国憲法・教育基本法の成立により法的効力が失効していること、仮に教育現場で扱われる際には戦前のような

「教育の唯一の根本」として用いるのは不適切（法令違反）であると明言した上で、社会科の教科書に実際に掲載されている事実・事例を紹介しながら答弁を続けました。

法令に基づく教育行政が基本です

教科書に載っている教育勅語を読む（読ませる）、朗読する（させる）こと「のみ」をもって不適切だと断じることはできないこと、またとりわけ私学は「私立学校法」により「建学の精神に基づく教育」が最大限に保障され、国および所轄庁による権限が極力制限されているという法理を踏まえ、まずは所轄庁（都道府県）により実情の把握が行われるべきである旨を説明させて頂いたのです。教育行政はイデオロギーではなく法令に基づいて行われており、「一部が全部」のようなレッテル質問に対して副大臣が「朗読自体が全て問題だ」と明言するならそれこそ私学教育に対する「法に基づかない国の介入」になります。朝日新聞は自身の思想信条のためなら検定教科書や私学教育に対する政府の介入を是とする立場なのでしょうか。私はそうは思いません。教育は国民の重大な関心事であります。だからこそ、正確かつ公正中立な報道が行われることを期待してやみません。

これからも、どうぞ宜しくお願い致します

『週刊よしいえ』第１２３号　２０１７年４月24日

先週水曜日（四月十九日）夕刻、衆議院議員の「定数を十減」し（小選挙区6減・比例代表4減）、いわゆる「一票の格差」を二倍以下に是正する選挙区割り見直しの検討を行ってきた「衆議院議員選挙区画定審議会」（小早川光郎会長）からの勧告が安倍総理大臣に対して出されました。一夜明けた翌日の永田町は与野党問わず大わらわ。区割り変更の対象となった議員の皆さんの不満や不安の声が飛び交いました。皆様も御承知の通り、私の選挙区（神奈川十六区）も区割り変更勧告がなされましたが、第一報を聞いた折、私の胸に去来した偽らざる思いは「本当に、よかった」という安堵でした。区割り変更の議論が行われる中で私が最も気にかけていたのは、それによって生じるであろう「自分の選挙への影響」ではございませんでした。私がひたすら憂慮していたのは、現在の選挙区割りが変更され、地元選挙区域が別の選挙区に移動するような事態が発生した際の、地元を思うひたむきな「思い」と「汗」で常日頃、私の政治活動をお支え頂いている地元で暮らす「後援会の皆様」の「お気持ち」でした。前回の解散総選挙、自らの甘さの結果、歴史的僅差で小選挙区での当選を逃してしまった私に、真夜中まで寄り添い、共に悔し涙を流してくれた皆様、力不足を詫びる私に「これまで以上にしっかりと支え、次は絶対に小選挙区で勝たせるから」と震える私の手を力強く握りしめてくれた皆様は、この週刊通信の発行もそうですが、現在の私の政治活動の

「動機そのもの」であり「政治の師」でございます。だからこそ変更後もこれまで同様、全ての地元後援会の皆様と直接の「絆」が続くことに心から安堵したのです。

皆様と、これからも、ひたむきに

以前の私なら「自分の選挙への影響」ばかり考えていたことでしょう。しかし今回、まっさきに皆様のお気持を思い、安堵できた自分を、少しだけ誇らしく感じました。これもひとえに「利他の精神」（政治の原点）を言葉ではなく行動で私に教えて下さっている皆様のお蔭でございます。本当に感謝しております。とはいえ、今回の改定で、選挙区人口55万4516人（2015年時点）という「日本一の選挙区」となります。新たに編入された座間市相模が丘1～6丁目、相模原市南区相南1～3丁目の一部、相南4丁目、松が枝町で暮らされている皆様とはまだ「直接の絆」がございません。まずは地に足を着け、私という人間を知って頂くことから始めさせて頂きます。どうぞ新たに編入された地域で暮らされている皆様を私にご紹介ください。与党代議士として必ずや新地域の皆様の期待にも全身全霊で応えてまいります。これからも皆様、どうぞ宜しくお願い致します。

日本青年会議所と共に、優しさを、届ける

『週刊よしいえ』第124号　2017年5月1日

三週間前のコラムでも紹介させて頂きましたが、私が責任者を務める、障がいをお持ちの皆様に対する厚労省による「厚生」「労働」支援だけではなく、スポーツ・文化・リクリエーションなど多様なアプローチで「生き甲斐」や「潤いある日常生活」を提供するための政策を推進する「特別支援総合プロジェクト」に、この度、大変、頼もしい皆様が「趣旨に賛同し、参画する」と名乗りを上げて下さいました。公益社団法人・日本青年会議所（青木照護会頭）の皆様です。ほとんどの皆様はご存知でしょうが、日本青年会議所（ＪＣ）は一九五一年に設立された二〇歳から四〇歳までの青年経済人団体で全国六九七の支部、会員数三万二千三九六名（二〇一五年一月一日）で構成される我が国有数の社会運動青年組織です。また青年会議所のＯＢ・ＯＧは約一七万人おられ、現在、政治・経済・教育・社会福祉などあらゆる分野で重責を担い日本を牽引しておられます。私の地元でも、青年会議所（ＪＣ）の活発な社会活動は欠かすことが出来ない存在ですが、同様に全国津々浦々で主体的活動を展開する各地域のＪＣの皆様が「特別支援総合プロジェクト」に参画して頂ければ、間違いなく日本の歴史上、最も巨大かつ具体、実践的な「特別支援国民運動」となるでしょう。障がいをお持ちの方々に「潤い」をお届けするためには、政策だけではなく、それを支える「マンパワー」が必要不可欠。またモデル事業ではなく、全国津々浦々で実際に展開されなければ

ば真の共生社会実現のためのムーブメントとはなりません。その意味で今後、文部科学省とＪＣの皆様との「スペシャルサポートＰＴ」は、これまでにない歴史的取り組みと言えます。

「日の丸・チャリティーラン」を共催！

そんな文部科学省と日本青年会議所の「特別支援総合プロジェクト」の「キックオフイベント」として去る四月二十九日（昭和の日）に、文科省、日本青年会議所、日本パラリンピアンズ協会、知的障害を抱える皆様の団体、スペシャルオリンピックス日本、日本障がい者スポーツ協会、パラリンピアンの河合純一氏（競泳）、大日方邦子氏（アルペン）、長瀬充氏（ホッケー）、芦田創氏（陸上）、一般参加者で、青年会議所が毎祝日に開催している「日の丸チャリティーラン」が共催され「キックオフ式典」の後、皇居外周（約５キロ）を皆で快走いたしました。下は中学生から上は七十代、運動不足の人、日頃から鍛錬している人、陸上のパラ選手、車椅子アスリートが織り成す共生社会を象徴する、和やかなチャリティーランとなりました。さあ、これからです！地に足を着け、日本青年会議所の皆様と着実に施策を推進してまいります。それにしても…足が…痛いです（反省）。

『週刊よしいえ』第125号　2017年5月8日

当事者として、歴史的転換・強化を進めます

三月末、一月に明らかにさせて頂いた文部科学省における再就職規制違反、いわゆる「天下り問題」を受け、速やかに外部有識者を加えた調査班を組織し、約三〇〇〇名の全職員調査、改正法が施行された平成二〇年以降に退職した全OBの調査、三〇〇回を超えるヒアリング調査を実施した上で調査の「最終報告」を公表させて頂きました。調査の過程で新たに明らかになった事案も含め六二件の国家公務員法違反を確認し、幹部三十七名に対し停職、減給など厳正な処分を行いました。役人のみに責任をなすりつけるのではなく、所掌する副大臣として責任を重く、重く受け止めております。同時に、今こそ「真の政治主導による改革」を断行する、という強い決意から、新聞・テレビニュースなどでも報道がなされましたが、新年度業務がスタートした四月三日（月曜）の午前、副大臣と、次代の文部科学省の中枢を担っていく各課の筆頭課長をメンバーとする「特命チーム」を発足し、長きに渡って連綿と続いてきた「なれあい」「もたれ合い」の「組織構造」を根幹から改めることはもちろん、日本の未来を創生していく「強い」、そしてかつてないスピードで急速に変化している社会に即応できる軸のぶれない「しなやか」な「政策省庁」へと再生・強化すべく累次の徹底的な議論を重ねております。真の政治主導による改革とは、テレビに向かって役人批判を繰り返すことでも、小手先の改革を行うことでもないと私は思っております。政治家が体を張って、

役人同士の「しがらみ」や「慣行」の盾となり壁となりながら、次の時代を担う職員と共に将来を見据えた、持続可能な次世代責任体制を確立することでございます。

軸のぶれない、しなやかな役所に

大政奉還から一五〇年、そして来年、新政府発足から一五〇年の節目を迎える「明治維新」も「次の世代」がその中枢を担い、歴史的な偉業を成し遂げました。彼らが「当事者」（核）とならない改革なら、それは単なる「政治家の自己満足」に過ぎない改革です。民主党政権の歴史的失政の原因は、まさにそこにあったのだと思います。三月末、私たちは嵐の中にあっても、特別な支援が必要な児童・生徒や外国人児童・生徒等に向き合う教師を「加配措置」ではなく「定数」とする実に十六年ぶりの「計画的定数改善」を法改正で実現し、親の経済的な理由等で進学を断念せざるを得ない状況に置かれている若者を応援する「給付型奨学金」の創設を史上初めて成し遂げました。また一〇年に一度となる学習指導要領の改訂で地理・歴史・公民の全てで竹島や尖閣などの領土についても史上初めて明記させて頂きました。下ではなく、前（未来）を見て、職員と共に今週も歩みます。

深刻な危機が「内側」にあることへの焦燥

『週刊よしいえ』第126号　2017年5月15日

北朝鮮は現在かつてない頻度でミサイル発射を繰り返し、公然と「核の保有」と「使用」をほのめかす、という尋常ならざる暴挙を続けております。現在、我々は二十四時間体制で日米・日中・日韓・日露など全てのチャンネルで情報を収集しながら、万が一「朝鮮半島有事」が発生した際の日・米・韓の防衛協働や朝鮮半島にいる日本人を救出するオペレーションの策定、日本へのミサイル飛来に備える防衛体制強化など、ありとあらゆる事態を想定して準備にあたっております。同時に民主主義・自由・人権・法の支配といった基本的価値観を共有する国々とも連携を深め広く国際社会に平和への協力を呼び掛けております。いうまでもなく国の最大の責務は国民の生命と財産を守ることです。私も政府の一員としていたずらに危機を煽るようなことにはならぬよう沈着冷静に、しかし毅然たる態度で臨んでおります。他方、国権の最高機関であり唯一の立法機関である国会、とりわけ選挙共闘を標榜する民進党・共産党の国会議員の皆様の「有事への危機感」は疑わざるを得ません。復興大臣辞任によりストップしていた国会審議を正常化させるべく野党からの強い（激しい）要請に応える形で先週の月曜日（衆）、火曜日（参）に、NHK生中継入りの「予算委員会集中審議」が開催されました。そこで野党からどのような質問をされたのか。ご覧になった方もおられると思いますが質問の大半は「復興大臣辞任に対する総理任命責任」に始まり「テロ等準備罪」「森友学園問題」などこれまでずっと繰り返してきたものばかりで、我が国のみならず東アジアの平和と安定を保持するための施策についての質問は一切ございませんでした。

質問は支持率のため?冗談じゃない

「北朝鮮関連の質問は与党にやってもらいたいんだよ。野党がその質問をすると、逆に内閣の支持率をあげちゃうから。天下り問題とか森友学園問題ならいくらでも質問するけどさ」――ある野党議員は臆面もなく私にそう、うそぶきました。「ならばあなたに国会議員の資格はありません」――あやうく喉からそう言葉が出かかりましたが、審議をお願いしている側が売り言葉に買い言葉で食ってかかれば国会が再び不正常化してしまう可能性があります。「有権者の皆様の御判断に委ねるより他ない」と、どうにか自身を納得させてその場をやり過ごしましたが、今も忸怩たる思いでおります。一九五〇年に勃発した朝鮮戦争は「終戦」しておりません。現在に至るまで「休戦状態」が続いているだけなのです。韓国情勢が不安定な今、それを忘れたかのような国会の状況は深刻な「内側にある危機」です。今週も諸外国の外交団と議論しますが、私は決して平和への責任から逃げません。

平和は「ある」ものではなく「守る」もの

▼『週刊よしいえ』第127号　2017年5月22日

五月一五日、陸上自衛隊北部方面航空隊のＬＲ２連絡偵察機が函館空港から西方約三〇キロ、高度約九〇〇メートルを飛行中、突然、管制官との連絡が途絶え、レーダーからも機影が消えてしまった事態を受け、自衛隊、警察、地元消防が総がかりで捜索にあたりましたが、翌一六日、袴腰山の山中で大破した機体と、機長を務めていた高宮城効一等陸尉（五三歳）ら乗組員四人の死亡が確認されました。「緊急搬送」が必要な患者さんを函館空港で収容し病院に搬送するという任務途中の墜落でした。事故当時は大気の状態が不安定で、函館市と北斗市では雷・濃霧・強風注意報が出ており、視界不良の中、それでも「護るべき命」のために現地を目指し、殉死した自衛官四名に衷心よりの哀悼の誠を捧げると共に、ご家族の皆様、同僚自衛官の皆様の深い悲しみに想いを致しております。

昨年夏、共産党の藤野政策委員長は自衛隊予算について「人を殺すための予算」と発言しました。また、民主党政権時代には仙谷官房長官が自衛隊のことを「暴力装置」と言い放ちました。これは失言などではなく為政者として「失格」の発言です。例えば航空自衛隊が領空侵犯に対応する緊急発進（スクランブル）回数は、昨年一年間で一一六八回。単純に三六五日（一年）で割っても、昼夜を分かたず一日、三回以上の頻度で、我が国の領土・主権を守るために命がけの緊急出動をされております。大規模災害発生時における夜を徹した命がけの救援活動も、平素からの厳しい鍛錬があって初めて可能なのです。また今回は不幸にも墜落してしまいましたが「国民ひとりの命を守るため」だけに、自衛官はその身を賭して任務にあたっておられるのです。

無私の汗。敬意と感謝で応えたい

しかし残念ながら、このような任務にあたっている自衛隊は大半の憲法学者から現在に至るまで「違憲の存在」と指摘されております。また民進党と選挙協力を進める共産党は「自衛隊の解消」を綱領に掲げておりますし、「平和安全法制」の議論の際には野党議員は「戦争」を連呼し、採決の際には有形力をも行使しました。自衛官の皆様はどのような思いでこの議論を見守っておられたことでしょう。好戦的かつ扇動的で、多様な意見に対して不寛容であるばかりか、自らの言い分が通らなければ有形力を行使する。そのような姿勢は自衛官の皆様とは「真逆」だといえるでしょう。憲法記念日に安倍自民党総裁は憲法改正について、現行憲法の「平和主義」の条項を残した上で「自衛隊」を明記する私案を示されました。憲法は国民のものであり、我が国の最高法規でございます。自衛隊の皆様の思いや汗を正面から受け止めた国民的議論が展開されることを期待して止みません。

仙台市市長・教育長に調査・検証を指示

『週刊よしいえ』第128号　2017年5月29日

四月二十六日（水）、宮城県仙台市の中学二年生が一時間目の授業の後に不明となり、その後、自宅近くのマンションから飛び降り、病院に救急搬送されるも死亡するという痛ましい自死事案が発生しました。「登校し」「通常授業を受け」、その後「行方不明になった」先での「自死」という経緯を鑑みれば、真っ先に「いじめ自殺」あるいは「指導自殺」が疑われる事案であることは言を待ちません。しかし仙台市教育委員会は当初、自殺の背景について、「友人とのトラブル」はあったが「いじめとして捉えていない」という不可思議な見解を示しました（四月二十九日・土）。それを受け、私は即「いじめ防止対策推進法」に定められる「重大事態」としての調査をすべきと判断し仙台市教委を指導（五月一日・月）、その後、文科省職員も派遣しました。こうした経緯で始まった調査により明らかになったのは自殺した生徒が継続して「いじめ」を受け、教師らもそれを認識していたという「隠蔽」の誹りを免れない「実態」でした。昨年の十二月には、何者かが当該生徒の机にマーカーで「死ね」と書き込んだことが問題となり全体指導も行われております。それにも拘わらずなぜ学校側は「トラブルはあったが、いじめはなかった」などという極めて不自然な報告をしたのか。何か「裏」がある。報告を受けながら「嫌な予感」が私の胸に去来しました。そして――五月十八日その「裏」が、保護者からの連絡により明らかになったのです。二名の教諭が、自殺した生徒に対し「体罰」を行っていたことが判明しました。それも、報告を受けた際、涙を禁じえなかった「愚行」が教室で、しかも生徒達の面前で行われていたのです。

「命への誠実」を取り戻すために

報告があったのは二件。一件は今年一月、女性教諭が授業中「うるさい」と十五センチほどの粘着テープを当該生徒の口に貼り十五分程度放置したという事案。もう一件は男性教諭が複数回、当該生徒にゲンコツをしていたというもので「寝ていた生徒をゲンコツで起こした」という直近の事案は生徒が自殺する前日のものでした。想像してみてください。教室で指導者から口に粘着テープを貼られて放置されるというその辛さを、耳に届く周囲のあざけりの声を、日頃からいじめられている皆の前で、見せしめのようにゲンコツを受ける無力さを……。いじめから子どもを守るべき立場の教師によるこれらの行為は、むしろ「いじめを助長する行為」だったと断じざるを得ませんし、保護者から連絡があるまで自らの愚行を「黙っていた」（隠していた）当該教諭は、そもそも教壇に立つ資格はない、と私は思います。今後も毅然たる態度で仙台市（市教委）と向き合ってまいります。

国は家なり。家に潤いを——平成29年夏

天皇・皇后両陛下の御臨席を仰ぎ植樹祭開催

▼『週刊よしいえ』第129号 2017年6月5日

先週末、昨年に引き続き、天皇・皇后両陛下に随行をお許し頂き、富山県で開催された「全国植樹祭」に出席させて頂く栄を賜りました。本年のテーマは「かがやいて 水・空・緑のハーモニー」でございました。まさに「富山県ならでは」の素晴らしいテーマだったと思います。ご存知の方も多いかと思いますが、富山県は標高三千メートル級の立山（たてやま）連峰から「神秘の海」（天然の生け簀）とも呼ばれる水深一〇〇〇メートルの富山湾までの「高低差四〇〇〇メートル」を、半径およそ四十～五十キロで包むという「山・人・街・海」が四位一体で成り立っている県でございます。毎年四〇〇〇メートルの急こう配を大量の雪解け水や雨が海へと流れ行く地、富山県。必然、その歴史は水災害と常に隣り合わせで刻まれてきました。しかし、だからこそ富山の皆様は山を畏れ、森を育み、緑を敬い、次世代のために力を合わせて治水・河川の整備を行い、湾

を整え、地域の暮らしと、それを支える豊かな海を守ってこられたのです。自然を克服するのではなく、常に「故郷の自然との共存」を旨としながらその歴史を紡いでこられた富山県人。現在、富山県が誇っている豊かな水産資源、麗しい水、美しい連山、農（命）を守るためのきめ細やかで丁寧な灌漑（かんがい）などは先人たちの故郷を愛するひたむきな思いの結実として今日に引き継がれてきたのです。翻って米国のトランプ大統領は世界各国が協力してＣＯ２を削減する枠組みである「パリ協定」からの離脱を表明しました。大変、遺憾なことでございます。日本はこれまで米国から多くのことを学んできました。しかし今こそ、米国は、日本から在るべき態度を学ぶべきだと私は思います。

「優しき大きな樹」に私はなりたい

植樹祭後の午餐会、畏れ多くも私は本年も天皇陛下のお隣で食事を頂戴いたしましたが、その折、戦後の高度成長に伴って自然との調和が崩れてしまったことへの反省と、それを取り戻すために「産・学・官・民」が一体となって努力してきた我が国の歩みを、穏やかに、しかし誇らしげに語られておられました。公害の社会問題化以降の工場・生活排水の徹底や衛生管理、環境に配慮した用品・商品の開発や普及、省エネ自動車の開発、ハイブリットカーさらには電気・水素自動車へと進化する技術革新などは、まさに「環境を守りながら成長する」という「世界の教科書」でございましょう。米国は今「強さ」「利益」の追求だけではなく「優しさ」を学ぶ必要があります。樹は地球上のすべてに、優しい。私も樹々の如く大地（地元）にしっかり根を張り、常に陽光（皆様の思い）を浴びながら、優しき枝（政策）を丁寧に広げ、さらに大きく、強く、優しく、成長して参ります。

国民の生命と暮らしを、凶行から守るために

『週刊よしいえ』第１３０号　２０１７年6月12日

現在、ヨーロッパで連日のようにテロが発生しております。無垢な市民の平穏な日常の暮らしや命を無差別で奪い去る卑劣なテロは現在、グローバル化の進展に伴い、どこの国でも起こり得る「世界的共通の課題」として共有されており、世界の国々は、テロを未然に防止するために、国境を、大陸を、海を越えて、情報共有をはじめとする連携を強化しております。しかし、我が国は世界一八七の国や地域が締結している「国際組織犯罪防止条約」（ＴＯＣ条約）のカヤの外におります（未締結は日本を含めわずか十一カ国）。締結の前提となる「テロ準備罪」等を定める国内法が未整備であるためです。これまでも幾度となく立法の動きがございましたが「レッテル貼り」「印象操作」ばかりが横行して議論が深まらず成案を得ることが叶いませんでした。世界の真ん中に位置する海洋国家・日本。世界との貿易においては圧倒的な優位性を持っている反面、海の向こうから流入し続けている覚せい剤等の違法薬物など、どれほど税関・警察・海上保安庁・自衛隊が、昼

夜を分かたず警備にあたっても水際対策ではどうしても隙間が生じてしまうのです。ワールドカップ、オリパラを間近に控え、もはやこれ以上の先送りは許されない。そんな決意から我々は「ＴＯＣ条約」加入の前提であるテロ等準備罪の創設を含めた「組織犯罪処罰法改正案」を国会に提出し、今ようやく参院での審議が佳境を迎えているところです。しかし、民進党をはじめとする野党は相も変わらず「ＬＩＮＥも監視」「一億総監視社会」「平成の治安維持法」「ハイキングも捜査対象になる」などの扇動を繰り返すばかり……極めて無責任で遺憾な態度です。

「扇動者」ではなく「先導者」として

野党の「扇動史」を振り返えれば、『警察官職務執行法』（昭和三十三年）の際には「デートもできない警察法」「新婚初夜に警察に踏み込まれる」、『日米安保改定』の際には「戦争法」と煽り立てました。『ＰＫＯ法案』（平成四年）の際には「自衛隊が殺し殺される」、『特定機密保護法』（平成二十五年）では「知る権利が侵される」…『平和安全法制』（平成二十七年）の際の「地球の裏側でも戦争できる国になる」「徴兵制の復活へ」などと煽り立てたのはまだ記憶に新しいことです。しかし実際、そんなレッテルはまったく当たりませんでしたし、今後も当たらせません。野党の皆様の言動や思考は今も「前時代のまま」です。紛争や争乱が起こってからの対応では遅いのです。いかにそれらを未然に防ぐか、が政治の責任であり、有事の懸念に対して為政者は「扇動者」ではなく「先導者」とならなければならないのです。今週も皆様の思いを胸に、愚直に正道を歩みます。

日頃よりお支え下さっている大切な皆様へ

▼『週刊よしいえ』第１３１号　２０１７年6月19日

『国家戦略特区』におけるプロセスの過程を記した文部科学省が作成した、とされる『文書』がＮＨＫ、翌朝の朝日新聞一面に掲載されてからというもの、朝日・毎日新聞、週刊誌、およびワイドショー、また、国会でも連日のように取り上げられました。日頃よりお支え頂いている皆様に多大なご心配をおかけする結果となり、居たたまれない思いでこれまで向き合ってまいりました。先週の木曜、流出したとされる『文書』について追加調査をした結果を公表させて頂きましたので、改めて皆様に直接ご報告させて頂きます。まず、前提として『国家戦略特区』に指定された愛媛県今治市に『獣医学部』を新設するという方針についてでございますが、自主退職された前次官が「行政が歪められた」と記者会見で発言されたことが大きな波紋を呼びましたが、事実と異なります。そもそも前次官は協議の終盤は「天下り問題」への対応でそれどころではありませんでした。それは、ご本人もお認めになっていることです。当時、私と担当課が内閣府と連日、厳しいやり取りをしたことは報道の通りでございます。省としてもスジを曲げるわけにいかないのです。政策決定に至るまでに激しい議論があるのは通常のことです。議論なき決定こそ、過ちです。本件は現在『大学・学校法人設置審議会』において専門家による厳正な審査が行われております。ほとんど報道してくれませんが『新たな獣医学部設置』の是非は、実は、まだ決まっていないのです。『設置審議会』は独立性を担保されながら是非を判断する場で、委員も非公表です。例え野党が声を荒げている「〇〇の意向」など、あってもなくても、介入できない制度なのです。

謀略渦巻く世界にあっても「凛と」

次に文科省から流出したとされている文書の存在についてですが、関係職員への拡大ヒアリング、各課にある約二〇〇万の共有フォルダ等に検索をかけて、丁寧に照合しました。結論を申しますと、その中には複数の「文書」がございました。大半は担当者が上司への説明用メモとして作成したもののようですが、管理職を含め文書の管理・取り扱いが杜撰であったことには猛省が必要です。同時に誰がどのような意図で行ったのかは今も不明ですが、流出したとされる一部の文書に「打ち替え」の可能性があることが判明しました。民進党が提出した文書の中の数枚です。書体もフォントもアンダーラインの有無も異なる類似文書…背筋が寒くなりました。これが霞が関の「闇」なのです。日々、業務と向き合うひたむきな官僚の中に魑魅魍魎が紛れ込んでいる世界。そのような場所で地元を背負い、代議士として活動している、ということを、改めて肝に銘じねばなりません。

皆様がこうして居て下さるからこそ

また、私の国会答弁をメディアが大々的に報道したため、ご心配をおかけしてしまったことと思います。『公益通報者保護制度』を適用して「告発した職員を守れ」という質問への答弁です。

この制度は組織の法令違反行為を告発した職員の身分を守るための制度ですが、そもそも文書からは法令違反は読み取れず、告発者?も不明なのです。ですから現時点で制度適用の是非の判断はできないと答弁するより他ありません。その上で一般論と前置きした上で、国家公務員法の規定を説明しただけなのですが、それが処分に言及とされてしまうのです。一体、誰を?と、惑うばかりです。答弁を切り取れば法律さえ『問題』にできる。このことも、改めて肝に銘じたいと思います。

いずれにしても、皆様の存在がなければ心が折れていたやも知れません。今週も、皆様に恥じることなきよう、地に足を着け誠実に、目の前の責任と向き合います。

義家　ひろゆき　拝

『週刊よしいえ』第１３２号　２０１７年６月26日

その柔和な佇まいを、この胸に焼き付けて

現在、東京・上野の森にある『国立科学博物館』では英国の『大英自然史博物館』が所蔵している世界の自然科学博物を展示する『特別展』が開催されておりますが、先日『全国植樹祭』に続き天皇・皇后両陛下の行幸啓に政府を代表して随行させて頂く栄に浴しました。学芸員の説明に熱心に耳を傾けながら、司司で御下問される陛下の御言葉は博識に富み、多年に渡り研究されてきた自然科学への慈愛が満ち溢れておりました。国会での喧噪が幻かのような静謐な時を過ごさせて頂きました。

昨年夏に、表明された天皇陛下の『お気持ち』を受け、国会で慎重かつ速やかに議論されてきた天皇の譲位を可能とする『特別法』が成立いたしました。御譲位に関しては『特別法』の公布後三年以内に皇室会議を経て政令で定めるとされており、最短で平成三十一年（二〇一九年）元旦から新天皇、新元号、新時代がスタートすることとなります。正直に申せば、寂しさの入り混じった複雑な思いが胸中にはございますが、それらは自らの胸の内のみに留め置き、今後も立ち止まることなく文部科学副大臣の重責を、任の限り全力で全うしてまいります。

『特別法』の成立に至るまでの一連の議論、あるいはマスコミでの議論でも、まあ、いつものことですが『君主制』の諸外国と我が国の『天皇制』を比較する場面が度々ありました。しかしその都度、私は違和感を抱くことを禁じ得ません。なぜなら日本の『天皇』と諸外国の『王様』とは成り立ちも、歴史も、役割もまったく違うからです。日本は神武天皇以来、今上天皇まで一二五代に渡って続く世界最古の皇室を頂く国で、今日まで一度の断絶もなく継承されてきた国なのです。

国とは、家なり。崇高な国史を思う

そのような奇跡はいかにして守られてきたのでしょうか。世界の国王は各時代の『覇者』でした。しかし日本の天皇はいつの時代も『覇』ではなく『徳』によって国を包んできました。作家・松本清張氏は以下のように述べています。「平清盛でも源頼朝でも北条氏でも足利氏でも、また徳川氏でも、なろうと欲すれば天皇となれただろう（中略）。それなのに、どうしてならなかったのか。

歴史家はそれを説明してくれない。学問的に証明することができないのだという」。なぜか。それは天皇が我が国の歴史において、まさに「国民統合の象徴」であり続けてきたからでございましょう。仁徳天皇は難波高津宮で遠くをご覧になられ「民のかまどより煙がたちのぼらないのは貧しくて炊くものがないからなのではないか」と嘆かれ「向こう三年、税を免ず」という詔を出されました（『民の竈』より）。そのような国に生まれ、生きていることを私は心から誇らしく思っております。

世界の平和と安定のために。平和国家の使命

▼『週刊よしいえ』第133号　2017年7月3日

本日（七月三日・月）、台風の日も雪の日も欠かさずに続けてきた地元・本厚木駅での早朝駅頭活動を終えた後、まっすぐ羽田に向かい一週間の弾丸日程でヨーロッパ、アフリカ、西アジア、アラブ諸国を訪問します。昨夏はイギリスのＥＵ離脱の方針に伴って、メイ内閣が発足した直後に日本の政治家として、初めてのコンタクト（教育外交）を担い、またロシアではモスクワ・ウラジオストクを訪れて大統領補佐官などと相次いで会談するなど、新しいフェーズに移っている日ロ外交のキックオフの役割を担わせて頂きました。国際会議にも相次いで出席し、東南アジア・ＡＳＥＡＮ諸国、中華人民共和国、大韓民国の各教育・文化大臣らと会談を重ね、会議では二度に渡り代表

演説もさせて頂きました。文部科学省が所管する教育・文化・スポーツ・科学技術の分野は紛れもなく日本の『強み』であり、日本と諸外国との連帯を深化させる『平和外交』の『切り札』であると、私は確信しております。今回はまず、高等教育の分野で連携深化を着々と図っているドイツを訪問、続いて教育・文化・観光の強化を進めているエジプトを訪問し、関係大臣と会談いたします。さらに、石油エネルギーの多くを輸入しているアラブ首長国連邦、サウジアラビア、古くから「こころの援助」（ODA）を続けているアフリカ・ケニアを訪問し、政府要人との会談を重ねます。

中国は従来のシルクロードに加え、海路によるシルクロードを構想する『一帯一路』構想を高らかに宣言しております。同時に途上国の開発に対し融資を行う『アジア・インフラ投資銀行』を設立しましたが、一帯一路政策との連動や、資金運用は未だ不透明でございます。

繁栄と秩序のために、日本が担う！

例えばある発展途上国が、港湾の整備を提案され、同時に中国が主導する『アジア・インフラ投資銀行』（AIIB）から異次元の融資を約束されたとします。大規模開発に充てられる予算やノウハウもない途上国にとってはまさに夢のような提案でしょう。しかし問題は『できた後』に発生する懸念であります。税収や経済力の担保があって融資を受けたわけではない途上国は、やがて金利が膨らみ返済不能に陥ってしまうことでしょう。そんな時に「我が国に『港湾の租借権』を認めるなら返済金は肩代わりしましょう」などと提案されたらどうなるでしょう。仮にそのような事態が続けば世界の秩序は根底から崩れます。発展途上国への支援は大切です。しかしその際にはインフラ（ハード）の整備だけではなく、教育などソフト面での支援もセットで行わなければなりません。今回はＡＩＩＢに加盟する「鍵」となる国への訪問です。日本らしく、誠実に、絆を深めて参ります。

無事に帰国いたしました。外交報告と成果

▼『週刊よしいえ』第１３４号　２０１７年７月10日

先週の月曜日（七月三日）に羽田を発ち、強行な日程ではございましたがドイツ、エジプト、アラブ首長国連邦、サウジアラビア、ケニアの五カ国を訪問し、相手国の大臣、各国経済界・教育界・文化関係者、日系企業の皆様、日本人学校と予定通りの行程を終え昨日（七月九日・日）、帰国の途に就きました。印象的だったのは、エジプト政府が特別な配慮をしてくれ通常は立ち入りが禁止されているピラミッド内部のエリアを特別に案内してくれたことです。御承知の通り、ピラミッドはエジプト古代の王のお墓です。もちろん日本とは民族も信仰も今日に至るまでの歴史も違いますが、あえて比すれば我が国の歴代天皇陵の内部を案内することと類似することです。光栄の極みでございました。いずれにしても我が国を特にパートナーシップを強化したい特別な国と捉えてくれており、特に我が国の観光政策、農業・灌漑技術、文化保全技術、そして何よりも「教育」

に強い関心を持たれておりました。また中東二カ国はこれまで原油の産出と輸出で巨万の富を築いてきましたが、資源はやがて枯渇することや、日本が牽引するハイブリット、電気自動車、水素自動車の開発・普及などテクノロジーの進展により、そう遠くない未来に新エネルギー革命が起こるであろうことに強い危機感を持たれております。テロリスト集団・イスラミックステート（ＩＳ）が跋扈する背景には、宗教対立だけではなく『持たざる若者たち』の将来への不安と絶望があり、だからこそ「石油がなくても繁栄する国造り」を加速する必要があり、過去の植民地支配・統治とは無関係で、キリスト教国家でもない礼節の大国、日本への期待が極めて大きいのです。

各国が日本型教育の輸出を要請

ケニアでも熱烈な歓迎を受けました。現在、ケニア・トップ５に名を連ねるジョモ・ケニヤッタ農工大学は日本の支援により設立された大学であり、現在も日本の研究者が参画しております。日本が進めてきた『ひと創りによる発展途上国への支援』は絆を深めながら着実に実を結んでいます。各国大臣との会談では日本が新たなスタートを切った一五〇年前の明治時代のお話をさせて頂きました。「我が国は天然資源が乏しい国です。そんな日本が最優先したのは二つの集中投資でした。一つは全国津々浦々に鉄道網を張り巡らせること。人の往来は活気を生み交易から新たなイノベーションが次々と生まれました。そしてもう一つは全国津々浦々に学校を作り子どもたちの教育への集中投資を行ったのです。それがまさに日本の礎を作ったのです」。利益に繋がる支援も重要ですが、『心』を紡ぐ教育支援こそが両国関係の未来を占う、ということを改めて痛感した一週間でした。

▼『週刊よしいえ』第135号　2017年7月17日

ミニ集会100カ所計画。是非お声がけを！

早いもので本日（七月十七日）は海の日。季節はすっかり真夏です。皆様ご承知の通り本年は、徹底的な調査を行って全容を明らかにし、厳しい処分も行った文部科学省の「組織的天下り斡旋問題」から始まり、森友学園と教育勅語の問題、政策決定のプロセスで作成された内部文書の流出、天下り問題で引責辞任された前事務次官の記者会見等で連日メディア、国会で取り上げられた、いわゆる「加計学園の獣医学部設立忖度疑惑」についての対応に昼夜を問わず追われる、そんな冬・春・梅雨の日々でございました。副大臣が三十を超える衆・参の委員会で答弁をする、というのも前代未聞でありましょう。特に加計学園事案は、文科省としてやましいことが一切ないにも関わらず、国会では連日、激しい言葉を浴び、マスコミも夜を徹して自宅に張り付くなど、叩き上げの私でもこれまで経験したことがない、そんな日々でした。早朝の駅頭や地元行事などで皆様からかけて頂く励ましの言葉がどれだけ救いになったことか……。とはいえ、次々と「切り取られて報道」された私の答弁や新聞記事などをご覧になって「本当はプロセスに問題があったのでは？」と疑念を持たれている方々が少なからずいらっしゃると思っております。本年も三〇〇を超える「夏祭り」に足を運ばせて頂きますが、お祭り会場でお一人おひとりに御説明する訳にもいきませんし、そのような無粋をするつもりもございません。そこで「ミニ集会」を一〇〇カ所で開催したいと考えております。五人でも十人でも構いません。内外の諸情勢、地元施策など国政報告を直接させて頂いた上で、皆様方からの貴重な御意見を賜ることができれば、と考えております。

徹底的に地元に根を張る夏にする

霞が関ではすでに秋の補正予算、そして来年度の予算の概算要求が始まっておりますが、この度、今年度の追加予算として、市から要望があがっていた厚木市立愛甲小学校、睦合東中学校の防災機能強化費、相川中学校の太陽光発電等費、計約二千四百五十万円を追加計上させて頂きました。選ばれる街を創生するためには教育環境の整備は不可欠ですし、頻発する豪雨災害や首都直下型地震対策としてきめ細やかに防災拠点を整備していくことは急務です。代議士の第一義の仕事は質問することでも、答弁することでもございません。地元の皆様の声に丁寧に耳を傾け、地元行政、市町村議会、県議会と密接に連携しながら国家予算を確保し、着実に地元施策を推進していくことです。自民党への逆風も一部で吹きあれておりますが、それが出来るのも自民党であればこそ。この夏も皆様の思いに、声に、謙虚かつ誠実に向き合ってまいります。ミニ集会、是非、お問い合わせ下さい。

あの日の衝撃と悲しみを、永遠に忘れない

『週刊よしいえ』第136号　2017年7月24日

本日（七月二十四日・月）午後一時半より、神奈川県・相模原市・社会福祉法人かながわ共同会の主催により、昨年七月二十六日に起きた、世界を震撼させ、世界を悲しみの涙で覆った『津久井やまゆり園事件』の追悼式が行われます。静まり返る真夜中の障がい者施設で起きた元職員による残忍な凶行。毎年、園のお祭りに参加させて頂き、地域の行事でもご一緒させて頂いて、交流してきた方々が一方的に犠牲になった未曽有の凶行……。あれから一年――犠牲になられた方々に、衷心より哀悼の誠を捧げると共に、互いに認め合い、支え合う「真の共生社会」を実現するため、皆様から負託頂いている政治生命を賭して邁進することを改めて誓わせて頂きます。「政治家」は「評論家」でも「パフォーマー」でもありません。求められるのは「実行」です。これまで生中継される高校野球の甲子園大会で機会を頂いた「始球式」の一球を、甲子園に出たくても出られない体に障がいを持つ野球少年にマウンドで託したり、全国に一〇〇〇以上ある特別支援学校を、地域共生の場として開放するという私の企画立案を「スペシャル・プロジェクト二〇二〇」として事業化・予算化させて頂いたり、初等中等教育局に置かれていた障がい者支援の担当課を、生涯局にも増設して障がい者の生涯をサポートする体制も整備しました。また学校における「健常」と「障がい」の壁を廃し、通級による指導を加速度的に進め、それに向き合う先生を従来の「加配措置」か

ら確実に充当できる「基礎定数」に変更しました。文部科学省と日本青年会議所（JC）が協働して障がい者総合支援事業を行う「タイアップ宣言」も過日調印したところです。

皆様と共に「実行」を重ねて参ります

行政仕分けで風前の灯火となっていた横須賀にある『国立特別支援教育総合研究所』も、特別支援、障がい者理解のユニバーサルセンターとして機能強化を断行しました。重複障がいに対応するため、見えない壁により分立している障がい種の壁を取り払って専門的なサポートを可能とする体制の構築も進めております。私たちは、誰もが皆、場所や、環境や、境遇を選んで生まれてきたわけではありません。でも、誰もが皆、幸せになるために生まれてきたはずです。「辛い」という漢字に「一」（寄り添い）を添えたら「幸せ」という漢字になります。違いを認め合い、支え合い、寄り添い合うことなしに幸せはありません。事件を受け、言葉にできない深い悲しみを抱いておられる『やまゆり園』を包摂しながら歴史を刻まれてきた津久井・相模湖地域の皆様がこれまで流されてきた「優しい汗」と「慟哭の涙」に直接、触れる者として今後も「実行」を重ねて参ります。

義家弘介　拝

国会議員在職十年。感謝を胸に、明日へ

▼『週刊よしいえ』第137号2017年7月31日

私が国会議員として初当選し、皆様から議席を負託して頂いたのは平成十九年の七月二十九日。早いもので一昨日、国会議員在職十年の節目を迎えました。これも一重に日本国及び地域の行く末を案じながら、若輩の私を励まし、お育て頂いている皆様のお蔭であり、感謝の念に堪えません。さらに二十八日（金）には厚木市レンブラントホテルにて『義家ひろゆき国会議員在職十周年・さらなる飛躍を目指して励ます会』を盛大に開催して頂き温かな激励と大きな感動も頂戴しました。本当に有難うございました。ご期待に必ずや応えてまいります。皆様とこうして出会えた今、私はこれまでの人生で一番の幸福に包まれております。TVドラマにもなりましたが、私は今からちょうど三十年前、自らの未熟さと親子関係から、生家を追われ、里子に出されました。それまで覚えてきた世界のすべてを同時に失ったあの時、私はすべてに絶望していました。家も、夢も、具体的に思い描ける近未来さえ思い浮かばぬ日々。この世から消えて無くなりたい、願わくば日々消えていく無垢な子どもたちの命の身代わりになりたい、ただ、そう願いました。幼少の頃より教えられてきた死生観もあり、自死は選べません。しかし「死んだように生きる」――それは、まさに「地獄」そのものです。五里霧中の中、永遠のように続く自問自答の末、私は「とりあえず生きる」ために「一つの区切り」を自分の中に定め、誓いました。あと三十年間、いかに厳しくとも現実から

逃げることなく、誰よりも真剣に、誰よりも真面目に生きてみよう。そして…三十年経って、それでもなお「絶望」していたならば、その時こそ、自らの人生の幕をそっと降ろそう、と。

これからも地に足を着け、皆様と

あの夏の日、私は変わりました。引き取ってくれた里親さんに心を開き、勉学や読書にも励み、翌年四月には祖父と里親さんの援助で、恩返しの思いで教鞭を執らせて頂いた、北海道の小さな私立高校にやり直しのチャンスを与えてもらいました。高校卒業後は、この地、神奈川に場所を移し、学費や生活費を捻出するため肉体労働に従事しながら法曹を目指し猛勉学しました。あの夏の日から三十年——。三十の時に結婚し、三十二で父親となりました。そして四十六歳になった今…皆様にお支え頂きながらこの地で生かされております。今の私にあるのは「ひたすらの感謝」のみでございます。少年だった三十年前に想定できなかった「これから先の人生」は、一心に我が国と、居場所と使命を与えて下さっている地元のため、皆様の期待に、皆様への恩に、応え、報いるために費やしてまいります。この国に生まれ、この地に生き、皆様に出会えたこと、心から感謝しております。

▼『週刊よしいえ』第138号　2017年8月7日

二期一年十カ月。お支え有難うございました

八月三日（木曜日）に内閣改造、本日（七日）新たな副大臣が天皇陛下による認証式に臨み、大臣政務官人事が確定した後、改造内閣がスタート致します。同時に私には、二期一年十カ月もの間担わせて頂いた文部科学副大臣の任を、しっかりと後任副大臣に引き継ぐという重要な仕事が残っております。文部科学省は「ひと創り」「成長戦略」「文化振興」「スポーツ振興」という課題を所管する未来創生官庁です。これまで数多のプロジェクトチームを率いてまいりましたが、それらを丁寧に引き継ぎ、その後は閣外で、これまでと変わることなく誠実な汗を重ねてまいる所存でございます。改めて一年十カ月間に渡りお支え頂いた全ての皆様に心から感謝の意を表させて頂きます。本当に、有難うございました。

さて現在、内閣の支持率低下など安倍政権に逆風が吹いております。ある高名な僧侶が先日、私にこう話してくれました。「人の世はまさに諸行無常で常に移ろうもの。そして善いは忘れられやすく、悪評はつきまとうものなのです」。確かに、と興味深く耳を傾けさせて頂きました。国際的にナショナリズムの風が吹き荒れる中、オバマ大統領が米国の大統領として初めて広島の原爆ドームを訪問し、市民、被爆者と「和解の抱擁」を交わすという歴史的出来事からまだ一年余。総理が真珠湾を訪問し、世界に向けて「和解の力」を改めて示してからまだ八カ月しか経っていません。

八千円台だった平均株価も報道が少なくなりましたが現在二万円をうかがい、求人倍率もすべての都道府県で一倍を超え、若者の就職率も過去最高を記録しております。領土問題を抱えるロシアと交渉のテーブルに着けたことも歴史的偉業です。

諸行無常を嘆かず、行動を重ねます

文部科学行政に目を移せば、経済的な理由で進学を諦めざるを得ない学生たちの希望を守るために史上初めて「給付型奨学金」を創設いたしました。また教育現場を支えるため十六年ぶりとなる、教員配置の「計画的定数改善」も法改正により実現いたしました。待機児童対策や保育士の待遇改善等を行い、女性が家庭でも社会でも輝ける環境づくりにも邁進しております。三ヵ月前に行われたサミットでも安倍総理は世界のリーダーとして議論の場を仕切りました。しかし、現在は…まさに諸行無常です。でもだからこそ私たちは、それを嘆くのではなく、さらに地に足を着け、揺れ動く国際情勢を俯瞰しながら、国民の理解を得つつ、遅滞なく諸施策を進めていかなければなりません。時は待ってなどくれないですから。必要なのは「誠実さ」と「安定感」です。決意を新たに、今後も皆様の御指導を賜りながら、地元、そして国の未来のために具体的な行動を重ねてまいります。

夏の日、皆様の汗に心からの感謝致します

『週刊よしいえ』第139号　2017年8月14日

今年もお盆を迎え、『終戦の日』を迎えます。夏休みを取られている方も多数いらっしゃると思いますが、代議士に『お盆休み』はありません。今週も地元で汗にまみれながら御先祖様に手を合わせ、我が国の平和と安寧を守るための行動を真摯に重ねさせていただきます。

ところで現代『夏休み』は『常識』となっておりますが、我が国における『夏休み』の歴史はそれほど長くないというのをご存知でしょうか。いにしえより農耕により歴史を紡いできた日本の夏は、果樹の収穫や田畑の草取りなど、とても忙しい季節であったためです。しかし明治に入り『欧化政策』が取られる中、政府の令達によりまずは役所で欧米の『サマーバケーション』を模した『夏休み』が導入され、やがて学校や企業に広がっていったそうです。当然のことながら農家の皆様にとっては昔も今も一般的な『夏休み』（サマー・バケーション）はございません。あるのは『夏の休日』（サマー・ホリデー）です。私自身、果樹栽培を営む農家で育ちましたが『夏休み期間』の大半は桃の収穫のお手伝いでした。さらに秋には特別休校週間もありました。これは現在、休日分散化の検討の中で提唱されている、いわゆる『秋休み』とは本質的に異なる、その名もズバリ『稲刈り休業！』と呼ばれておりました。『夏休み』も『秋休み』も『バカンス』のためのものではなく、まずは家の『お手伝い』。そしてそのご褒美が、せいぜい二泊三日ほどの家族旅行だっ

たのです。夏休みを豊かにしてくれる行楽や美味しい食は、夏も休まず働いて下さっている皆様の汗によって提供されています。お盆――御先祖様、平和、そして働く皆様の汗に心から感謝をいたします。

土・緑・水・光から、生まれる色たち

八月四日（金）東京工芸大学厚木キャンパスで国内初となる「色」の常設展「カラボ・ギャラリー」がオープンしました。ギャラリーでは、来年の三月まで『色を創る～赤と何色を混ぜると緑色になる？』という企画が開催されますが、さて「赤」に何色を混ぜたら「緑」になるでしょうか？「何色を混ぜても緑にならない」が正解なのですが、これを家で話していたところ物理的な色彩の話から大きく膨み、面白い議論となり家族三人で盛り上がりました。「茶色・水色・緑色・黄色が融合すればあらゆる色が生まれる」という議論です。「茶＝木・土」「水＝雨」「緑＝葉」「黄＝お日様」が融合すれば、稲穂の金色も、桜の桃色も、バラの紅も、紫陽花の青紫色も生まれる…。実に、興味深い家族団欒の際の会話でした。「氷が溶けたら、何になる？」―勉強における正解は「水」です。一方「氷が溶けたら、春になる」と答えたなら…私は、きっとその答案に花丸をつけるでしょう。

「きずな」は「人工知能」では紡げません

『週刊よしいえ』第１４０号　２０１７年8月21日

梅雨がなかった一方、八月は雨が続いておりますが、季節は確実に秋へ流れ夜になると涼やかな風と共に虫の音が耳に届くようになりました。この夏は太陽の下「自転車」で地元を回っておりますが、車から眺める地元とは違った色彩や匂いに触れることができます。移動距離では車に遠く及びませんが、すれ違う方々との「関係密度」が、自動車と自転車では全く異なります。今後も「移動効率」だけではなく「出会い効率」も、大切にしてまいります。引き回し等でお世話になった皆様、暑い中、本当に有り難うございます。心から感謝いたします。

さて今週は、車と自転車の違いに関連して、これから我が国のみならず世界が直面する近未来の社会を一緒に考えさせて頂きたいと思います。現在、とりわけ先進国では人工知能（ＡＩ）技術が加速度的に進化し、私たちの日常生活の多くの場面で「革新的な便利さ」として活用されるようになりました。今後もさらに加速度的に増していくことは間違いございません。しかしこれまでも幾度かこのコラムで指摘してまいりましたが「革新的な便利さ」の裏側で「深刻な事態」も広がりを見せつつあります。人間の「手間」を人工知能（ＡＩ）が代替するようになる。それは「既存の職業」の消滅を、意味します。今後二十年で現在ある職業のおよそ半分が人工知能（ＡＩ）に代替される、という衝撃の研究レポートも発表されております。人工知能（ＡＩ）の進展は、既存の職業だけではなく明治以来モデルとされてきた、学校の勉強でいい成績を取り、良い高校、良い大学、大きな企業や役所に就職した者が、やがて組織を率い国の発展に寄与していくという神話も、無力化させてしまいます。

人間だからこそ出来ることの追求を

我が国では勉強の「処理能力」が高い人材をエリートと定義し、その育成に力を入れてきました。私も日々、その枠組みで幼少期から結果を残してきた官僚と仕事をしておりますが、確かに彼らは高い事務処理能力を有しております。しかし彼らも人間です。必然、少なからずミスを犯します。その点、人工知能（ＡＩ）は違います。可もなく不可もない、「いわゆる国会答弁」なら作成効率・作成能力共に人工知能（ＡＩ）に軍配が上がる日はそう遠くないでしょう。近年、気象予測が驚くほど正確になりましたが、あれもまたＡＩによるものなのです。「人づくり」は早急に処理能力重視からマネジメント能力重視・人間力重視へと転換させなければなりません。ナビの普及で私たちは道を知らなくても目的地に辿り着けるようになりました。しかし「人生という名の道」は他力本願で歩むことなど出来ません。「自分の足」で漕ぐ自転車での地元行脚、これからも大切にいたします。

政務調査会・財務金融部会長に就任しました

▼『週刊よしいえ』第141号　2017年8月28日

先週火曜日、岸田政務調査会長の御指名で財務省・金融庁の所管行政を担当する「現場責任者」である財務金融部会長という大役を拝命いたしました。所掌業務は多岐に渡り、財政政策、税制はもとより、関税、為替、国有財産、たばこ事業・塩事業、印刷事業、造幣事業、金融、証券取引等に及びます。自由民主党の政策決定は、「部会了承」が前提となり、次に政務調査会了承、総務会了承を経て政府が閣議決定をし、国会提出、委員会審議というプロセスを経ます。言い換えれば、我が国の財政政策・金融政策は、財務金融部会で了承が取り付けられなければ一歩も前に進まないということであり、その責任者たる部会長の任は極めて重いものです。これまで二期一年十カ月間、文部科学副大臣として教育・文化・スポーツ・科学技術に関する当初予算を二回、補正予算二回の編成を主体的に指揮し、また代議士として地元政策予算の確保のために奔走してまいりましたがその際、財務省とは侃々諤々、多岐に渡る議論・激論をしてまいりました。いわば、いい意味でも、悪い意味でも「よく知った間柄」でございます。同時に彼らが常に「国家の未来」を本気で案じながら職務にあたっていることも十二分に承知しております。国会議員となって十年。これまで地元政策の他は、一貫して文部科学省行政に関わってまいりましたし、未来創生のためにその強化が必要不可欠であるという信念に変わりはありません。しかしどのような政策も、財源の裏付けがなければ「絵に描いた餅」でございます。在職十年の区切りの年に、政治家としての「幅」を広げる要職を拝命したことに感謝しながら覚悟と緊張感を持って職務にあたってまいります。

約束を着々と実現いたします

伊勢原の「大山詣り」を『日本遺産』として認定させて頂いてから早一年半となりますが、小田急ロマンスカーも伊勢原に停まるようになり、機運は着実に高まっております。さらに『新・大山街道構想』を掲げ、新東名高速道路、２４６バイパス、国道２０号拡幅、リニア新幹線事業、スマートインター開設等の事業を一体的に進めさせて頂いております。また、そのチャンスを最大限生かすため、インター周辺の開発や企業誘致にも、全力を傾注しております。そのような中、先週の水曜日、文化庁で審査されていた「平成二十九年度・歴史文化基本構想を活用した観光拠点づくり事業」として、伊勢原市に約三四〇〇万円の追加予算が採択されました。当初予算と合わせて約七〇〇〇万円もの予算が獲得できたのは高山市長・職員、自民党市議団の皆様の協働があってこそ、でございました。今後も地元代議士として、皆様と力を合わせながら賑わいの創生を実現してまいります。

未来を拓く新たな一歩を、皆様と共に――平成29年秋

政治の場で飛び交う激しい応酬に、我思う

▼『週刊よしいえ』第142号　2017年9月4日

新聞、テレビでしか知り得なかった国会に送って頂いてから十年。参院選で民主党（当時）が圧勝して、多数の議席を占める政党が衆と参で異なる、いわゆる「ねじれ国会」となった時が、私の国会でのスタートでした。緊張しながら初めての本会議に臨んだのを昨日のことのように鮮明に覚えております。そして同時に本会議場で飛び交う怒号のような「ヤジ」には唖然としました。高校で教鞭を執っておりましたが、どんな荒れているクラスでも経験したことがない程の怒号には心底、驚きました。あれから十年余――。事態はますます深刻化し罵詈雑言と表現するほうが適当な言葉も公然と飛び交うようになっております。秘書に対する「暴言」の模様が収められたICレコーダーが暴露されワイドショーを席巻した女性議員の衝撃は記憶に新しいですが、個別レクなどの際に、議員が官僚に対して行う「遠からずの密室パワハラ」も後を絶ちません。野党第一党の民進党

の新代表がようやく決まりましたが、北朝鮮問題などの危機に直面する中、国の根幹に関わる議論が速やか、かつ冷静に行えることを期待してやみません。「党派が集まり議会を復讐の場所のごとく思って罵詈雑言の言を放つというのは、これ、国家の歴史を汚すものなり」。初代内閣総理大臣・伊藤博文の演説の一説です。伊藤はさらにこう続けます。「議論は、日本国民全体の上で行われるのであって、おのれの党派のために行われるという次第ではない」。しごくまっとうで含蓄ある言葉ですが、現代、もし内閣総理大臣が同様の正論を委員会で言い放ったならば、野党の抗議でたちまち審議はストップし、その様子は左派系メディアで繰り返し流されることでしょう。

外からの危機、内からの危機

大変、由々しき現状だと私は思います。テレビでは「大統領として不適切な過激な言動だ」と米国のトランプ大統領を批判し、次のコマで国内政治のもっと過激な野党議員の質問を報道し、コメンテーターがその言動を批判するのではなく、返す刀で政府を批判するというお決まりの実情。国の根幹に関わる真面目な議論は「つまらない」とスルーされ、視聴者受けを狙って、ひたすら劇場型を演出する左派系メディア。それを察知し、顔と名前を売りたい議員がより過激かつ扇動的な行動や質問を繰り返すという悪循環……。大政奉還から150年、大日本帝国憲法が作られ、通常選挙が行われ、第一回・帝国議会が開かれてから127年、今、我々はすべからく民主主義の原点に立ち返り、誰がために、何のために国民から選ばれ権力を負託されているのかを与野党を超えて各々が確認すべきだと思います。少なくとも私は皆様に恥ずかしくない行動、言動を今週も丁寧に重ねます。

米同時多発テロから十六年。平和のために

▼『週刊よしいえ』第143号　2017年9月11日

今日は九月十一日——二〇〇一年、テロリストによりハイジャックされた航空機がワールドトレードセンターや国防総省本庁舎ペンタゴンに乗客と共に突入し、一瞬にして三千人以上の命を奪い去り、六千三百人以上もの負傷者を出した『アメリカ同時多発テロ事件』から今日で十六年でございます。テロルという卑劣極まりない凶行により失われた罪なき命に対して改めて衷心より哀悼の誠を捧げさせていただきます。アメリカ同時多発テロ事件を契機として、世界でテロリスト・テロ集団の情報共有が進められ、各国が連携してテロルと戦っております。しかし先般「テロ等準備罪」が国会で成立するまで、我が国は長らくカヤの外におりました。皆様は二〇〇一年以降、テロリスト・テロ集団が関与したと認定されているテロ事件はどのくらいあると思われますか?その数、二〇〇一年〜二〇一〇年の十年間で三十三件、二〇一一年〜二〇一五年の五年間で四十五件、二〇一六年〜二〇一七年九月の一年九カ月だけで三十九件のテロ事件が発生しており国や地域を問わず激増しております。そのような中、我が国では二〇一九年にラグビーワールドカップ、

二〇二〇年に東京オリンピック・パラリンピックを迎えるのです。「日本は平和で安全な国だから」と仰る方もいらっしゃいます。確かに日本では一九九五年に発生した地下鉄サリン事件以降、国際認定されているテロはございません。しかし国際大会は日本だけ、日本人だけの祭典ではありません。選手のみならず、様々な政治的背景を持つ人々を含め世界中から人々が参集するという他に例のない「開かれた機会」なのです。我が国と国交のない「北朝鮮」も例外ではございません。

対話には「前提」がございます

金正恩氏は今、完全に常軌を逸しております。儒教国の独裁者でありながら自身の意に沿わねば公然と叔父を拘束・処刑し、ＶＸガスを用いて異母兄を、異国の空港という公の場所で暗殺。先月の二十九日には北海道の上空を通過する弾道ミサイルを発射し、今月三日には過去最大規模の核実験も強行しております。一国平和主義では地域の安定はおろか、国民の平和な暮らしや命を守ることさえままならないのが実情です。「制裁一辺倒ではなく、対話する姿勢が大切だ」と仰られる方もおります。しかし日本人を拉致し、実際に銃口を突きつける相手との対話とはどのような対話でしょうか。拉致被害者の奪還を諦め、度重なる挑発や核の保有を容認する、という対話でしょうか。それは違います。拉致した日本人を日本に戻し、ミサイルの発射、核開発を止める。それが平和国家・日本が行う対話の前提ではないでしょうか。今週も政府一丸緊張感を持って世界との連携を図ります。

チームが一丸となってこそ事は成るのです

『週刊よしいえ』第144号　2017年9月18日

ようやく先日、発足したばかりの野党第一党である民進党（前原代表）が、もはや風物詩となり誰も驚かなくなった感もある内部分裂で揺れており、総選挙が近づく中での離党ドミノが加速度を増しております。自民党は地域に立脚した土着政党であり、国・都道府県・市区町村、地域の皆様が一体となって政治を進めている責任政党ですので自身の議席保守の為なら何でもあり、といった動きは、過去に全く例がなかったとは申しませんが極めてレアなケースです。身勝手な行動は仲間の県議会議員、市区町村議会議員、地元施策を担う首長の皆様に甚大な影響を及ぼしてしまうからです。それにしてもお願いして入党して頂いた党員の皆様や、同じ釜の飯を食べてきた仲間のことなど微塵も考えていないかのような一部の議員の振る舞いは残念でなりません。大統領制と異なり、議院内閣制を採用する我が国の政治で求められるのは、政党として国民に公約を明確に示して信を問い、選挙後は一丸となってその「約束」（公約）を実現すること、でございます。しかし離合集散で雨後の竹の子のようにできた政党や会派の議員に選挙後に与えられるのは「議員特権」と「質問権」だけです。無所属なら質問権の行使さえままなりません。訴えたすべてが「から手形」となるのです。少なくとも私は皆様、市町村議会、県議会、首長の皆様とチームとして協働しながら、丁寧に丁寧に成果を積み重ねてまいります。さて協働といえば、先般、挑発を繰り返す北朝鮮への制裁決議が国連安保理で全会一致で可決されました。決議を左右する常任理事国はご存知の通り、米・英・仏・露・中で、決定に際しては「五大国一致の原則」が採用されております。

一国平和主義から世界平和主義へ

そう、五カ国のうち一国でも反対したならば決議は成立いたしません。原油の全面禁輸や金正恩氏の資産凍結などが盛り込まれた当初の決議案はアメリカの主導で作成されましたが、実際の決議では原油は供給制限にとどまり、また資産凍結は盛り込まれませんでした。一部のメディアや評論家はその結果をもって「骨抜き」などと一斉に揶揄しましたが、それは全くの的外れな言説です。TPP交渉時と同様、多国間交渉で最初に示される原案は国益を最大化した最も高いハードルとなります。最初から妥協含みの案で交渉したなら結果は最低でも「それ以下」のものとなるのが通例でございます。そもそも今回の制裁決議に関しては仮に米国の原案通りになっていたなら北朝鮮は捨て身の暴挙に出たことでしょう。そうなれば米朝軍事衝突、です。このままの姿勢を続けるなら全面禁輸も辞しません、と世界が一致して議決できた事は、日本の平和にとって極めて有益でございました。

マララさんの言葉を改めて噛みしめる

▼『週刊よしいえ』第145号　2017年9月25日

子ども達、とりわけ女子教育の重要性を訴えていたパキスタンのマララ・ユスフザイさんは二〇一二年十月、イスラム武力勢力の銃撃を受けます。幸いにも九死に一生を得た彼女は、その後も怯むことなく活動を続け、二〇一四年には史上最年少でノーベル平和賞を受賞しました。彼女は受賞の際、次のようにスピーチしました。「一人の子ども、一人の教師、一冊の本、そして一本のペン、それで世界を変えられるのです。教育こそがただ一つの解決策です。エデュケーション・ファースト」。マララさんはさらにこう続けます。「無学、貧困、そしてテロリズムと戦いましょう。本を手に、ペンを握りましょう。それが私たちにとって最も強い武器となるのです」――当時まだ十七歳だった少女の言葉です。ひるがえって今、世界の潮流はどうなっているでしょうか。「アメリカン・ファースト」、「都民ファースト」、名前は変わるようですが「国民ファースト」、ヨーロッパでも移民排斥を訴える偏狭なナショナリズムが台頭し、核開発、弾道ミサイルの発射を繰り返す北朝鮮にいたっては国民生活よりも国家の威信を優先する「独裁者ファースト」の姿勢を貫いています。マララさんの言葉と単純に比較するのは難しいですが、前者が広く「みんなの幸せ」を優先しているのに対し、後者は、「特定の集団（人物）の満足（利益）」を優先している、と分類することは可能でしょう。毎週月曜日に駅でお会いする朝六時過ぎの小田急で都内の企業まで通われている男性は苦笑いしながら私におっしゃいました。「私は日常の大半を都内で過ごしていますが「優先」はしていただけないようです。『都民』じゃなく『厚木市民』ですから」。

『学び』は『人生の地図』となる

もちろん家族という最も基礎的な集団や、自身が生活する地元、自らが生まれた国を大切にしたり、深い愛着を持つことに一切の疑念はございません。しかし、その普遍をことさら自己主張や勢力の拡大に用いれば、そこには必ず新たな対立が生まれます。私にとっては我が子のような歳ですが、国や立場を超え、今こそみんなでマララさんの言葉を噛みしめるべきだと思います。我が国でも生まれた環境や家庭の経済的な理由から進学、夢を諦めざるをえない若者が少なからずおります。『学び』は、『人生の地図』でございます。文部科学副大臣としてプロジェクトチームを率い、史上初めて『給付型奨学金』を実現しましたが、それだけで十分かと申せば、そうではありません。すべての子どもが意欲と能力に応じて安心して高等教育を受けることができる。それは人口減少社会を迎えている我が国を持続可能にする最良の処方箋であると私は思います。今週も、愚直に歩みます。

秋空の下、一生懸命に、ひたむきに

『週刊よしいえ』第146号　2017年10月2日

いよいよ十月に入りました。連日、早朝から夜中まで秋の地元をくまなく回っておりますが、はっきりと四季を感じる事ができる我が国は本当に幸せな国だな、と心から感じます。公示を控えるこの時期は規制があり通信での表現ぶりが大変難しゅうございます。ですので、今週は「今」から離れて、二十四年前この地で起こった私の「第二の誕生」について綴らせて頂きたく存じます。

ここ神奈川の地で私の「今の人生」が始まりました。

七月のコラムでも書かせて頂きましたが、私は十六歳の時、家族との関係から生家（長野）に居場所を失い、里親さんに引き取ってもらいました。里親さんの家で一年間「ひきこもり」ながら、延々と自問自答を繰り返した末、やり直しを誓い、全国から不登校生等を町ぐるみで受け入れて育むという取り組みを始めた北海道の私立高校に編入し、新たな挑戦を始めました。卒業後は明治学院大学に進学し、ここ神奈川に六畳のワンルームアパートを借り、バイトでなんとか生計を立てながら法曹を夢見て勉学に勤しみました。しかし大学四年生の十月――私はまたもや自らの手で、自らの人生を暗転させてしまったのです。医者からは睡眠不足と過労が重なっていたことが原因だったと後に言われましたが、真夜中過ぎアルバイト先からオートバイで家路に向かう途中、ふっと意識が曖昧になった後、激痛が私を襲いました。乗っていたオートバイを転倒させ、宙を舞い、民家の石塀にお腹からぶつかったのです。通報により横浜市にある国際親善病院に救急搬送されましたが、生死を彷徨っている、そんな状況がしばらく続きました。激痛で気を失い激痛で目を覚ます。今も思い返すだけで寒気がします。

規定により選挙後まで休刊致します

「終わり」がすぐそこまできている。朦朧とする意識の中でも、それは自覚できました。「もう、いい」と、終わりを受け入れた、まさにその時でした――顔に落ちてくる水滴に気付いて力なく目を開けるとそこには北海道の高校で担任だった先生が、０歳で離別した「産みの母」の姿と重ね、心を許した女性が涙を流しておりました。先生は私の手を握りしめながら何度も何度も私に言いました。「あなたは私の夢だから死なないで…あなたは、私の夢だから…」――言葉が心に触れた瞬間、一転、私は「生きたい」と願いました。この言葉さえあれば、僕は生きていける。激痛と温もりに包まれながら、私は祈りました。「どうか、どうか、僕を生かしてください…」――。二十四年前の秋の出来事です。今、私は心から「生きたい」と祈った、この神奈川の地で皆様に生かされております。私にとって、そのことは幸せ以外のなにものでもありません。どうか皆様、見守っていてください。

未来を拓く新たな一歩を、皆様と共に

▼『週刊よしいえ』第１４７号　２０１７年10月23日

十月二十二日、即日投開票された第四八回衆議院総選挙。皆様の絶大なる御力の結集を賜り、悲願としてきた「小選挙区」での当選を果たすことができました。法令上、直接的な御礼の御挨拶ができないことがもどかしいですが、今、ただただ感謝の気持ちが溢れております。振り返れば最初こそ晴天のスタートでしたが序盤以降は雨・雨・雨の総選挙でございました。しかしそんな中にあっても支援議員団・後援会・青年部の皆様は連日濡れながら街頭で選挙公報と法定ビラを配布しながら私への支持を訴え続けて下さいました。浅岡隊長が率いた遊説隊も雨天下の交通事情を緻密に分析しながら縦横無尽に選挙区を駆け回って下さいました。これまでにない数の企業・団体からの御推薦も賜りました。地に足を着けてお願いに回って下さった皆様の汗のお蔭でございます。事務所内に目を移すと、選挙対策執行部、支援議員団の皆様は昼夜を分かたず選挙情勢分析や選挙戦略を練りに練って下さり選挙戦をリードして下さいました。また膨大な数の法定ビラ・はがき・ポスター、電話作戦を担って頂いた皆様のチームワークは抜群で、その丁寧で誠実な背中から選挙中にありながらも多くの事を学ばせて頂きました。友党である公明党の皆様の温かい御支援があってこその勝利でもございました。感謝の極みでございます。共に戦って下さった後援会・執行部・支援議員・支援企業の皆様の御家族・社員の方々にも御迷惑をおかけしましたが、優しいご理解とお支えを賜りました。一人では、何もできません。まさに「総力」で臨んだ徹底した「地上戦」。それが我が陣営の今回の選挙でございました。今、それを心より「誇り」に思っております。

『地元選挙』。その意味を痛感

公示される前、大恩ある方が私にこう仰いました。「今回の総選挙は義家さんにとって本当の『地元選挙』の初陣だ。しっかり背負って心して勝ちきれ」。まさに仰る通りの戦いでございました。故郷を後にして三十年、国会へと押し上げて頂いてちょうど十年の節目に自らが暮らす地域の未来を左右する『地元選挙』の陣頭に立たせて頂いた事は、厳しい厳しい戦いではありましたが、自身が経験してきたこれまでの選挙と比すれば「太く」「力強く」「重層的で」「がっちり支えられている」、そんな選挙でした。今、私は言葉だけではなく心の底から実感しております。「この度、負託頂いた小選挙区での議席は私のものでは、ない。これは皆様からお預かりしているものであり『地元の思い』そのものである」と。いよいよ本日、皆様と共に挑む新たな挑戦が始まります。決して浮足立つことなく奢らずに、誠実な第一歩を踏み出します。これからも優しさを、届け続けます。

礼に始まり礼に終わる。箴言を丁寧に実践

『週刊よしいえ』第１４８号　２０１７年10月30日

早いもので総選挙が終わってから早一週間が経ちました。二十五日（水）には神奈川県庁で当選証書授与式が行われ、正式に神奈川十六区・衆議院議員に任ぜられました。選挙以降は、野党が繰り広げている権力闘争とは完全に一線を画しながら「礼に始まり、礼に終わる」という日本人が大切にしてきた箴言を心の真ん中に置きながら丁寧に挨拶回りをさせて頂いております。現在も浮ついた気持ちは一切ございません。皆様から御負託いただいた「責任」の重さを骨の髄まで染み込ませ、十一月一日から開催される「特別国会」に臨ませて頂きます。

ところで選挙期間中、新たに神奈川第十六選挙区となった座間市の竹田市議が大変興味深い「語呂合わせ」を御披露くださいました。平成二十六年の総選挙、私は自らの力不足により「一四八九票」差で小選挙区での当選を逃してしまいましたが、その「一四八九」を逆さから読むと「九八四一」→「く・や・し・い」になる。聞きながら「なるほど」と目から鱗でございました。今回の総選挙、私は「優しさを、届ける」というスローガンを掲げて戦いに臨み、皆様の総力を賜り次点候補と「一万四三八〇票」差で勝たせて頂きました。堀江選対本部長いわく「十倍返し」で勝たせて頂くことができました。得票が確定した投票日翌日の未明、私は感謝の思いで皆様が雨の中積み上げてくれた一票一票に思いを致しておりましたが、竹田市議の「語呂合わせ」も頭の片隅

にあったからでしょう。なんとなしに「一四三八〇」を逆さから眺め、語呂を当てはめてみて驚きました。なんと「〇八三四一」→「〇（白丸＝当選）・や・さ・し・い」になるではありませんか。何とも不思議な気分でした。

偶然と必然の間にある不思議

前回の票差逆読み語呂「く・や・し・い」（９８４１）も、今回の逆読み語呂「〇・や・さ・し・い」（０８３４１）も一票でもたがえば、この語呂は当てはまりません。そのことに偶然を超えた「力」を感じるのは私だけでありましょうか。朝、私は晴れやかな気持ちで台風の猛威が残る本厚木駅の駅頭へと向かいました。するとどうでしょう。わずか三〇分程で荒天は穏やかとなり、雲の切れ目から青空がのぞき、陽の光が駅頭を照らしてくれました。映画のワンシーンのような、なんとも不思議な光景でした。早速、役所から次々と連絡が入り、今週からは財務金融部会長としての仕事が本格的に始まります。懸案の地元施策の進捗についても重要な動きがございます。選挙で止まっていた諸施策もアクセルを踏み込んで対応しなければなりません。留まっているいとまはございません。地に足を着けつつ未来に向けて力強く歩みを進めます。今週もどうぞ宜しくお願い致します。

国会とは誰がため、何のためにあるのか

▼『週刊よしいえ』第149号　2017年11月6日

十一月一日（水）に特別国会が召集されました。冒頭の本会議では衆議院議長の指名選挙が行われ大島理森議長が選任されました。続いて首班指名選挙が行われ、安倍晋三自民党総裁が選任され、この結果を受け第四次・安倍内閣が発足しました。「熱狂」より「覚悟」。これまで以上に大きな責任を背負っての「重厚な船出」となりました。私も引き続き党の財政・金融政策を差配する財務金融部会長を任ぜられ早速、補正予算、当初予算、年末に控えている税制改正の取りまとめ作業に奔走しております。同時に総選挙で皆様方にお約束した「人づくり革命」に関わる諸施策や「地元施策」の進捗にも全力を傾けております。全ては皆様に勝たせて頂いたからこそ、できる仕事。そのことを常に自覚しながら丁寧に職責を全うしてまいります。どうぞ見守っていて下さい。

それにしても野党の皆さん、いい加減しっかりして頂きたいと思います。総理大臣を選ぶ首班指名もバラバラでしたし、「国会で追及する！」と声高に仰る一方、元身内同士で連日、権力闘争に明け暮れておられます。衆参の意思疎通と会派の構成を決めて頂かなければ委員会をセットすることもできません。暴風雨吹き荒れる中、投票所に足を運び重ねて頂いた皆様の一票一票は、権力闘争への参入切符ではありません。地元、国、平和への思いがこもった「信託」なのです。私たちは与野党議員の区別なく、その「信託」に、誠実であらねばなりません。僭越ながら、このような状

況をいつまでもお続けになられるなら、速やかに分党するなり、解党するなりされて権力闘争に終止符を打ち、国会審議がスタートできる体制を整えて頂きたい、そう切望してやみません。

波乱の中だからこそ根を張って

そうでなくとも今国会は混乱を極めております。衆参共に野党第一党であった「民進党」が分裂し、総選挙を経て構成が激変しました。衆議院では民進党から派生した「立憲民主党」が「野党第一党」となり、参議院では変わらず「民進党」が「野党第一党」として存続しておりますが、立憲民主の枝野代表は「（立憲民主の）幹事長（福山氏）を会派から追い出した民進党との連携はできない」とも発言されており、衆院で与野党が合意しても参院でちゃぶ台返しになる可能性がございます。「野党ねじれ国会」なのです。また希望の党は「国会代表」を選任できておりませんし、代表選を通じて「政策分裂」する可能性も否定できません。来月九日まで続く特別国会はかつて例のない波乱国会の様相を呈しております。だからこそ自公連立政権にはより丁寧に、より誠実に国会運営をする責務がございます。国会は国民のため、日本のためにございます。今週も愚直に正道を歩みます。

我が国のこれまでの歩みもまた、歴史

『週刊よしいえ』第150号　2017年11月13日

東南アジアで多国間協議が開催されておりますが、皆様はその際の日本の優位性はいかばかりだと思っておられるでしょう。先日、外務省はASEAN10カ国で実施した「対日世論調査」の結果を公表しました。特筆すべきは我が国を「とても信頼できる」「どちらかというと信頼できる」という回答が九十一％に達しているという事実です。ちなみに二年前の平成二十七年調査時は七十三％でしたので、二年間で十八ポイント上昇しております。文科副大臣時にASEAN＋3（日・中・韓）文化大臣会合やASEAN教育大臣会合などの国際会議に立て続けに出席させて頂きましたが、その際にも我が国への絶大な信頼と期待を感じました。東南アジア諸国は植民地支配と搾取の歴史を持っております。だからこそ諸国との外交は礼儀正しく未来志向で「目先の利益」より人材育成など「国の将来」に積極的にコミットメントしながらパートナーシップを構築していくことが重要でございます。実際ベトナムに高等職業教育機関「KOUSEN」（高専）を開設したり、カンボジアやミャンマーでは遺跡修復のために日本人研究者を派遣し、修復人材の育成に大きな力を注いできました。また「民法」などの法制度も輸出し社会基盤の創生にも貢献してまいりました。これらの支援は他の先進国にはない、まさに「日本式パートナーシップ」の典型でございましょう。同調査での「対日関係」の問いでも「友好関係にある」が八十九％（前回比一四ポイン

ト増）日本の「平和国家としての歩み」を「評価する」という回答は八十八％（同六ポイント増）にのぼります。著しい発展を続けているＡＳＥＡＮ諸国にとって、日本はオンリーワンの国なのです。

虫の眼・鳥の眼で世界を俯瞰

ユネスコの「世界の記憶」（記憶遺産）への慰安婦登録などを巡り中国・韓国と一部が世界を巻き込んだ「歴史戦」を展開しており、私も日本側のキーマンの一人として種々の役割を担わせて頂いておりますが、近視眼的に右往左往すべきではございません。関係当事国と冷静かつ毅然とした対話を続けることはもちろん大切ですが、我が国はもっと戦後の平和外交と国際貢献に自信を持ち関係国に留まらず広く世界に対話と理解を求めるべきなのです。戦中の不幸な一時期も「歴史」ですが、戦後七十年余りの平和国家としての歩みもまた「歴史」なのです。東南アジアのある教育大臣が私にこうおっしゃいました。「我が国にとってもそうですが、戦後、日本ほど世界に貢献した国はありません。日本人は常に謙虚です。それはとても美しく尊いものです。ですから日本の素晴らしさは私たちが伝えねばなりません。それが日本への恩返しなのです」。胸に染み入る言葉でございました。

活動の記録～明日へ

（２０１４年末～２０１７年秋）

◉2014年

12月15日（月曜日）　午前6時〜本厚木駅北口朝立ち。

12月16日（火曜日）　厚木・伊勢原・愛川・相模原緑・相模原南の各事務所にて選挙報告会。

12月17日（水曜日）　市町村長、厚木後援会、支援組織への挨拶。

12月18日（木曜日）　終日、厚木市、相模原南区の皆様への挨拶。

12月19日（金曜日）　終日、厚木市の組織、企業団体への挨拶。

12月20日（土曜日）　午前中国会、午後からは伊勢原市でご挨拶。

12月22日（月曜日）　終日、愛川、相模原緑区、清川村にて挨拶。

12月23日（火曜日）　本厚木駅北口朝立ち。終日、厚木。企業、団体、後援会の皆様にご挨拶。

12月24日（水曜日）　祭日のため、厚木の後援会の皆様に、くまなくご挨拶。強く、暖かい励ましに感謝です。

12月25日（木曜日）　朝6時半〜伊勢原駅北口朝立ち後、電車に飛び乗り特別国会で首班指名。帰宅は真夜中。

12月26日（金曜日）　朝一番、小田急で国会に向かい税制の議論。各委員会理事として仕切り、その後相模原南区の皆様に挨拶回りをさせて頂きました。

小田急相模原駅で朝立ち。その後電車に飛び乗り自民党役員会。天皇陛下をお迎えした後、各委員会の処理。トンボ返りで地元に戻り、厚木、伊勢原で挨拶回り。

12月27日（土曜日）　相模原南・緑区、厚木市の地区をくまなく挨拶回り。数えてみたらなんと300越え‼

12月28日（日曜日）　終日、厚木で挨拶回り。その数、350越え！

12月29日（月曜日）　たきぐち厚木市議会議員と共に南毛利台地区で挨拶回り。その後、厚木、伊勢原の消防団詰所を激励に回りました。

12月30日（火曜日）　終日、相模原の藤野、相模湖、津久井、城山、愛甲郡、厚木を広報車で回りました。

12月31日（水曜日）　終日、厚木、伊勢原に感謝の気持ちを込めて今年最後の挨拶に伺いました。
大晦日　真夜中は消防団詰所激励、そして妻田薬師の除夜祭参加。

◉2015年

1月1日（木曜日）　朝五時より『朝起き会』出席。その後援会主催『初日の出を見る会』が挙行されました。

元旦　厚木神社元旦祭出席後、広報車で新年挨拶。

1月2日（金曜日）　終日広報車に乗り伊勢原の皆様に挨拶回り。

1月3日（土曜日）　終日広報車に乗り相模原の皆様に挨拶回り。

1月4日（日曜日）　終日広報車に乗り愛甲郡の皆様に挨拶回り。

1月5日（月曜日）　本厚木駅北口で年頭挨拶。事務所会議後、厚木市にて街宣活動、厚木市賀詞交換会、相模原南区街宣、細谷県議の新年会等に出席。

1月6日（火曜日）　伊勢原駅北口で年頭挨拶。相模原市新年会、自民党仕事始め、役連、地元新年会に出席。

1月7日（水曜日）　小田急相模原駅で年頭挨拶。下磯部、厚木商工会議所、厚木ＪＣ賀詞交換会等に出席。

1月8日（木曜日）　愛甲石田駅で挨拶。相模原、愛川商工会、伊勢原工業団地等の新年会等に出席。

1月9日（金曜日）　伊勢原で朝立ち。予算編成議論後厚木市、伊勢原市、相模原市等、多数の新年会に出席。

1月10日（土曜日）　愛川消防出初式、厚木南どんど焼き、相武台、新磯、麻溝、相模台、企業等の賀詞交換会に出席。

1月11日（日曜日）　厚木朝市、伊勢原、厚木消防出初式、伊勢原市、厚木ソフトボール協会等の賀詞交換会。

1月12日（月曜日）　清川・伊勢原・厚木の各成人式に出席。街宣活動と並行し多数賀詞交換会に参加。

成人の日
1月13日（火曜日）　本厚木駅北口で朝立ち。街宣活動と並行し、各種団体の賀詞交換会、新年会に出席。

1月14日（水曜日）　伊勢原駅で朝立ち。建設五団体賀詞交換会等に出席。厚木市後援会会長会議を開催。

1月15日（木曜日）　厚木・東京、二往復！
朝から自民党本部にて各分野の会議。終わってすぐに電車でとんぼ返り。内陸工業団地、商店会連合会等の新年会に参加後、再び上京し、安倍総理と会食。ハードな一日でした。

1月16日（金曜日）　徹底街宣活動をしながら、藤野商工会など各種団体の新年会に出席。夜は東京で総理ブレーンと今後の作戦会議。

1月17日（土曜日）　厚木市南地区新春の集いの他、首長、議員の新年会、伊勢原後援会会議等に出席。

1月18日（日曜日）　小野沢市議等の新春の集い、戸室地区自治会の賀詞交換会などに多数参加。

1月19日（月曜日）　本厚木駅北口にて朝立ち（6時～7時半）。選対会議の他、街頭演説、遊説活動。

1月20日（火曜日）　自民党役員連絡会・幹事長副幹事長会議。各省庁と入念に方針確認。相模原、厚木、伊勢原の新年会に出席。移動時に遊説活動実施。

1月21日（水曜日）　小田急相模原駅で朝立ち（6時～7時半）。
相模原市南区で徹底遊説活動の後、厚木→伊勢原→厚木と新年会に出席。

1月22日（木曜日）　自民党文部科学部会で徹底議論・地元に戻り、厚木各所で開催の新年会に出席。

1月23日（金曜日）　各省庁との打ち合わせ後、相模原、伊勢原、厚木で新年会。

1月24日（土曜日）　街頭活動、厚木ヤクルト、自動車整備、運輸事業組合等の新年会に出席。

1月25日（日曜日）　舘（たち）伊勢原市議、高山伊勢原市長、石井厚木市議会議長、建築組合の新春の集い等に出席。移動を利用し、街宣活動。

1月26日（月曜日）　第189回国会召集日。本厚木駅北口にて朝立ち（6時～7時半）代議士会、国会開会式、本会議と政党間調整。

1月27日（火曜日）　自民党役員連絡会・幹事長・副幹事長会議。衆議院本会議にて財政演説に対する質疑。

1月28日（水曜日）　愛甲石田駅で朝立ち（6時～7時半）。党務、国会業務後、横浜低温流通、たきぐち慎太郎厚木市議、厚木病院協会新年会参加。

1月29日（木曜日）　自民党文部科学部会で徹底議論、省庁と最終の詰めの後、各所で開催の新年会に出席。

1月30日（金曜日）　本厚木駅朝立ち後上京、各省庁との打ち合わせ後、予算委員、総務委員会、本会議で補正予算成立！新春の集いに滑り込みました。

1月31日（土曜日）　厚木市立病院新病棟完成式典、郵便局長会、厚木医師会新年会に出席。厚木街宣活動。

2月1日（日曜日）　市政60周年記念朝市、厚木市政60周年式典、大槻和弘先生の新春の集い、相模原市南区で街宣活動。

2月2日（月曜日）　本厚木駅北口にて朝立ち（6時〜7時半）。事務所会議の後、原稿執筆そして街宣活動。

2月3日（火曜日）　伊勢原大神宮、大山阿夫利神社、比々多神社各所の節分祭に出席。

節分　平和への思いを込めて豆をまかせて頂きました。夜は会合二カ所。

2月4日（水曜日）　6時28分本厚木駅発の小田急にて永田町へ。8時から教育再生実行会議で議論。役所打ち合わせ後、テレビ朝日の情報番組出演。

2月5日（木曜日）　朝9時から党部会で議論。昼に本会議でテロに抗議する決議。夜まで会議の連続でした。

2月6日（金曜日）　朝9時の会議から始まり、自民党役員会、幹事長・副幹事長会議。

2月7日（土曜日）　加山相模原市長、渡辺伊勢原県議の新春の集いなど5カ所の会合に出席しました。

2月8日（日曜日）　市長選挙出陣式、小野沢愛川町長の新春の集い、八木相模原県議の新春の集い等に出席。

2月9日（月曜日）　伊勢原駅北口にて朝立ち（6時半〜）。山田・舘伊勢原市議とご一緒しました。事務所会議後、地元で開催された各種会合に出席。

2月10日（火曜日）　自民党役員会、幹事長・副幹事長会議、国会運営について役所との打ち合わせ、企業訪問対応の後、大矢清川村村長の当選報告会。

2月11日（水曜日）　石破地方創生担当大臣と共に、愛川、清川にて街頭演説。

建国記念日　伊勢原で義家の新春の集い。約５００人の皆様と盛大に！心から感謝です。

2月12日（木曜日）　本会議で来年度予算の議論がスタート。企業、団体、役所対応で分刻みの一日でした。

2月13日（金曜日）自民党役員会、幹事長・副幹事長会議と会議、会議の一日でした。

2月14日（土曜日）伊勢原の公民館祭りなど地元行事と、厚木市長選の応援。

2月15日（日曜日）厚木市長選挙投票日。今後も与党・国・県・市が一体となって厚木創生に取り組んでいくことをお約束します。

2月16日（月曜日）本厚木駅北口で朝立ち。本会議代表質問。夜は自民党県連決起大会。その後横浜中華街で後援会の皆さんと夕食。

2月17日（火曜日）自民党役員会、幹事長・副幹事長会議。本会議代表質問。文化庁と日本文化遺産についての議論、沖縄問題の議論等。夜は同士と会合。

2月18日（水曜日）山口たかひろ県議会議員の事務所開き。必勝を誓いました。地元と国会を忙しく往復。

2月19日（木曜日）早朝より自民党の部会等の党務に奔走。夜は津久井団体協議会賀詞交換会に出席。

2月20日（金曜日）本厚木駅南口で朝立ち後、自民党役員会、幹事長、副幹事長会議。役所と法案、委員会日程の打ち合わせ。夜は教育関係者との会合。

2月21日（土曜日）厚木・伊勢原各所で開催の公民館祭り、神奈川県トラック協会16区会意見交換会、山口県議、神子厚木市議の新春の集いに出席。

2月22日（日曜日）伊勢原で野球大会開会式、厚木・伊勢原各所で開催の公民館祭り、難波厚木市議の新春の集い、青年の会『三十路の会』に出席。

2月23日（月曜日）本厚木駅北口で朝立ち。厚木文化会館で開催された『確定申告無料相談会』を視察、相模原市議会選挙候補予定者大槻かずひろ氏の事務所開き後、幹事長会議で党大会の議論。

2月24日（火曜日）自民党役員会、幹事長・副幹事長会議、本会議。丸一日幹事長室に張り付きでした。

2月25日（水曜日）篠崎なおき県議会議員候補予定者（愛甲郡）の事務所開き。筆頭理事として理事懇談会。副幹事長業務と役所との政策打ち合わせ。

2月26日（木曜日）本厚木駅北口で朝立ち。上京し主催の会議を三つこなし、税法について衆議院本会議。

2月27日（金曜日）自民党役員会、幹事長、副幹事長会議。法案の打ち合わせ。夜はマスコミとの会合。

2月28日（土曜日）厚木市各所で開催されている公民館祭りに参加。厚木地区保護司会で講演。広報活動。

3月1日（日曜日）比々多杯ソフトバレーボール、相模原市各所で開催の公民館祭りに参加。広報活動。

3月2日（月曜日）終日、衆議院予算委員会が開催。副幹事長として各種調整に奔走した一日でした。

3月3日（火曜日）自民党役員会、幹事長・副幹事長会議、夜間中学校関係者との議論、予算委員会調整、部会と終日、国会の一日でした。

ひな祭り
3月4日（水曜日）朝八時より部会、今後の委員会運営打合せ、文化振興予算確保の会議等、終日、国会。

3月5日（木曜日）本厚木駅北口で朝立ち。上京し主催の会議・議論を四つこなし、夜は幼稚園関係者と議論。

3月6日（金曜日）朝八時からの会議、自民党役員会、幹事長、副幹事長会議。夜は委員会理事と懇談会。

3月7日（土曜日）各所で開催の公民館祭りに参加。渡辺のりゆき県議会議員の事務所開き。稲垣みのる相模原市議、自民党緑区連合支部の決起大会。頑張ろう！

3月8日（日曜日）地元各所で公民館祭り等、イベントが多数ありましたが、副幹事長として『自民党・党大会』のため一部出席が叶わず、大変、申し訳なく思っております。

3月9日（月曜日）本厚木駅北口で朝立ち。この週刊通信も配っておりますが、１５０部以上受け取ってもらいました。感謝です。その後、上京し党務。

3月10日（火曜日）自民党役員会、幹事長・副幹事長会議、テレビ局との会議、雑誌の取材、政策会議等。

3月11日（水曜日）東日本大震災から4年
午前中は国会業務、14時半からは東日本大震災4周年追悼式、その後、国会業務、テレビ局打ち合わせ、テレビタックル収録。

3月12日（木曜日）常任委員会理事懇談会を主催。野党の委員会開催は当面見合わせる、に唖然。プロジェクト会議後、20時からプライムニュース生出演。

3月13日（金曜日）終日、年度予算通過のための対応。27年度予算が衆議院を通過。参議院に送付。

3月14日（土曜日）大山とうふ祭り、本沢梅園祭り等の地元行事、堀江県議会議員の事務所開所式に出席。

3月15日（日曜日）石破大臣の依頼で空路広島へ。経済同友会にて講演。帰宅は零時を過ぎました。

3月16日（月曜日）本厚木駅北口で朝立ち。今週は『週刊よしいえ』２００部を受け取って頂きました。その後上京し常任委員会筆頭として奔走。

3月17日（火曜日）伊勢原駅北口で朝立ち後上京。自民党役員連絡会、幹事長・副幹事長会議、取材、政策会議、常任委員会対応他。

3月18日（水曜日）朝8時より部会、地方創生特別委員会で大臣の所信を聴取。委員会セットに向けて奔走。

3月19日（木曜日）朝8時より部会、常任委員会理事懇談会。野党の抵抗にも粘り強く交渉し、委員会セット
3月20日（金曜日）自民党役員会、幹事長・副幹事長会議、文部科学委員会。

3月21日（土曜日）終日、地元活動。神奈川工科大学卒業式等に出席。心からの祝意を表しました。

3月22日（日曜日）終日、地元活動。徹底的に地元を回り、ポスター増設、党員・後援会の拡大をお願いして回りました。ご協力、お願いいいたします！

3月23日（月曜日）本厚木駅北口で朝立ち。松蔭大学卒業式に出席後上京し、法務省、総務省、文部科学省と議論。遅くまで水曜日の質問準備。

3月24日（火曜日）自民党役員連絡会、幹事長・副幹事長会議。代議士会、衆議院本会議。その後、最高裁と議論、稲田政調会長と政策会議。

3月25日（水曜日）朝8時より筆頭理事を務めている衆議院文部科学委員会。代表して所信に対する質疑。

3月26日（木曜日）朝8時から党本部で勉強会。昼から衆議院本会議でＮＨＫ予算を採決。

3月27日（金曜日）衆議院文部科学委員会、地方創生特別委員会。夜は伊勢原で小沼議長の市政報告会。

3月28日（土曜日）圏央道相模原ＩＣ完成披露会、阿津さくら祭り、神奈川県連で会議。相模原・黒岩知事と語る会に出席。

3月29日（日曜日）新磯桜祭り、萩原伊勢原市議事務所開き、及川文化祭、あつぎ飯山桜まつり等に参加。徹底的に

3月30日（月曜日）地元を回る。

3月31日（火曜日）本厚木駅北口で朝立ち。その後、上京し本会議で暫定予算成立。その後、各候補予定者の事務所回り。

44回目の誕生日
4月1日（水曜日）ミニ集会を5カ所で開催。一人ひとりと膝を突き合わせて意見交換をしました。

4月2日（木曜日）ミニ集会を5カ所で開催させていただきました。終日、徹底的な地上戦を展開しました。

4月3日（金曜日）ミニ集会を4カ所で開催。3日間計504名の皆様と膝を交えて向き合いました。

統一地方選が告示。

4月4日（土曜日）各陣営の事務所の出陣式。総移動距離150km！

統一地方選に全力を傾注。義家後援会もフル稼働で頑張ってくれています。頼もしい皆さん。心から感謝です。

4月5日（日曜日）全員の必勝に向け、地に足をつけ、必死に一日、走り続けました。後援会の皆様の優しさが心に沁みます。

4月6日（月曜日）本厚木駅で朝立ち（6時〜7時半）。その後、相模原、愛甲郡、相模原を走る！

4月7日（火曜日）自民党役員連絡会、幹事長・副幹事長会議。午後一時から衆議院本会議。その後地元に戻り、統一地方選に奔走しました。

4月8日（水曜日）統一地方選。終日、徹底的な地上戦を展開しました。後援会の皆様に本当にお世話になりました。

4月9日（木曜日）統一地方選。愛甲郡、相模原南区、相模原緑区徹底の1日。追い込みをかけました。

4月10日（金曜日）自民党役員連絡会、幹事長・副幹事長会議。

午後は地元に戻り愛甲郡、相模原で地上戦。

4月11日（土曜日）投票日を翌日に控え、各候補者と共に全力で支持を訴えました。

4月12日（日曜日）地元の自治会祭り等に参加。統一地方選挙前半戦。

心から嬉しい万歳の一方、信じることができない結果もありました。地域の未来を守るために今後も地を這い、愚直に、着実に成長していかねばなりません。私は、私たちは、また原点から、一歩を歩みだします。

4月13日（月曜日）統一地方選、各候補者の選挙報告会、厚木ＳＣ（ソフトボール）の総会に出席。

4月14日（火曜日）自民党役員連絡会、幹事長・副幹事長会議。午後一時から衆議院本会議。地元では朝と夜、告別式と通夜。雨の中、悲しい別れをしました。衷心よりご冥福をお祈りいたします

4月15日（水曜日）早朝より党の部会、9時からは文部科学委員会。党務の後、夜はＬＰガス協会総会に出席。

4月16日（木曜日）本厚木駅朝立ち後、事務所会議を経て上京。清和政策研究会、衆議院本会議。

4月17日（金曜日）朝から文部科学委員会。並行し自民党役員連絡会、幹事長・副幹事長会議、本会議の後、講演会。地元では亀井善太郎氏のシンポジウム。

4月18日（土曜日）総理主催の桜を見る会に出席後、伊勢原園芸祭り、みどりのまつり等の地元行事に出席。

4月19日（日曜日）伊勢原市議会議員選挙告示。各候補の出陣式に参加。祈・必勝！

4月20日（月曜日）本厚木駅で朝立ち（6時～7時半）。統一地方選後半戦。伊勢原の仲間たちと走る！

4月21日（火曜日）衆議院本会議。体調不良で町村議長が辞任し、大島新議長を選出。三本の法案をあげ、地元に戻り統一地方選の応援に全力。

4月22日（水曜日）朝8時50分理事会、9時から文部科学委員会。オリンピック・パラリンピック特措法審議入り。午後は地元に戻り、応援行脚！

4月23日（木曜日）愛甲石田駅と伊勢原駅北口で朝立ち（6時～8時）。衆議院本会議。個人情報保護法の趣旨説明質疑。夕方に地元に戻り、応援行脚！

4月24日（金曜日）朝9時50分理事会、10時から文部科学委員会。オリ・パラ特措法委員会採決。地元にとんぼ返りして最後の追い込み応援。

4月25日（土曜日）投票日を翌日に控え、各候補者と共に全力で支持を訴えました。

4月26日（日曜日）　栗窪神社例大祭などの地元行事に参加。伊勢原市議会議員選挙投票日。

4月27日（月曜日）　本厚木駅で朝立ち（6時～7時半）。その後上京し、ノーベル賞受賞者への表祝式に筆頭理事として参加し栄誉をたたえました。

4月28日（火曜日）　自民党役員連絡会、幹事長・副幹事長会議。午後一時から衆議院本会議。多数の会議をし、連休明けに備えました
4月29日（水曜日）　伊勢原市身体障がい者福祉協会総会、相模湖やまなみ祭り、愛川公園つつじ祭りに参加。

4月30日（木曜日）　小田急相模原駅で朝立ち。連休明けの委員会運営、法案審査の順序についての話し合い。

5月1日（金曜日）　自民党役員連絡会、幹事長・副幹事長会議。憲政記念館にて、憲法フォーラム。

5月2日（土曜日）　伊勢原でＪＣ神奈川ブロック主催『憲法タウンミーティング』にパネラーとして参加。

5月3日（日曜日）　川と湖の魚フェア、森の里鯉のぼり祭り、扇松流発表会、愛川農林祭り、相模の大凧祭り前夜祭に出席。

5月4日（月曜日）　相模の大凧祭りに参加後、厚木駅北口、伊勢原駅北口にて街頭演説。

みどりの日
5月5日（火曜日）　相模の大凧祭りに参加後、妻、息子と『こどもの日』を親子水入らずで過ごしました。

こどもの日
5月6日（水曜日）　中盤国会に万全の態勢で臨むため、諸々の打ち合わせと与野党協議を行いました。

振替休日
5月7日（木曜日）　終日地元。後援会の皆様に挨拶に回りました。

5月8日（金曜日）　党本部にて日本の名誉と信頼を回復するための特命委員会で議論。夜は参議院時代の師である脇雅史前参院幹事長と懇談会。大変、勉強になりました。

5月9日（土曜日）　厚木つつじの丘公園でのイベント、飯山ポピーまつりに参加。愛川町後援会新緑の集い開催。

5月10日（日曜日）　伊勢原緑花まつり、伊勢原ホームさつき祭り等の地元イベントに出席させて頂きました。

5月11日（月曜日）　本厚木駅北口朝立ち後、事務所会議。各地元業界の総会に出席後、夜は厚木市建設業協会懇親会に出席。

5月12日（火曜日）　亀井善之先生の命日
伊勢原駅北口朝立ち後、故亀井善之先生の仏前にご挨拶。自民党役員連絡会、幹事長副幹事長会議、代議士会、衆議院本会議の後、清和政策研究会パーティー（4500名）。

5月13日（水曜日）　本厚木発6時28分の電車で上京。文部科学委員会理事会・委員会、党内会議が4つ。夜は地元に戻り、総会、懇親会に出席。

5月14日（木曜日）　清和政策研究会総会、本会議、夜は地元総会。

5月15日（金曜日）　本厚木発6時28分の電車で上京。文部科学委員会、本会議。夕方から地元総会を梯子。

5月16日（土曜日）　ネパール大地震街頭募金活動、地元総会、厚木市自民党役員会等、走り回りました。

5月17日（日曜日）　県央相模川サミット、阿夫利神社酒祭り、フォーラムでの講演、比々多勾玉祭等に参加。

5月18日（月曜日）　本厚木駅で朝立ち、事務所会議、２４６バイパス促進議員連盟など各団体の総会に出席。

5月19日（火曜日）　自民党役員連絡会、幹事長・副幹事長会議。衆議院本会議後、地元に戻り各種総会に出席。

5月20日（水曜日）　6時28分発の小田急で上京。党の文部科学部会参加後、地方創生特別委員会、文部科学委員会、党首討論。ハードな一日でした。

5月21日（木曜日）　小田急相模原で朝立ち（6時～7時半）。その後上京し、清和政策研究会、議連の会議等に出席後、地元に戻り各種団体の総会に出席
5月22日（金曜日）　自民党役員連絡会、幹事長・副幹事長会議。本会議後、地元に戻り、各種総会に参加後、義志の会定例会。意義ある一日でした。

5月23日（土曜日）　伊勢原農協総会、神奈川自動車整備協会秦野・伊勢原支部総会等に出席。夜は懇親会。

5月24日（日曜日）　厚木さつき祭り、伊勢原小沼市議市政報告会、県央連合書展等に参加。

5月25日（月曜日）　本厚木駅で朝立ち（6時～7時半）。その後、翌日からスタートする平和安全法制に備え、調整に

走り回りました。

5月26日（火曜日）朝8時から党の部会、9時から地方創生特別委員会で議論。昼の本会議後、複数の会議。

5月27日（水曜日）午前中は衆議院文部科学委員会の視察でお台場にある小中一貫校『お台場学園』。午後は文部科学委員会、地方創生特別委員会。地元、会合に参加。

5月28日（木曜日）愛甲石田駅で朝立ち（6時～7時半）。その後上京し複数の会議。夜は厚木同友会で講演。

5月29日（金曜日）朝から衆議院文部科学委員会。昼の本会議後複数の会議。夜は地元で式典、会合。

5月30日（土曜日）党本部にて自民党全国青年部長局長合同研修会開催。我々の世代が党を担う！

息子の誕生日
5月31日（日曜日）厚木県人会のチャリティーに参加。厚木市議会議員選挙に向け仲間の事務所開きに参加。

6月1日（月曜日）本厚木駅で朝立ち。事務所会議後、上京。委員会開催のための議論、各種法案の詰め。

6月2日（火曜日）伊勢原駅で朝立ち（6時半～7時45分）。その後上京し、役員連絡会、幹事長・副幹事長会議、代議士会、本会議、今後の国会運営議論など分刻みのスケジュールの一日でした。

6月3日（水曜日）深緑政経セミナー開催
本厚木6時28分発の小田急線で上京。午前午後、文部科学委員会質疑、本会議、国賓で迎えているアキノ大統領の対応に奔走。

6月4日（木曜日）本厚木6時28分発の小田急線で上京。委員会運営、各種法案の打ち合わせ、本会議。

6月5日（金曜日）本厚木6時28分発の小田急線で上京。終日文部科学委員会、町村前議長告別式。

6月6日（土曜日）厚木市議渡辺貞夫先生、松田則康先生の事務所開き。横浜にて自民党神奈川県支部連合会、地元に戻り各種総会出席。

6月7日（日曜日）明るい社会づくり運動協議会総会、清川産業まつり等地元を走る。

6月8日（月曜日）本厚木駅で朝立ち（6時～7時半）。その後、今後の委員会運営、参考人対応について協議。

6月9日（火曜日）自民党役員連絡会、幹事長・副幹事長会議。法科大学院改革、成人年齢特命委員会の議論。

6月10日（水曜日）　各種団体の総会5件、夜は会員である『名無会』の会合に参加。

6月11日（木曜日）　小田急相模原駅で朝立ち（6時～7時45分）その後上京し、理事会、部会、本会議、会合。

6月12日（金曜日）　自民党役員連絡会、幹事長・副幹事長会議。自民党厚木連合支部大会、瀧口市議決起大会。

6月13日（土曜日）　自民党相模原市南区連合支部大会。合わせて広報車での街宣活動で地元を回りました。

6月14日（日曜日）　厚木市議会議員の皆様の事務所開き、青葉まつり、あやめ祭り、厚木市民謡協会主催『民謡の集い』等に出席。足を棒にして地元を回りました。たくさんの激励、心から感謝しています。

6月15日（月曜日）　本厚木駅で朝立ち（6時～7時半）。平和安全法制、予算委員会の週内取り回しを協議。

6月16日（火曜日）　自民党役員連絡会、幹事長・副幹事長会議。部会、会議、打ち合わせを重ね、夜は首相公邸にて安倍総理と二時間の会食。真夜中帰宅。

6月17日（水曜日）　全国高速道路建設協議会総会に神奈川を代表して出席。細田派閥会長らと会談し、今後の国会の進め方について方針を確認。

6月18日（木曜日）　伊勢原駅北口で朝立ち。その後、上京し午後五時まで衆議院予算委員会。夜は地元で会合。

6月19日（金曜日）　自民党役員連絡会、幹事長・副幹事長会議。神奈川県・黒岩知事と施策・予算の議論。午後は衆議院本会議と多数の打ち合わせ。

6月20日（土曜日）　仙台の高等学校で特別授業。夕方地元に戻り、災害時避難行動支援ネットワーク設立総会、夜は城山里山まつりに参加。

6月21日（日曜日）　比々多神社崇敬者式典。松田厚木市議の激励会等に出席。

6月22日（月曜日）　国会の会期、大幅延長
本厚木駅で朝立ち（6時～7時半）。その後上京し、国会対応、大学生からのインタビュー取材、午後8時10分より会期延長の本会議。

6月23日（火曜日）　本厚木6時28分発の小田急線で上京。8時から部会を4件ハシゴ。自民党役員連絡会、幹事長・副幹事長会議。夕方地元に戻り厚木管友会総会、ハイウッド安全大会等に参加。

6月24日（水曜日）愛甲石田駅南口にて朝立ち。国会対応、厚木市議会議員選挙候補者の決起大会等に参加。

6月25日（木曜日）本厚木6時28分発の小田急線で上京。8時から部会。清和政策研究会総会、国会対応の後、息子の小学校にて三者面談。

6月26日（金曜日）本厚木6時28分発で上京。幹事長・副幹事長会議等、夜は相模湖後援会の懇親会。

6月27日（土曜日）後援会青年組織『義志の会』の定例会。

6月28日（日曜日）比々多地区ソフトバレー大会、厚木林自治会ソーメン流し大会、愛川町渡辺町議の懇親会、本厚木駅にて街頭演説等。

6月29日（月曜日）本厚木駅で朝立ち（6時〜7時半）。国会対応と幹事長・副幹事長会議。地元では厚木商工会議所総会等に出席しました。

6月30日（火曜日）小田急相模原駅で朝立ち（6時〜7時45分）。8時04分の小田急相模原発小田急で上京。役員連絡会、幹事長・副幹事長会議、本会議。夜は県央経営者会10周年記念式典に出席。

7月1日（水曜日）朝から青少年健全育成推進調査会等の会議と国会運営、委員会対応。夜は地元会合。

7月2日（木曜日）終日、幼児教育小委員会、成人年齢特命委員会、フリースクール議連等の責任者会議。

7月3日（金曜日）自民党役員連絡会、幹事長・副幹事長会議。

五輪正式競技に向けソフトボール議連を開催。

7月4日（土曜日）小学生ティーボール大会、伊勢原大神宮花の市、はなの会バーベキュー、古松台夏祭り。

7月5日（日曜日）厚木市市議会議員選挙告示。仲間たちの出陣式、事務所訪問と街宣活動。駆け抜けました。

7月6日（月曜日）本厚木駅で朝立ち（6時〜7時半）。その後、今後の委員会運営について協議。公認・推薦、議連の各候補者と共に街宣、演説。

7月7日（火曜日）自民党役員連絡会、幹事長・副幹事長会議、役所と会議、本会議。地元にとんぼ返りして仲間の選挙カーに同乗し、街宣、街頭演説、夜は個人演説会。

7月8日（水曜日）早朝から昼まで役所と会議、文部科学委員会。地元にとんぼ返りして仲間の選挙カーに同乗し街宣、街頭演説、個人演説会にて全力応援。

7月9日（木曜日）清和政策研究会、代議士会、本会議。終了後地元にとんぼ返りして仲間の選挙カーに同乗しての街宣、街頭演説、個人演説会。

7月10日（金曜日）自民党役員連絡会、幹事長・副幹事長会議。役所と会議の後、専修学校40周年記念祝賀会に出席。地元にとんぼ返りして街頭演説、個人演説会。

7月11日（土曜日）国土開発工業安全衛生推進大会、厚木神社例大祭式典、同時に仲間の全員当選のため奔走。

7月12日（日曜日）投票日

地元行事に参加する傍ら、真夜中まで選挙結果を見守り、各事務所を訪問しました。

7月13日（月曜日）本厚木駅で朝立ち（6時～7時半）。その後厚木市議会議員の仲間たちの選挙報告会に参加し喜びを分かち合いました。夕方から国会。

7月14日（火曜日）自民党役員連絡会、幹事長・副幹事長会議。午後から雑誌『正論』で作家の小川榮太郎氏と二時間の対談。その後、今後の対策会議。

7月15日（水曜日）早朝より党の部会、議連の総会、文部科学大臣との議論、国会運営について奔走しました。

7月16日（木曜日）成瀬後援会の国会見学。講演会、そして本会議。温かな励ましありがとうございました。

7月17日（金曜日）午前は伊勢原市役所にて義家が仲介した英語教材の寄付贈呈式。上京し国会対応。夕方は地元納涼祭に参加。いよいよ始まりました。

7月18日（土曜日）地元各地で開催された納涼祭に伺わせて頂き、たくさんの笑顔と出会いました。

7月19日（日曜日）地元各地で開催された納涼祭に伺わせていただきました。この週末だけで計47カ所！

7月20日（月曜日）清川村のキャンプ場『リバーランド』にて義家の青年後援組織『義志の会』のバーベキュー大会。

海の日（祭日）総勢40名で盛り上がりました。

7月21日（火曜日）本厚木駅北口で朝立ち。事務所会議、対談原稿の校正作業、国会対応。

7月22日（水曜日）朝から上京し、今後の国会対応、政策立案会議に出席。夕刻から厚木で病院協会懇親会、ＪＡの

7月23日（木曜日）　納涼祭8カ所に参加させて頂きました。

　　荻野後援会国会見学
7月24日（金曜日）　6時28分発の小田急線で上京し、文科省大臣室で幹部会議。荻野地区後援会国会見学で、稲田政調会長の講話を頂きました。夜は地元に戻り、けいわ荘の納涼祭に出席。

7月25日（土曜日）　自民党役員連絡会、幹事長・副幹事長会議、文科委員会運営について協議。夜は地元納涼祭。

7月26日（日曜日）　地元各所で開催の納涼祭に夜10時過ぎまで回りました。

7月27日（月曜日）　厚木建築職組合家族レクレーション大会他、土日通算で62カ所の納涼祭に伺いました。

7月28日（火曜日）　本厚木駅で朝立ち（6時～7時半）、事務所会議の後、終日国会対応、夜は会合2件。

7月29日（水曜日）　自民党役員連絡会、幹事長・副幹事長会議、代議士会、衆議院本会議、大臣との会議、党部会、取材と分刻みで走り回りました。

7月30日（木曜日）　厚木市役所にて義家が仲介した、日能研が開発の小学校英語教材の寄付贈呈式。国会対応後、夜は地元納涼祭参加。

7月31日（金曜日）　伊勢原駅北口で朝立ち。その後上京し、清和政策研究会で党務報告。テレビ取材、ラジオ番組打合わせ。夜は地元の会議、会合に出席。

8月1日（土曜日）　ラジオ番宣収録、自民党役員連絡会、幹事長・副幹事長会議、議連打ち合わせ、本会議。

8月2日（日曜日）　地元各地で開催の夏祭り、納涼祭に参加。

8月3日（月曜日）　今週末も、土日合計で32カ所の納涼祭に参加させて頂きました。有難う御座いました。

8月4日（火曜日）　本厚木駅で朝立ち（6時～7時半）、事務所会議を経て、国会対応。夜は愛光病院創立60周年記念式典、納涼祭に参加。

8月5日（水曜日）　自民党役員連絡会、幹事長・副幹事長会議。筆頭理事として翌日の文部科学委員会のセット。文科大臣、オリ・パラ大臣と打ち合わせ。朝8時よりバーコウ英国下院議長と朝食会議。10時より終日、衆議院文部科学委員会開催。

8月6日（木曜日）　愛甲石田駅北口にて朝立ち。上京し、清和政策研究会総会で党務報告、党の部会で議論。

広島・原爆の日

8月7日（金曜日）　自民党役員連絡会、幹事長・副幹事長会議。

8月8日（土曜日）　衆議院本会議、ラジオ収録の後、地元納涼祭に参加。

8月9日（日曜日）　終日、地元の納涼祭を回らせて頂きました。猛暑が続いておりますが、納涼祭を守り、支えて頂いている皆様の汗に心から感謝です。

長崎・原爆の日

今週も合計45カ所にご挨拶に伺いました。

8月10日（月曜日）　本厚木駅で朝立ち（6時～7時半）、事務所会議。松蔭大学で『教育方法論』の講義を4時間半。国会対応、『ニッポン放送』にて戦後70年記念特別番組の収録。

8月11日（火曜日）　朝8時40分～松蔭大学で『教育方法論』の講義を4時間半。地元事務所で大学教授と意見交換、富士屋ホテルの方と会議、地元活動。

8月12日（水曜日）　朝8時40分～松蔭大学で『教育方法論』の講義を4時間半。その後、終日、地元活動。

8月13日（木曜日）　朝8時40分～松蔭大学で『教育方法論』の講義を4時間半。新盆参り、納涼祭に参加。

8月14日（金曜日）　朝8時40分～松蔭大学で『教育方法論』の講義を6時間。新盆参り、各地納涼祭に参加。

8月15日（土曜日）　多数の納涼祭に伺わせて頂きました。どの会場でもたくさんの笑顔が溢れていました。

終戦の日

8月16日（日曜日）　大学でトータル20時間の講義と、18カ所の後援会のご自宅に新盆参り、41カ所の納涼祭に参加。

8月17日（月曜日）　本厚木駅で朝立ち（6時～7時半）。事務所会議の後、地元事務所にて各来客対応。夜は大恩ある方のご親族のお通夜に参列。衷心より哀悼の誠を捧げました。その後、夏祭り。

8月18日（火曜日）　毎年恒例、お世話になっている積水ハウスバーベキュー大会に参加し楽しいひと時過ごした後、羽田空港。久しぶりの北海道へ。

8月19日（水曜日）カモメの声で目覚め、思い出の余市、小樽を散策しました。胸に溢れるものがありました。

8月20日（木曜日）終日、北海道。レンタカーで各所を巡りました。ご縁が続いている方々とお会いしました。

8月21日（金曜日）目覚めるとすぐ身支度をし、千歳空港発。夕方より鈴川工業団地の鈴川祭り、相模野自治会祭り等の納涼祭に参加させて頂きました。

8月22日（土曜日）地元各所で開催されている納涼祭に参加。

8月23日（日曜日）今週末も50カ所の納涼祭に参加し、たくさんのご意見と激励を頂きました。感謝です。

8月24日（月曜日）本厚木駅で朝立ち（6時〜7時半）。事務所会議の後、陳情対応。終盤国会の戦略会議。

8月25日（火曜日）早朝より党の部会、役員連絡会、幹事長副幹事長会議、概算要求のヒアリングと議論。

8月26日（水曜日）筆頭理事を務めている文部科学委員会の開催のために奔走。残っている法案の成立に向け院内を走り回りました。

8月27日（木曜日）小田急相模原駅で朝立ち。その後、小田急に飛び乗り国会へ。清和研総会、代議士会、本会議、政策会議。地元に戻り城山で例大祭。

8月28日（金曜日）大山阿夫利神社秋季例大祭に参列。その後、札幌への出張のため羽田空港へ。札幌では関係各位と意見交換。

8月29日（土曜日）北海道芸術高等学校にて特別授業。終了後、地元へとんぼ返り。多数の納涼祭に参加。

8月30日（日曜日）各地区防災訓練激励、愛川夏祭り、大恩ある方の御子息の結婚式、夜は納涼祭参加。

8月31日（月曜日）本厚木駅で朝立ち（6時〜7時半）、事務所会議、戦略会議の後、「公認心理師法」の国会成立のための詰めの調整と立法作業。

9月1日（火曜日）自民党役員連絡会、幹事長・副幹事長会議、衆議院委員部との会議、各省庁との会議など終日、国会での業務。帰宅は真夜中でした。

9月2日（水曜日）6時28分本厚木発の小田急で上京。朝8時50分理事会、9時から文部科学委員会。一般質疑の後、公認心理師法を成立させました。

9月3日（木曜日）　伊勢原駅北口朝立ち後、上京し清和研総会、衆議院本会議。各委員会の法案・条約が成立。

9月4日（金曜日）　自民党役員連絡会、幹事長・副幹事長会議の後、終盤国会の懸案に関する会議多数。

9月5日（土曜日）　神社例大祭、稲垣市議バーベキュー、阿夫利荘・敬老の祝い等地元行事に出席しました。

9月6日（日曜日）　伊勢原市民朝市、厚木市民体育祭、湘南厚木病院十周年病院祭、渡辺町議事務所開き。

9月7日（月曜日）　本厚木駅で朝立ち（6時～7時半）。事務所会議後、今後の国会審議や総裁選への対応。

9月8日（火曜日）　安倍晋三総裁出陣式後、安倍総裁の再任決定。

　役員連絡会、幹事長副幹事長会議、4つの政策会議。夜は遠藤オリ・パラ大臣と会合。

9月9日（水曜日）　終日、国会で、終盤国会の円滑な運営のために尽力しました。夜は山本順三政府開発援助特別委員会委員長らと会合。

9月10日（木曜日）　幹事長室での業務、清和政策研究会にて党務報告、文部科学部会など、終日、国会でした。

9月11日（金曜日）　役員連絡会、幹事長・副幹事長会議、本会議、甘利経済再生担当大臣と懇談後は、幹事長室に詰め。

9月12日（土曜日）　愛川町社会福祉協議会主催　『ふれあい広場』、けいわ荘、グランモールさくら及川の敬老会・納涼祭など多数の地元行事に参加しました。

9月13日（日曜日）　神社例大祭、舞踊協会発表会、東井克夫氏の県表彰祝賀会、伊勢原ホーム敬老会等に出席。

9月14日（月曜日）　本厚木駅で朝立ち（6時～7時半）。事務所会議の後、終日国会対応に明け暮れました。

9月15日（火曜日）　自民党役員連絡会、幹事長・副幹事長会議。終日、国会を走り回りました。

9月16日（水曜日）　終日、幹事長室で終盤国会対応。請願の取り扱いや会期末処理の事務事項を確認。徹夜。

9月17日（木曜日）　「禁足」で早朝より幹事長室に詰めました。徹夜。議員宿舎を借りていない私には、大変な二日間となりました。

9月18日（金曜日）　衆議院本会議にて、野党から提出された内閣不信任案を否決。平和・安全法制が成立。

9月19日（土曜日）　愛川町・熊坂町議、佐藤町議、小島町議の事務所開きに出席。松田厚木市議後援会バーベキュー

9月20日（日曜日）　等、地元を回りました。

9月21日（月曜日）　愛川町「半原糸の里文化祭」、若柳流五周年舞踊発表会、愛川町・新倉町議会議員選挙候補予定者の事務所開き等に参加。

敬老の日
9月22日（火曜日）　伊勢原大神宮例大祭、本厚木駅・伊勢原駅・小田急相模原駅で街頭演説を挙行しました。

国民の祝日
9月23日（水曜日）　通常国会閉幕を控え、請願の取り扱い、継続審議の手続きをする法案について整理・議論。

秋分の日
9月24日（木曜日）　請願の最終集計と、筆頭理事を務めている常任委員会の会期末処理準備に奔走しました。

伊勢原駅北口にて朝立ち後、党の部会、清和政策研究会、両院議員総会、臨時役員連絡会。夜は会合に出席しました。真夜中帰宅。

9月25日（金曜日）　小鮎後援会国会見学
自民党役員連絡会、幹事長副幹事長会議、文部科学委員会、地方創生特別委員会の会期末処理。

小鮎地区後援会国会見学と党本部で研修会。

9月26日（土曜日）　北海道芸術高校福岡キャンパスにて特別授業を2コマ。子ども達から元気を貰いました。

9月27日（日曜日）　相模台芸術フェスタ、夢乃会チャリティコンサート、大山地区秋の大運動会、自民党愛甲郡支部国政報告会が開催されました。感謝です。

9月28日（月曜日）　本厚木駅で朝立ち（6時～7時半）。延期になっていた小6の息子の小学校最後の運動会に参加しました。夜は谷垣禎一自由民主党幹事長主催の会合に出席。夜中に帰宅。

9月29日（火曜日）　愛川町議会議員選挙が告示されました。終日、愛川町を縦横無尽に奔走しました。

9月30日（水曜日）　国会・役所の次期国会への引き継ぎ作業。こういう作業を怠ってはなりません。最後まで責任を貫徹します。愛川町議会議員選挙！

10月1日（木曜日）　愛川町議会議員選挙、応援行脚！候補者、自身の後援会の皆様と全力を尽くしました。

10月2日（金曜日）　愛川町議会議員選挙、最後の追い込み応援を展開しました。夜は「義志の会」例会開催。

10月3日（土曜日）　投票日を翌日に控え、全力で訴えました。同時に、9カ所のイベント・行事に参加。

10月4日（日曜日）　愛川町議選投票日
　義家の厚木玉川・森の里地区後援会バーベキュー大会。多くのイベントに参加後、夜中まで愛川町。

10月5日（月曜日）　本厚木駅で朝立ち（6時～7時半）。事務所会議の後、愛川町町議選当選者の皆様の選挙報告会に参加。お支え、有難うございました。

10月6日（火曜日）　終日、地元。叙勲を受けた元JAいせはら組合長・石井清様の叙勲祝賀会に出席。誇りです。

10月7日（水曜日）　早朝に上京し、国会で執務。神奈川県税理士政治連盟の皆様、スポーツ庁参事官との会議等の後、地元へ。阿夫利神社・火祭薪能を堪能。

10月8日（木曜日）　義家ひろゆき伊勢原後援会主催のゴルフコンペが開催されました。夜は大相撲厚木場所の前夜祭に駆けつけさせて頂きました。

10月9日（金曜日）　皇居での認証式を経て、文部科学副大臣（筆頭）を拝命しました。夜中まで会議。

10月10日（土曜日）　地元幼稚園の運動会、小松コスモス祭り、日本・カンボジア交流会等に出席。笑顔の一日。

10月11日（日曜日）　厚木、伊勢原、相模原各地区で開催された体育祭、健康祭りに参加させて頂きました。

10月12日（月曜日）　厚木市各地区で開催された「市民健康祭り」。

　体育の日　八木県議会議員のバーベキュー大会、妻田薬師縁日大法会など目一杯、地元を奔走。

10月13日（火曜日）　本厚木駅朝立ち後、文部科学省に登省。副大臣引継ぎ式、各宮家へのご挨拶、政務三役会議、省議。夜まで多数の会議が続きました。

10月14日（水曜日）　与野党の国会議員各位に副大臣就任の挨拶。夜まで所管事項の会議。夜は地元会合。

10月15日（木曜日）　終日、文部科学省にて政策会議、戦略会議、大臣との打ち合わせに明け暮れました。

10月16日（金曜日）副大臣として、各種の会議・会合を主催。戦略会議を複数立ち上げ。

10月17日（土曜日）道灌墓前祭、みらくる幼稚園開所式、野百合園祭り、津久井福祉の集いなど地元行事・式典。義志の会（青年組織）の仲間の結婚式。

10月18日（日曜日）城山もみじ祭り、伊勢原道灌祭り、愛川三増合戦祭り、相模湖ふれあい広場に参加しました。

10月19日（月曜日）本厚木駅で朝立ち（6時～7時半）。事務所会議後、登省。各課題決済後、夜はスポーツ庁発足記念レセプションを大臣と共に主催。

10月20日（火曜日）早朝より文部科学省。初中局、生涯学習局、文化庁とみっちり戦略会議。政務三役会議。夜は地元で会合に出席しました。

10月21日（水曜日）早朝に出発し、つくばの教員研修センターを視察し訓示。とんぼ返りして各所管事項の議論、決済。夜は官房副長官と会食。

10月22日（木曜日）愛甲石田駅で朝立ち。登省し隙間なく各課と会議。夜はＮＨＫホールで『日本賞』表彰式。

10月23日（金曜日）旭化成建材が関わった学校の安全性について各教委に確認のため奔走。夜は義志の会。

10月24日（土曜日）大山納太刀ウォーク、成瀬中学もみじ祭、相模台福祉祭りに参加。厚木協働大学にて講義。

10月25日（日曜日）厚木マラソン、環境フェア、津久井やまびこ祭り、藤野ふる里祭り、愛川ふるさと祭りに加え、都内で開催された博士課程教育リーディングプログラムフォーラム２０１５に出席後再び地元へ。

10月26日（月曜日）本厚木駅で朝立ち（6時～7時半）の後文科省。高山伊勢原市長来訪。高大接続、教育再生実行会議、政務三役会議等、分刻みの一日。

10月27日（火曜日）早朝より文部科学省。スポーツ庁、人事課、科学技術政策局、国際課等と戦略会議。

10月28日（水曜日）終日、文部科学省。戦略会議、中央教育審議会総会。瀧口厚木市議の市政報告会。

10月29日（木曜日）小田急相模原駅で朝立ち。文部科学省に自民党伊勢原支部の皆様が来訪。その後、党本部にて研修会。夜は馳文科大臣と会食。

10月30日（金曜日）終日、文部科学省。厚木の尊敬する先輩諸兄の皆様が文科省を表敬訪問してくれました。

10月31日（土曜日）　スマイルティーボール大会、愛名やまゆり園あいなまつり、神子厚木市議、小島前市議の後援会行事等に出席させて頂きました。

11月1日（日曜日）　清川村やまびこマラソン、麻溝ふるさと祭り、鳥屋地区文化祭、南毛利南地区公民館祭り等に参加。

11月2日（月曜日）　本厚木駅で朝立ち（6時〜7時半）。事務所会議の後、文部科学省へ。政務三役会議、東京国立博物館視察、省議メンバー会議。

11月3日（火曜日）　津久井中央公民館文化祭、小原宿本陣祭、飯山秋の花まつり、七沢森の祭り等の地元行事。

文化の日
11月4日（水曜日）　朝6時上京。文部科学部会、文化功労者表彰式、教育再生実行会議、案件議論12件。地元では越智厚木市議会議長就任報告会。

11月5日（木曜日）　首相官邸にて副大臣会議。仙台市教育長と議論後、記者会見。案件議論7件。JAいせはらの役員の皆様、渡辺県議と意見交換会。

11月6日（金曜日）　終日、文部科学省。全国の指導主事の皆様に選挙権年齢の引き下げに伴う方針を訓示。

11月7日（土曜日）　地域ゴミ拾い、本厚木駅南口ホコ天、あつぎ国際大道芸、社会福祉大会、カワラノギク鑑賞会等、地元を奔走しました。

11月8日（日曜日）　伊勢原市教育長杯ソフトバレーボール大会、JAあつぎ各支所農業まつり、各地区公民館祭り、自治会バーベキュー等に出席しました。

11月9日（月曜日）　本厚木駅で朝立ち、事務所会議後、登省。ドイツの科学・研究大臣と会談、イスラエル紙インタビュー他。夜は官邸で『ものづくり日本大賞』の表彰式と総理主催のレセプション。

11月10日（火曜日）　被災地・岩手に復興視察。片道6時間、車移動300キロを費やし、6つの幼・小・中を視察。

11月11日（水曜日）　終日、文部科学省。秋の行政レビューで河野大臣と議論、激論。夜は地元会合に出席。

11月12日（木曜日）　伊勢原後援会バス旅行
伊勢原駅北口で朝立ち後、登省。午前11時に東京駅から軽井沢へ。伊勢原後援会のバス旅行に合流。挨拶後、本省で遅くまで業務。

11月13日（金曜日）終日、文部科学省。瑶子女王殿下をお迎えしての『全国青年大会』、省内会議など奔走。

11月14日（土曜日）フランスでのテロ発生に伴い夜中まで日本人生徒らの安否確認や情報収集。ＪＡまつり、公民館まつり、山口県議三田地区県政報告会、鈴謡会おさらい会などに出席。

11月15日（日曜日）5カ所のＪＡまつり、2カ所の公民館まつり、ＭＯＡ美術館作品展表彰式などに出席。

11月16日（月曜日）本厚木駅で朝立ち。事務所会議後、登省。政務三役会議、私立養護学校の皆様と意見交換。その他8件の会議。夜は恩師の皆様と会合。

11月17日（火曜日）早朝、自宅を出て横浜の南吉田小、横浜吉田中を公式視察。本省に戻り主権者教育の検討。

11月18日（水曜日）補正予算、本予算の水面下の作業。またＴＰＰに伴う農業対策の最終調整。農業を守る！

11月19日（木曜日）早朝より上京。主催する主権者教育ＰＴ、記者会見、議論、決裁等。夜は東京プリンスホテルでパーティー開催。皆様に心から感謝いたします。

11月20日（金曜日）地元から国会見学。文部科学部会、農水部会等の重大案件の議論に主体的に参画。

11月21日（土曜日）厚木、伊勢原、麻溝の『農業まつり』。清川村『道の駅オープン式典』。愛川町後援会忘年会開催。

11月22日（日曜日）中津公民館まつり、愛川環境フェスタ、同志の結婚式、厚木ＪＡ農業まつりを改めて回らせて頂きました。井上君、結婚、おめでとう！

11月23日（月曜日）伊勢原国際スポーツイベント、ＪＡ新磯まつり、ふるさと芸能発表会、伊勢原大神宮新嘗祭、街
勤労感謝の日　頭演説、16区議員連絡会総会。

11月24日（火曜日）小田急本厚木駅で朝立ち。恩人の告別式に出席後、登省。政務三役会議、私学振興大会、教育創生勉強会主催。夜は都内で会合。

11月25日（水曜日）早朝より登省。俳優・仲代達矢さんの文化勲章伝達式、慶應医学賞授賞式など公務多数。

11月26日（木曜日）午前中は中央教育審議会総会に出席。午後は東京園芸高校を視察。夜はチャリティーに出席。

11月27日（金曜日）伊勢原・義経会発足

11月28日（土曜日）　朝から党の部会、議員連盟の会議。文科省に戻り、分刻みで議論、決裁。夜は伊勢原で会合。多くの皆様の期待と優しさに触れました。

相模原市南区集い

11月29日（日曜日）　緑区わくわくカーニバル、宮ケ瀬イルミネーション点灯式、相模原市南区後援会の集い、盛大に開催！

松田厚木市議、渡辺厚木市議市政報告会、坂本組感謝祭の後、自民党結党60周年式典。

11月30日（月曜日）　本厚木駅で朝立ち後、小田急線に飛び乗り、文科省へ。政務三役会議、ケネディー駐日大使と懇談、東京工業大学視察。夜は会合。

12月1日（火曜日）　文科省で教育表彰式、ベトナム文化副大臣との会談、午後は衆議院文科委員会で答弁。夜はＪＡ相模原市の国政学習会。感謝です。

12月2日（水曜日）　神道政治連盟役員会、医学教育関係業務功労者表彰、打ち合わせ後、官邸で総理と懇談。

12月3日（木曜日）　官邸で副大臣会議、衆議院閉会中審査で答弁。聖坂養護学校、訓盲学院視察、会合。

12月4日（金曜日）　教育体制強化タスクフォース、記者会見、国会答弁、各種打ち合わせ。地元忘年会2件。

12月5日（土曜日）　名古屋出張。北海道芸術高等学校名古屋キャンパス視察、講演。中学生、保護者と懇談。

12月6日（日曜日）　義家事務所職員で手分けをして、朝から厚木市年末美化清掃に厚木市民として参加。いい汗をかかせて頂きました。お疲れ様でした！

12月7日（月曜日）　本厚木駅で朝立ち後、議員会館で予算関連会議後、文科省。政務三役会議、雑誌対談、国立大学振興議員連盟等。目が回る一日。

12月8日（火曜日）　首相官邸で犯罪対策閣僚会議、文科省で予算関連、議員会館で十六区関係の予算関連会議。

12月9日（水曜日）　愛甲石田駅で朝立ち後、下磯部明寿会の忘年会。上京し、夜中まで予算関連の調整作業。

12月10日（木曜日）　岐阜県可児市に出張しワークショップ、文化創造センター視察。その後、福井県越前市に移動して『車座ふるさとトーク』と会合。

12月11日（金曜日）　嵐で地元まで5時間
12月12日（土曜日）　福井大学教職大学院、福井市立・安居（あご）中学を視察。地元に戻り自動車整備連盟政経研究会で講演と議論。感謝です。

12月13日（日曜日）　予算策定作業。新世紀いせはらでの講演。厚木伊勢原歯科医師会の忘年会に出席。感謝です。

12月14日（月曜日）　早朝6時から朝市、地域の餅つき大会、難波市議、山口県議の忘年会に参加。感謝です。

12月15日（火曜日）　本厚木駅で朝立ち（6時～7時半）、16区JA国政学習会。上京し、政務三役会議等。

12月16日（水曜日）　朝から義家主催のPT、ノーベル賞受賞者報告（大臣室）、官邸で教育再生実行会議等。

12月17日（木曜日）　朝から文部科学省。中国出張の打ち合わせ等の後、宮中午餐会、帰省後、連続で打ち合わせ会議8件、取材3件。

12月18日（金曜日）　小田急相模原駅で朝立ち後、文科省。予算関連の最終打ち合わせ、陳情対応。夜は地元後援会、義志の会、私立幼稚園協会の忘年会。

12月19日（土曜日）　早朝に自宅を出て、成田から中国・青島へ。早速、日本人学校を訪問、激励。夜は外務省職員らと文化大臣会合の入念な打ち合わせ。

12月20日（日曜日）　中国・ルオ文化部長、韓国・キム長官と二国間会談。夜は中国政府主催の晩餐会。

12月21日（月曜日）　日・中・韓三カ国文化大臣会合。調印式。国益に資する有意義な責任者会合となりました。

12月22日（火曜日）　時差ボケもなんのその、朝6時から本厚木駅で朝立ち。7時半の電車に駆け込み、政務三役会議、教育再生実行会議、予算大臣折衝等。夜は県央経営者会の第52回例会に出席。

12月23日（水曜日）　内閣制度創始１３０年記念式典出席。ＰＴ、政策打ち合わせ多数。夜は伊勢原で会合。

12月24日（木曜日）　天皇陛下誕生日。息子が6泊7日のスキーキャンプに旅立ち。大きくなって帰ってこい！

12月25日（金曜日）　補正予算、来年度予算が閣議決定。政務三役会議、省議。第2回・教育創生勉強会を開催。

12月26日（土曜日）　地元企業の餅つき大会に参加。梅宮辰夫ご夫妻と久しぶりに再会。暮れのご挨拶まわり。

今年一年をご先祖様に報告するため、義家家のお墓参りに赴きました。

12月27日（日曜日）　昔、お世話になった方々にも暮れのご挨拶をしました。渋滞を警戒し、早めに長野発。圏央道のお蔭で高速でまっすぐ地元に帰還。

12月28日（月曜日）　本厚木駅で朝立ち。一年の総決算、地元各地で街頭演説を行いました。気温1度でした。

12月29日（火曜日）　街宣車に乗り、年末の挨拶。選挙区をくまなく回らせて頂きました。

12月30日（水曜日）　空路、北海道へ。家族帯同。北海道で抱えている懸案事項の議論。町村前議長のご逝去に伴う補選。勝ち切るため全力を尽くします。

12月31日（木曜日）　北海道小樽市で年越し。教え子らが多数集まり、にぎやかな年越しでした。

◉2016年

1月1日（金曜日）　家族で住吉神社に初詣。新たなる年。更なる飛躍を誓い、心を込めて参拝しました。元日

1月2日（土曜日）　旧知の方々と4月24日に迫る北海道5区衆議院補選に関して打ち合わせ。

1月3日（日曜日）　午前中に地元に戻り、4日からの通常国会に向け、準備万端、整えました。

1月4日（月曜日）　いよいよ平成二十八年が本格的にスタート。本年も皆様と共に誠実に歩んで参ります。義家拝

1月5日（火曜日）　本厚木駅で朝立ち（年頭挨拶）。年頭事務所会議の後、国会へ。第190回通常国会開会。

1月6日（水曜日）　文部科学省講堂にて新年年頭挨拶。会議4件の後、厚木市賀詞交換会。夜は山口美津夫相模原市議の御母堂様のお通夜。合掌。

1月7日（木曜日）　教育再生実行本部の激論の後、衆議院本会議で代表質問。夜は厚木市青年会議所新年会等。

1月8日（金曜日）　伊勢原駅北口で国島・小沼・萩原・八島伊勢原市議と共に朝立ち。部会、総理官邸での副大臣会議等。夜は地元新年会4件。感謝です。

終日、文部科学省。不祥事が続く教科書発行会社の不正について厳格な対応を行いました。北朝

鮮に対する抗議決議を本会議にて採択。

1月9日（土曜日）　愛川消防出初式等の地元行事及び、都内で開催された弁論大会『土光杯』で省を代表して祝辞。

1月10日（日曜日）　地元各地の消防出初式。伊勢原市民の集い、厚木北地区どんど焼、小鮎地区賀詞交換会、ソフトボール協会新年会等、終日、地元活動。

1月11日（月曜日）　厚木・伊勢原・清川村の成人式に出席。
成人の日

石田商工祭り、恩名・長谷自治会賀詞交換会、林地区等の各所どんど焼きに出席させて頂きました。

1月12日（火曜日）　本厚木駅北口朝立ち、事務所会議の後、登省。政務三役会議、地元小学校の文科省見学、会議（7件）後、賀詞交換会（5ヵ所）に出席。

1月13日（水曜日）　早朝、満員電車に揺られて国会へ。提出予定法案準備、会議（6件）、衆議院本会議。夜は地元の新年会に参加（2カ所）。

1月14日（木曜日）　宮中・歌会始の儀
皇居にて「歌会始の儀」。衆議院本会議（補正予算衆議院通過）。会議7件。

1月15日（金曜日）　皇太子殿下・妃殿下の御臨席を仰ぎ青少年総合センター50周年記念式典を挙行しました。

1月16日（土曜日）　船子どんど焼き、厚木南地区新春の集い、清川村賀詞交換会、小林厚木市長の新春の集い等の地元行事。

1月17日（日曜日）　県内の各種団体の新年会・賀詞交換会に出席。

1月18日（月曜日）　本厚木駅で暴風雪の中、朝立ち。ルーティンを守りました。政務三役会議、優秀教員表彰。長野から25名副大臣室に来訪。

1月19日（火曜日）　広域通信制問題タスクフォース主催。記者会見。参議院法務委員会で答弁。夜は地元会合。

1月20日（水曜日）　天皇陛下の思召により千葉の新浜鴨場にご招待頂き出席。全国製麺協会要請等。夜は伊勢原管工事協会、薬剤師会賀詞交換会等に出席。

1月21日（木曜日）　愛甲石田駅で朝立ち。会議（4件）面会（8名）。午後は衆議院本会議。夜はトラック協会県央ブロック賀詞交換会等に出席。

1月22日（金曜日）　朝6時半の電車で党本部へ。文部科学部会。会議後、衆議院本会議。夜は3件の新年会。

1月23日（土曜日）　故・萩野浩基氏の東北福祉大学学葬に出席。代表して弔辞。夜は自動車整備秦野伊勢原支部、行政書士会厚木支部賀詞交換会に出席。

1月24日（日曜日）　厚木市県人会、地元市議の先生方の新春の集い、高相建設業組合創立70周年式典に出席。

1月25日（月曜日）　本厚木駅で朝立ち（マイナス1度）。政務三役会議の後、政策記者会見。取材、会議、夜は都内で会合。帰宅は未明となりました。

1月26日（火曜日）　義家主催の政策会議、給食フェア。午後は衆議院本会議で各党代表質問（2時間40分）。

1月27日（水曜日）　終日、衆議院本会議で各党の代表質問。終了後地元に戻り、病院協会賀詞交換会等2件。

1月28日（木曜日）　朝から登省。文化庁関係会議等、分刻みのスケジュール。夜は伊勢原市建設業協会等の各種団体主催の賀詞交換会に出席。

1月29日（金曜日）　朝から登省。厚木小学校１４７名の生徒を国会にお迎え。夜は電気工事工業組合賀詞交換会、瀧口厚木市議の新春の集いに参加。

1月30日（土曜日）　厚木市表彰式、加山相模原市長の新春の集い、厚木医師会新年会等の地元式典、行事。

1月31日（日曜日）　厚木駅伝、秋篠宮殿下ご臨席の式典で公務（東京大学）、厚木建築職組合賀詞交換会。

2月1日（月曜日）　本厚木駅で朝立ち（気温3度）。事務所会議後登省し、政務三役会議、新聞取材、ビデオメッセージ撮影、政策会議4件を行いました。

2月2日（火曜日）　衆議院本会議、文化庁メディア芸術賞授賞式にて文科省を代表して受賞者を表彰。

2月3日（水曜日）　伊勢原大神宮・阿夫利神社・比々多神社の節分祭に出席。

　節分　すぐに上京し、各国大使をお招きしてのスポーツ文化交流レセプションを主催。

2月4日（木曜日）　朝一番、首相官邸で副大臣会議。党部会でプラン説明、政策会議7件、並行して委員会対応。夜は官邸で教育再生実行会議の議論。

2月5日（金曜日）衆議院予算委員会の対応、国会提出予定法案の詰めの作業。新春の集いの準備。

2月6日（土曜日）鈴謡会新年会、渡辺紀之県議の集い、郵便局長会。義家ひろゆき・新春の集い開催！

2月7日（日曜日）厚木市鳶尾にて植林祭。皇太子殿下ご夫妻をお迎えし、「修養団」の110周年記念大会。

2月8日（月曜日）本厚木駅で朝立ち。事務所会議の後、小田急で上京。政務三役会議、会議5件、文化庁芸術祭で賞を贈呈。県央経営者会新春の集い。

2月9日（火曜日）早朝の電車で上京。午前は会議4件。午後から代議士会・衆議院本会議。夕方から党の部会。夜は政務三役と補佐官で会合。

2月10日（水曜日）伊勢原駅で萩原、八島両市議と朝立ち。上京後は各種会議、打ち合わせ。夜は地元会合。

2月11日（木曜日）細谷県議会議員の新春の集い。午後一時から伊勢原はなの会の新年会。温かい時間でした。

建国記念の日
2月12日（金曜日）来週の衆議院予算委員会の集中審議の答弁準備と確認。堀江県議会議員の新春の集い。

2月13日（土曜日）各地区で開催の公民館まつりに伺いました。また、指圧を一時間半受けてボディーをケア。

2月14日（日曜日）大山公民館、中央公民館、大田公民館祭り、神奈川県鳶工業連合会・若鳶会賀詞交換会、秦野選出の神倉県議会議員の新春の集い。

2月15日（月曜日）本厚木駅で朝立ち後、事務所会議を経て上京。新聞取材、政務三役会議、新宿区立大久保小学校、新宿中学校視察。衛藤首相補佐官と会合。

2月16日（火曜日）衆議院本会議で国税の税制法案審議入り。来日している英国・下院議員と会議。取材、打ち合わせ会議多数。夜は地元で各位と会食。

2月17日（水曜日）自民党神奈川県連訪問。その後、文科省で中高連会議、障がい者スポーツ企画会議、教育創生勉強会等。夜は文科省職員と会合。

2月18日（木曜日）衆議院本会議で地方税の税制法案審議入り。夜は津久井地区団体協議会賀詞交換会。

2月19日（金曜日）　終日、衆議院予算委員会TV入り集中審議。

2月20日（土曜日）　高部屋、比々多、伊勢原南、成瀬各公民館まつり。越智議長、神子市議の集い。厚木市ソフトボール協会評議会に出席。

2月21日（日曜日）　千代田区でいじめ防止シンポジウム、難波市議の集い、ふるさと演芸会、渡辺町議の集い。

2月22日（月曜日）　本厚木駅で朝立ち（6時〜）、事務所会議後、文部科学省。政務三役会議等。同郷の油井宇宙飛行士が表敬訪問。同郷のよしみで大いに盛り上がり、宇宙のお土産を頂きました。

2月23日（火曜日）　早朝、官邸に参集し「すべての子どもの安心と希望の実施に向けた副大臣会議」。その後、文部科学省にて公務、会議、執務、取材。

2月24日（水曜日）　愛甲石田駅で朝立ち（6時半〜）後、上京。国際教育フォーラム、東京高専、NHK学園を視察。夜は萩生田官房副長官と会合。

2月25日（木曜日）　朝8時〜夜8時、予算委員会分科会対応。

2月26日（金曜日）　衆議院総務委員会対応。夕方より自民党神奈川県連。夜は地元にて会合。

2月27日（土曜日）　終日、地元活動。先般、開催した「新春の集い」で受付等をお手伝い頂いた女性の皆様へ感謝を込めて「お礼の会」を開催。

2月28日（日曜日）　依知南公民館祭り、自民党伊勢原支部総会。

2月29日（月曜日）　本厚木駅で朝立ち（6時〜）、JAあつぎ青年部との意見交換会、政務三役会議、プロジェクト会議、取材等。夜は地元で会合。

3月1日（火曜日）　伊勢原市制施行45周年記念式典。上京し6件の打ち合わせ。衆議院本会議。予算通過。

3月2日（水曜日）　朝から文科省に詰め、広域通信制高校の教育運営改善緊急タスクフォースを主催。記者会見。国立西洋美術館、東京芸術大学を訪問し会議。

3月3日（木曜日）　朝8時半より官邸で副大臣会議。泰明小学校視察、優良公民館表彰式、取材、打ち合わせ。

ひな祭り

3月4日（金曜日）小田急相模原駅で朝立ち（6時半～）。上京し、衆議院文部科学委員会で所信、予算概要説明。夜は公明党の時局講演会で挨拶。

3月5日（土曜日）厚木ライオンズクラブ50周年式典、厚木市日中友好協会写真展、地元各地区で開催された公民館祭りに参加。

3月6日（日曜日）比々多杯ソフトバレーボール大会、日向薬師宝城坊本堂見学会、地元各地区で開催された公民館祭りに参加。

3月7日（月曜日）本厚木駅で朝立ち（6時～）、事務所会議後、文科省。政務三役会議、科学博物館、包括連携協定署名式、会議。夜は結婚式。

3月8日（火曜日）参議院文教科学委員会にて予算概要説明。代議士会、本会議の後、文科省にて会議7件。

3月9日（水曜日）地方創生特別委員会で答弁。青少年の体験活動推進企業表彰式後、広島県府中町へ。教育委員会、学校長と面談後、記者会見。帰宅は零時。

3月10日（木曜日）終日、参議院文教科学委員会で所信に対する質疑に対応。府中町における自殺事案への対応。大恩ある故黒澤清川村議のお通夜に参列。

3月11日（金曜日）東日本大震災から5年
世界スカウトジャンボリー日本委員会、東日本大震災五周年追悼式、内閣府との会議等。

3月12日（土曜日）こどもの森オープニング、山口相模原市議、加山市長の集い、地元各地区で開催された公民館祭りに参加。厚木商業ソフトボール壮行会に出席。

3月13日（日曜日）第83回・自由民主党定期党大会開催。終了後、藤野中央公民館祭り等の地元行事に出席。

3月14日（月曜日）本厚木駅で朝立ち（6時～7時半）、事務所会議後、文科省。政務三役会議、次世代教育指導体制タスクフォース他。夜は都内で会合。

3月15日（火曜日）午前中、地元後援会の皆様が副大臣室来訪。衆議院本会議。広島の中学生自殺事案のタスクフォース。主権者教育など会議5件。

3月16日（水曜日）　朝8時より党本部で部会。新聞社の取材2件、文化庁、初中局、生涯局と会議多数。

3月17日（木曜日）　愛甲石田駅朝立ち（6時半～）。上京し打ち合わせ後、本会議。取材、通信制高校PT等。夜は地元で後援会の皆様に御礼と国政報告。

3月18日（金曜日）　参議院予算委員会（テレビ入り質疑）にて答弁。高専、給食軽減税率等の議論。夜は会合。

3月19日（土曜日）　大山とうふ祭りに出席後、都内でスーパーラグビー観戦、視察。その後空路、兵庫県西宮市へ。

3月20日（日曜日）　春の選抜甲子園大会
甲子園・選抜大会で開会あいさつ及び、始球式。球児たちの熱き戦いがスタート！

3月21日（月曜日）　厚木市グラウンドゴルフ団体選に出席。試打は…外れ（要練習）。神奈川工科大学卒業式。

振替休日
3月22日（火曜日）　本厚木駅で朝立ち（6時～7時半）。事務所会議後、文科省。政務三役会議、ラジオ番組収録、答弁、官邸で教育再生実行会議に出席。

3月23日（水曜日）　早朝より国会。衆議院法務委員会、地方創生特別委員会で答弁。会議、打合わせ10件。

3月24日（木曜日）　朝から次世代教育指導体制タスクフォースを主催。昼より、代議士会、本会議（1時間55分）。会議、面会、打ち合わせ、取材等。

3月25日（金曜日）　小田急相模原駅で朝立ち（6時半～）後、文科省へ。後援会の皆様が副大臣室に来訪。励まされました。その後、会議、打合わせ9件。

3月26日（土曜日）　自民党神奈川県支部連合会役員総会（横浜）後、広島の中学校で起きた自殺事案対応のため広島出張。

3月27日（日曜日）　NHK学園卒業式で祝辞、表彰。地元に戻り飯山・新磯の桜まつり、及川文化祭等に出席しました。

3月28日（月曜日）　本厚木駅で朝立ち（6時～7時半）後、即、小田急に飛び乗り文科省。伊勢原の皆様が副大臣室を表敬。政務三役会議等。夜は会合。

3月29日（火曜日）　朝から文科省。広域通信制高校対策会議、部会、職業教育小委員会等。夜は地元で会合。

3月30日（水曜日）　NHK学園で行われているウイッツ青山高校卒業予定生徒への回復措置を激励。初代塾長を務めた横浜教師塾の塾生激励。記者会見等。

3月31日（木曜日）　市議の皆様と伊勢原駅で朝立ち。主権者教育の中間とりまとめ。会見、衆議院本会議。

　誕生日
4月1日（金曜日）　党の文科・内閣・厚労合同部会で相模原市の自死事案を報告。都市農業小委員会。本会議。

4月2日（土曜日）　義志の会バーベキュー。津久井さくらまつり等の地元行事に参加させていただきました。

4月3日（日曜日）　瀧口・神子厚木市議のさくらを楽しむ会、県人会、自治会等の桜まつりに多数参加させていただきました。笑顔に包まれました。感謝です。

4月4日（月曜日）　本厚木駅で朝立ち（6時～7時半）、事務所会議後、文科省。国会答弁、政務三役会議、国立大付属中学視察。将棋名人戦に来賓出席。

4月5日（火曜日）　伊勢原大田地区太陽光発電開所式、感激しました。衆院本会議（2時間15分）、夕方から官邸で教育再生実行会議。

4月6日（水曜日）　終日、文部科学省。内閣府の産業競争力会議で答弁（2分野）、文化プログラム議論等。

4月7日（木曜日）　雨の中、愛甲石田駅朝立ち（八島伊勢原市議も共に立って下さりました）。上京後、面会、陳情、取材等。夜は東京で勉強会合。

4月8日（金曜日）　朝、息子の中学校入学式出席後、文科省。打ち合わせ多数。衆議院本会議。

4月9日（土曜日）　桜を見る会、小島組感謝祭、鈴木学園入学式、津久井湖桜祭り、神社例大祭（3か所）。

4月10日（日曜日）　相模川芝桜祭り、稲生桜祭り、宝扇流桜祭り、石田子安神社、笠窪神明神社例大祭、金田大六天社例大祭、楽天会せみ凧揚げ大会に出席。

4月11日（月曜日）　本厚木駅で朝立ち（6時～7時半）後、北海道5区補選応援演説のため北海道へ。日帰り。

4月12日（火曜日）　奨学金PT、次世代教育体制会議、フジテレビにてインターネットニュース番組の収録等。

4月13日（水曜日）早朝より国会答弁レク。東日本大震災特別委員会、決算委員会にて答弁。奨学金制度の改善・充実のためのPT開催。ぶら下がり取材。

4月14日（木曜日）朝一番、首相官邸にて副大臣会議。省で打ち合わせ後、本会議。参議院文教科学委員会、党の部会。夜は伊勢原商工会青年部と交流会。

4月15日（金曜日）衆議院文部科学委員会、震災対応。夜は神奈川16区議員連絡会に出席。支援議員団の皆様に震災の状況、対応を説明。

4月16日（土曜日）震災を受け、地元議員団と共に街頭で義援金活動を行いました。ご協力に感謝いたします。

4月17日（日曜日）震災対応の傍ら、地元を回らせていただき、状況と方針をお話しさせていただきました。

4月18日（月曜日）本厚木駅で朝立ち（6時～7時半）後、焼失した青根小学校を現地視察。中央教育審議会出席。夜は厚木SC、県央経営者会の総会。

4月19日（火曜日）参議院文教科学委員会での答弁、本会議（1時間半）、省務。相模原市議の皆様と懇親。

4月20日（水曜日）参議院の各会派に法案成立の挨拶回り、打ち合わせ会議（9件）、教育再生実行会議。

4月21日（木曜日）通信制高校の不適切問題で伊賀市長を指導。取材、記者会見、本会議、会議（7件）。地元で私立幼稚園協会の皆様と懇親。

4月22日（金曜日）委員会答弁、会議（11件）。夜は厚木管友会総会、後援会の皆様への国政報告。

4月23日（土曜日）オリンピックセンターで「子どもの読書活動推進フォーラム」に出席。厚木市立戸田小学校が表彰されました。グルメフェスタ、浅間神社に出席。

4月24日（日曜日）伊勢原身体障害者福祉協会総会、粟窪神社例大祭に出席。

4月25日（月曜日）本厚木駅で朝立ち（6時～7時半）、事務所会議後、文科省。面会、レク後、政務三役会議。文化庁強化推進本部等。夜は地元で国政報告。

4月26日（火曜日）伊勢原〈日本遺産〉に！

朝6時に小田急で上京し国会答弁。教育誌の対談、衆議院本会議。夜は地元で国政報告。

4月27日（水曜日）　朝6時に小田急で上京し、終日、国会答弁。夜は支援者と東京にて勉強会、会合。

4月28日（木曜日）　三日連続朝6時に小田急で上京し、2委員会で並行して国会答弁。衆議院本会議。夕方より地元で女子ラグビー日本代表表敬訪問等。

4月29日（金曜日）　相模湖やまなみ祭、伊勢原れんげ祭り、厚木市身体障害者協会総会、三ケ木春祭り敬老会等に参加。

昭和の日　笑顔に包まれた一日。

4月30日（土曜日）　県連女性局集会にて三原じゅん子参議院議員と対談。街頭演説、熊本地震への募金活動。

5月1日（日曜日）　文部科学省を離れて熊本入りしている馳大臣にかわって職務を代理。震災対応に全力。

5月2日（月曜日）　本厚木駅で朝立ち（6時～7時半）。事務所会議後、終日、地元を回らせて頂きました。

5月3日（火曜日）　森の里鯉のぼりまつり、愛川農林まつり、川と湖の魚フェア、相模の大凧前夜祭等に参加させて

憲法記念日　頂きました。多くの笑顔に包まれました。

5月4日（水曜日）　伊勢原の楽天会の「せみ凧あげ」にご挨拶した後、終日、相模の大凧祭り。

みどりの日　今年も4会場を丁寧に回らせて頂きました。大凧最高！

5月5日（木曜日）　地元回りを早めに終え、「こどもの日」を家族3人で祝いました。息子の希望で焼き肉！

こどもの日

5月6日（金曜日）　早朝自宅を出て福岡へ。宗像市の古墳群、宗像大社を視察。夜は知事、市長と懇親。

5月7日（土曜日）　朝7時にホテルを出て、漁船で「沖ノ島」へ。玄界灘の荒波が五臓六腑に沁みました。

5月8日（日曜日）　厚木市グラウンドゴルフ大会、飯山花の里ポピーまつり、国体カヌー神奈川選手権大会、伊勢原ホーム五月まつりに参加させて頂きました。

5月9日（月曜日）　本厚木駅で朝立ち（6時～7時24分）。7時29分の小田急で文科省へ。国会答弁、奨学金PTなど会議10件。後援会の皆様が文部科学省に来訪。励まし、本当に感謝です。

5月10日（火曜日）　早朝に上京。来日しているコロンビア教育大臣と会談。本会議、党部会等会議8件。

5月11日（水曜日）　衆議院文部科学委員会で提出法案採決。文部科学省にて各種会議。各委員会で答弁多数。

5月12日（木曜日）　早朝より官邸で副大臣会議。叙勲伝達式、衆議院本会議。拉致特別委員会で答弁。宅建協会相模原北支部総会・懇親会に出席。

5月13日（金曜日）　G7教育大臣会合
朝から岡山県倉敷市へ。G7教育大臣会合を議長国として主催。レセプションにも出席。

5月14日（土曜日）　G7教育大臣会合
午後岡山から地元に戻り、伊勢原にて義経会。

5月15日（日曜日）　G7教育大臣会合
公園緑花まつり、厚木緑のまつり、相模原インターナショナルフェスタ等。愛川町後援会「新緑の集い」。有難う御座いました。

5月16日（月曜日）　本厚木駅で朝立ち（6時～7時半）、事務所会議後、文科省。政務三役会議、打ち合わせ会議7件、震災対応補正予算が衆院を通過。

5月17日（火曜日）　震災対応補正予算成立
中央教育審議会、褒章伝達式、チェコ共和国議員団との会議、党部会、派閥パーティー。

5月18日（水曜日）　朝から官邸で一億総活躍国民会議、島根県知事との会談等。地元で後援会国政報告会。

5月19日（木曜日）　伊勢原駅朝立ち（小沼・萩原・八島市議）後、上京。委員会で国会答弁（80分）、本会議、要請・陳情多数。夜は地元会合2件。

5月20日（金曜日）　小田急相模原駅朝立ち、伊勢原商工会総代会。文科省で会議6件。夜は女性の会開催。

5月21日（土曜日）　高部屋神社文化財登録式典、愛甲石田ふれあい祭り、伊勢原平成ロータリークラブでの講演、JAいせはら総代会、新世紀いせはら総会、自動車整備秦野伊勢原支部総会等。

5月22日（日曜日）　大山酒まつり、比々多神社まが玉祭等に参加。終日、晴天の空の下、地元を回りました。

5月23日（月曜日）　本厚木駅で朝立ち（6時～7時半）後、小田急で上京。相模湖後援会の皆様が文科省来訪。政務

5月24日（火曜日）　三役会議、官邸でインフラ会議等。

5月25日（水曜日）　代議士会、本会議、岡山県教育長来訪。会議5件、党文部科学部会。夜は地元会合3件。

5月26日（木曜日）　ニューオータニにて「深緑セミナー」。ご協力頂いた皆様に心から感謝致します。文科省で会議6件。夜は地元で「万緑会」に出席。

5月27日（金曜日）　愛甲石田駅で朝立ち後、上京。清和研総会、内閣委員会で答弁、取材。地元で国政報告会。

5月28日（土曜日）　早朝に上京。東日本大震災特別委員会で答弁。八王子で開催された関東甲信越静市町村教育委員会連合総会に出席。夜は地元会合。

5月29日（日曜日）　開発工業30周年記念式典、厚木南地区歓送迎会、教育シンポジウム講演。党支部大会。

5月30日（月曜日）　県央相模川サミット、南毛利南どろんこバレー大会等、終日、地元をまわりました。

5月31日（火曜日）　本厚木駅で朝立ち（6時〜7時半）後、小田急で上京。中央教育審議会総会、堀内元衆議院議員ご葬儀、清和政策研究会総会、ＡＳＥＡＮの学生と懇談、会議4件。夜は地元会合。

6月1日（水曜日）　早朝より会期末に向けた対応。党の部会、省内会議5件。本会議で内閣不信任案否決。

　第１９０回・通常国会閉会
6月2日（木曜日）　本会議で会期末処理。国会が閉じても副大臣の仕事は変わりません。会議多数。

6月3日（金曜日）　早朝より官邸で副大臣会議。都道府県・指定都市生徒指導担当者連絡会等。夜は地元会合。

6月4日（土曜日）　小田急相模原駅で朝立ち。土曜日からの天皇・皇后両陛下御臨席の「全国植樹祭」準備。

6月5日（日曜日）　県連参議院選対本部長会議後、長野県長野市へ。天皇・皇后両陛下をお出迎えし、全国植樹祭レセプション。

6月6日（月曜日）　植樹祭、昼食会。天皇陛下の御隣で食事をさせて頂きました。信州大学に御案内。

6月7日（火曜日）　本厚木駅で朝立ち（6時〜7時半）後、事務所会議。文科省で出版社、豊島区長・議長と面会。会議2件。教育再生首長会議総会出席。

　朝から文部科学省。会議6件、第一回ｓｐｅｃｉａｌプロジェクト会議、神奈川県連総決起大会。

6月8日（水曜日）　後援会の皆様のご支援に感謝です。

6月9日（木曜日）　朝から文部科学省。京都・山田知事と面談。会議、打ち合わせ。夜は公邸で総理と会食。

6月10日（金曜日）　8時10分発の飛行機で熊本へ。益城町の保育所・小・中、避難所、熊本市の高校、大学、熊本城を視察。しっかりと寄り添います。

6月11日（土曜日）　大分で立命館アジア太平洋大学視察。学生らと懇談。夜は義志の会・伊勢原総会。感謝。

6月12日（日曜日）　終日、地元活動。選挙のための地元活動ではなく、地元のための地元活動に奔走しました。

6月13日（月曜日）　全日本教職員連盟総会。あつぎ飯山あやめ祭り、やすらぎ会青葉まつり、街頭演説。

6月14日（火曜日）　本厚木駅で朝立ち（6時〜7時半）後、文科省へ。相模原市とリニア会談、私立幼稚園連合大会、政務三役会議、神道政治連盟総会等。

6月15日（水曜日）　各種団体に挨拶回り、私立保護者交流会、神奈川工科大学講演。相模原南区後援会国政報告会が盛大開催。皆様に心より、感謝致します。

6月16日（木曜日）　終日、地元で日頃よりご支援いただいている皆様に御礼のご挨拶に伺いました。内陸工業団地協同組合50周年式典。歴史に敬意。

6月17日（金曜日）　伊勢原駅で市議の皆様方と朝立ち後、文科省へ。大学対応、会議6件、取材、会見2回。

6月18日（土曜日）　早朝より東北へ。宮城県名取市、福島県南相馬、浪江町、双葉町、大熊町、いわき市歴訪。

6月19日（日曜日）　国土開発工業安全衛生大会、鈴謡会祝勝会、伊勢原国政報告会。皆様に、心より感謝致します。

6月20日（月曜日）　比々多神社崇敬者祭、本厚木駅北口街頭演説。選挙モード！仲間と共に未来を訴えます。

6月21日（火曜日）　本厚木駅で朝立ち（6時〜7時半）後、事務所会議。馳大臣・三原参議院議員・義家による街頭演説。小田急に飛び乗り文科省で実務者会議、勉強会。夜は東京にて会合。

6月22日（水曜日）　早朝より文科省。取材、打ち合わせ2件後、政務三役会議。午後は秋篠宮同妃両殿下のご臨席の「日本水大賞」で表彰。夜は地元葬儀。

参議院選挙公示

6月23日（木曜日）参議院選挙公示！横浜にて出陣！終日、奔走。全国特別支援学校長会研究大会。熊本市長・教育長、議長の要請対応。相模川漁協総会、いせはら子ども食堂開設式、建設業協会会長就任祝い、徳間和男前厚木市議の叙勲祝賀会。

6月24日（金曜日）愛甲石田朝立ち、街頭演説、大総決起大会！

6月25日（土曜日）チャレンジティーボール選手権、山梨で祝賀の集い、石破大臣と街頭演説。

6月26日（日曜日）明るい社会づくり伊勢原市協議会総会。皆様と共に、皆様への感謝を胸に全力疾走しております。

6月27日（月曜日）本厚木駅で朝立ち（6時～7時半）、事務所会議。参議院選挙に注力。午後6時からは県連、安倍晋三総裁と共に横浜で街頭演説。

6月28日（火曜日）在京当番で朝から文科省。相武台自治会連合会の皆様が文科省訪問。政務三役会議、打ち合わせ会議等。夜は伊勢原で個人演説会出席。

6月29日（水曜日）小田急相模原駅にて朝立ち。参議院選挙神奈川16区選対会議等。夜は厚木で個人演説会。

6月30日（木曜日）参議院選挙に注力。連日、シフトで協力して頂いている後援会の皆様に心から感謝です。

7月1日（金曜日）在京当番で朝から文科省。給付型奨学金の創設に向けた検討会議、福島復興プラン等。

7月2日（土曜日）早朝より長野県長野市へ。参議院選挙に注力。街頭演説3カ所他、選挙カーで各所を遊説。

7月3日（日曜日）早朝より愛媛県松山市へ。参議院選挙に注力。講演会、若者達との懇談会、街頭演説、選挙カーに乗り込んでの遊説と汗を流しました。

7月4日（月曜日）本厚木駅で朝立ち（6時～7時半）後、選挙カーに乗り、遊説。公認候補と共に10カ所で街頭演説。炎天下と激しい夕立の中、本当に多くの後援会の皆様のお力を賜りました。この場を借りて改めて御礼申し上げます。

7月5日（火曜日）在京当番で文部科学省。教科書会社の不正問題対応、対談、取材等、選挙で停まっていた案件としっかりと向き合いました。夜は全日本不動産連盟県央支部の皆様と懇親。

7月6日（水曜日）終日、参院選対応。必勝に向け全力疾走。

7月7日（木曜日）　終日、参院選対応。必勝に向け全力疾走。

7月8日（金曜日）　県議・市議・後援会の皆様と伊勢原駅で朝立ち。文科省で教科書会社不正営業問題対応等。

7月9日（土曜日）　雨の中、県議・市議・村議・皆様と本厚木駅で最終訴え。

7月10日（日曜日）　参議院選挙投票日。暑く長い戦いでしたが、改めて後援会の皆様あっての義家であることを痛感致しました。心から感謝いたします。ありがとうございました。

7月11日（月曜日）　本厚木駅で朝立ち（6時～7時半）。11時50分に羽田を発ち、ロンドンへ。日本大使館と現地情報交換。夜は義家主催の夕食会。

7月12日（火曜日）　ロンドン日本人学校を訪問。ヘンドンスクール視察と意見交換。政府関係者と相次いで会談。ロンドン・スポーツとの意見交換。

7月13日（水曜日）　朝7時15分にロンドンを発ち、モスクワ入り。政府要人と相次いで会談。夜は夕食会。

7月14日（木曜日）　モスクワ日本人学校訪問。モスクワ大学を訪問しサドーヴニチイ学長と会談。フルセンコ大統領補佐官、要人と相次いで会談。

7月15日（金曜日）　機内泊で午前10時にウラジオストク入り。市長代行、沿海地方副知事ら要人と会談。極東連邦大学を視察し大学関係者と意見交換。

7月16日（土曜日）　ロシア科学アカデミー極東支部訪問後、帰国。

7月17日（日曜日）　石川節治前伊勢原市議の叙勲受章祝賀会。竜神通りサマーフェスタ等地元を走り回りました。

7月18日（月曜日）　大槻かずひろ相模原市議会議員の市政報告会に出席。今後とも力を合わせて前進します。

海の日
7月19日（火曜日）　本厚木駅で朝立ち（6時～7時半）後、電車に飛び乗り文科省へ。補正予算、会議7件。

7月20日（水曜日）　午前9時20分より総理官邸で副大臣会議。会議6件。夕方より厚木・清川のＪＡの盆踊り大会（6カ所）を回らせて頂きました。

7月21日（木曜日）　久しぶりにお休み。息子も夏休みのため、ランチ、ショッピング、ディナーと家族でゆったりとした時間を過ごさせて頂きました。

7月22日（金曜日） 朝から終日、文部科学省。補正予算、面会、取材、教科書不正問題等の会議4件。

7月23日（土曜日） 神奈川16区全体で夏祭りが61件開催され、31の会場を直接回らせて頂きました。感謝。

7月24日（日曜日） 津久井中野夏祭り、十二天神社、新明神社、半原神社、ほほえみの丘、清川ホーム、片町第一、第二、みよし夏祭りに参加。感謝致します。

7月25日（月曜日） 本厚木駅で朝立ち（6時～7時半）。事務所会議後、小田急で上京。面会、会議6件。

7月26日（火曜日） 違法指導で対応している「ウィッツ青山高校」への指導のため三重県伊賀市を訪問。市長・校長・運営会社に具体的な対応を再要請。

7月27日（水曜日） 「やまゆり園事件」を受けた対応。夕刻からは玉川グリーンホーム納涼祭、厚木病院協会懇親会、JA依知、JA相川の盆踊り大会に参加。

7月28日（木曜日） 小田急相模原駅朝立ち、神奈川県消防操法大会後、文科省。会議7件。津久井やまゆり園に献花。けいわ荘納涼祭、麻溝台JAまつり、自民党伊勢原支部夏季研修会。

7月29日（金曜日） テレビニュース番組収録、ユネスコ委員会。大学入試センター視察と意見交換。夜は会合。

7月30日（土曜日） 終日、地元納涼祭。猛暑の中、全57会場中29会場に直接足を運ばせて頂きました。

7月31日（日曜日） 朝五時半の「朝市」を皮切りに、終日、地元回り。12会場に伺わせて頂きました。

8月1日（月曜日） 本厚木駅で朝立ち（6時～7時半）、事務所会議後、文科省へ。地球フェスタの皆様が来訪。政務三役会議、国会開会式、本会議。

8月2日（火曜日） 特別支援学校の生徒らの「ボッチャ甲子園」に出席。会議・打ち合わせ8件。夜は尊敬する故・原田茂様のお通夜に参列しました。

8月3日（水曜日） 朝から上京し、代議士会・衆議院本会議。内閣改造に伴う省議・政務三役懇談会。退任される馳文部科学大臣の涙に心が震えました。

8月4日（木曜日） 他界された妻の祖母（享年89歳）の通夜に親族として出席。おもいを引き継ぎます。

8月5日（金曜日）　副大臣留任。官邸で新副大臣と共に総理主催の副大臣会議。夜は稲垣市議と夕涼み会。

8月6日（土曜日）　あつぎ鮎まつりオープニングに出席後、羽田空港に向かい甲子園へ。関係者と打ち合わせ。

8月7日（日曜日）　甲子園開会式で祝辞。とんぼ返りで地元に戻り夏祭り11会場に足を運ばせて頂きました。

8月8日（月曜日）　本厚木駅で朝立ち（6時～7時半）、事務所会議を経て、文科省。全国知事会からの要望対応、打ち合わせ。冨岡前副大臣お見送り。

8月9日（火曜日）　給付型奨学金検討委員会、国大協会会長と面談、石井国交大臣と面会、厚木市看護部長会の皆様と会談。夜は神奈川16区議連。

8月10日（水曜日）　新政務三役会議、省議、町村会要望対応、会議・打ち合わせ2件。夜は地元で会合。

8月11日（木曜日）　厚木市戦没者追悼式、山の日制定祝賀会、大山納め太刀、清川青龍祭、千木良納涼祭。

山の日
8月12日（金曜日）　秋篠宮殿下、眞子内親王のご臨席を仰ぎ、静岡にて「第12回・日本アグーナリー大会」。

8月13日（土曜日）　佐野川岩神社例大祭を皮切りに、地元納涼祭16会場を丁寧に回らせて頂きました。

8月14日（日曜日）　吉野神社例大祭、関口自治会夏祭り、上飯山夏祭り、小原八幡神社例大祭、伊勢原上納涼祭、子易比々多神社盆踊りに伺いました。

8月15日（月曜日）　本厚木駅で朝立ち（6時～7時半）、事務所会議後、新盆参り11軒。地域の祭り6カ所。

終戦の日
8月16日（火曜日）　朝から文部科学省。予算、ブルネイ出張等の打ち合わせ。夜は地元祭り3会場。台風接近。

8月17日（水曜日）　終日、地元活動。嵐・下原・上原（青野原）夏祭り。小稲葉の大山灯篭解説版見学等。

8月18日（木曜日）　早朝、自宅を出て圏央道で西武ドームへ。全国小学生ティーボール選手権大会で祝辞。南は沖縄、北は山形から集まった選手を激励。

8月19日（金曜日）　横浜国立大学教員免許更新講習を視察後、文部科学省。奈良西大和学園の生徒に講演。地元に戻り面談、夏祭り2会場を回りました。

8月20日（土曜日）　台風接近で不安定な空
厚木市農業まつり味覚祭を皮切りに、不安定な天気の中、地元夏祭り23会場を訪問。

8月21日（日曜日）　伊勢原・高山市長の事務所開き。前日、延期になった夏祭りも含め、全13会場の夏祭りを丁寧に回らせて頂きました。

8月22日（月曜日）　暴風雨の中、本厚木駅で朝立ち（6時～7時半）後、上京。2016国際学校図書館協会・東京大会に出席。その後、新幹線と在来線を乗り継ぎ豊田市で、ウィッツ青山高校の回復措置として「公民」の授業。エールを送る。

8月23日（火曜日）　ASEAN＋3のロングスピーチの猛練習他、文科省にて打ち合わせ4件。

8月24日（水曜日）　朝8時55分発で香港。香港大使と会議後、ブルネイ入り。晩餐会、芸術祭特別公演。

8月25日（木曜日）　朝8時30分より、ASEAN＋3会合、11時より、日・ASEAN文化大臣会合。終了後、国王・皇太子謁見。水上住宅視察。

8月26日（金曜日）　夜にブルネイ発、タイへ。タイ大使館と会議後、羽田へ。1泊3日の出張を終えました。

8月27日（土曜日）　ASEAN＋3文化大臣会合の報告と省庁連携。

8月28日（日曜日）　13カ所の夏祭りに参加しました。また応援するソフトボール・厚木SCを激励しました。

8月29日（月曜日）　本厚木駅で朝立ち（6時～7時半）。事務所会議後、文部科学省で来年度予算の概算要求最終調整。大恩ある方の御母堂様のお通夜。

8月30日（火曜日）　国立大学振興議員連盟総会出席後、打ち合わせ4件。政務三役会議、省議、丸川オリ・パラ大臣と会談後、神奈川県宅建政治連盟意見交換会。

8月31日（水曜日）　八月最後の日。一日、夏休みを頂き、家族でゆっくり過ごさせて頂きました。

9月1日（木曜日）　首相官邸で副大臣会議。清和政策研究会、文部科学省にて打ち合わせ7件。夜は地元会合。

9月2日（金曜日）　愛甲石田駅にて朝立ち（萩原、八島伊勢原市議と共に。感謝）。カンボジア出張の打ち合わせ。

9月3日（土曜日）　川本自治会防災訓練、煤ケ谷八幡神社例大祭、グランモールさくら及川納涼祭、宇賀弁財天祭典等に参加。

9月4日（日曜日）　伊勢原ファミリアサマーフェスティバル、八幡宮祭礼、防災訓練等に参加、出席。翌日からのカンボジア出張の準備を入念にしました。

9月5日（月曜日）　本厚木駅で朝立ち（6時～7時）後、成田空港へ。ＡＮＡ直通便でプノンペン。プノンペンからシェムリアップへ。深夜、就寝。

9月6日（火曜日）　朝一番でアンコールワット遺跡群へ。感動しました。アプサラ機構事務局長らと会談等。

9月7日（水曜日）　朝一番で首都・プノンペンに移動。トゥール・スレン訪問。教育省にてハン教育大臣、日本大使館で隅丸大使と会談。夜は「小島組カンボジア」主催レセプションに出席。

9月8日（木曜日）　プオン文化芸術大臣と会談。プノンペン日本人学校を訪問し教職員・生徒を激励。5大学の学長と意見交換会。夜22時50分、日本へ。

9月9日（金曜日）　日本に帰国。多少の時差ボケを抱えながらも通信の執筆、各種打ち合わせ。散髪。

9月10日（土曜日）　栃木県鬼怒川にて妻の祖母の納骨式に出席。

9月11日（日曜日）　坪ノ内八幡神社例大祭、国際ソロプチミスト伊勢原、下落合八幡神社例大祭等。女性部の会。

9月12日（月曜日）　本厚木駅で朝立ち（6時～7時半）後、官邸へ臨時国会提出法案の説明、根回し作業。

9月13日（火曜日）　朝から文科省。東海大学山田学長と懇談。政務三役会議、打ち合わせ、会議14件。夜は官邸にて安倍総理、菅官房長官と会食。

9月14日（水曜日）　朝から文科省。安西学術振興会理事長と懇談他、来訪多数。議長公邸にて大島議長と懇談。打ち合わせ11件。夜は東京で会合。

9月15日（木曜日）　自民党文部科学部会（2時間）、出張、視察打ち合わせと臨時国会国会対応に奔走。

9月16日（金曜日）　小田急相模原駅で朝立ち後、文科省。寒川町長と懇談、義経会の皆様が来訪。夜は懇親会。

9月17日（土曜日）　厚木市ペアグランドゴルフ大会。けいわ荘敬老会、地元事務所で面会・懇談。夜は地元会合。

9月18日（日曜日）　厚木市民体育祭、高山伊勢原市長・出陣式、高部屋神社例大祭、戦没者追悼法要、伊勢原ホーム

9月19日（月曜日）　敬老会、髙山伊勢原市長・報告会。

敬老の日・祝日

9月20日（火曜日）　伊勢原大神宮例大祭、伊勢原大山ホーム敬老の祝い、相武台まちづくりセンター開所式等。

9月21日（水曜日）　本厚木駅で朝立ち（6時〜7時30分）後、文科省。相模台地区後援会の皆様が文科省来訪。感謝。陳情多数。打ち合わせ会議9件。

9月22日（木曜日）　朝から中央教育審議会総会（〜12時）。パラリンピアンを迎え、ボッチャイベント主催。来客対応4件。夜間中学校視察後、東京で会合。

秋分の日・祝日

9月23日（金曜日）　生憎の雨で、行事が中止に。思いもかけない時間ができ、妻と映画「シン・ゴジラ」を鑑賞。

9月24日（土曜日）　雨の中、伊勢原駅北口で朝立ち（越水議長・小沼市議・舘市議と共に）後、上京。中国教育部カク副部長とバイ会談、学生組織と対談、アラン・アルゼンチン大使と会談。ミャンマー観光大臣とバイ会談。夜はカク教育副部長と会食。

9月25日（日曜日）　トレイルレース開会式。厚木市議の皆様と会合。

9月26日（月曜日）　月曜日からの国会に備え、怠りない準備。

9月27日（火曜日）　本厚木駅で朝立ち（6時〜7時半）、事務所会議後、文科省。打ち合わせ会議6件。天皇陛下お出迎え、国会開会式、所信表明演説。

9月28日（水曜日）　朝から文科省。広域通信制問題会議。所信質疑（3時間半）、文化審議会、夜は東京会合。

9月29日（木曜日）　第二寿会の皆様が国会来訪、ご挨拶。政務三役会議、所信質疑（2時間45分）。打ち合わせ会議5件。夜は松野大臣のパーティー。

9月30日（金曜日）　朝から文科省。北海道議会の皆様から陳情。給付型奨学金創設会議を主催。芸術家会議総会、東京五輪関係の打ち合わせ会議等。

愛甲石田駅で朝立ち（高橋ゆたか厚木市議と）。小田急で上京後、予算委員会対応。パラリンピックメダリスト表敬訪問。夜は東京会合。

10月1日（土曜日）林神社例祭式、おださがロードフェスタ参加等。

10月2日（日曜日）森の里・毛利台幼稚園運動会、清川村制60周年、三増合戦祭り、ラビンプラザ、道灌まつり。

10月3日（月曜日）本厚木駅で朝立ち（6時～7時半）後、事務所会議。厚木市役所の皆様と会議など、終日、地元に根を張り活動しました。

10月4日（火曜日）小田急相模原駅で朝立ち（大槻相模原市議と共に）後、小田急で上京。党部会、打ち合わせ会議4件。午後7時より衆議院本会議。

10月5日（水曜日）終日、文科省。文化伝統調査会、渡海元文科大臣と給付型奨学金実現会議等。夜は会合。

10月6日（木曜日）終日、文科省。打ち合わせ会議7件。夕刻より官邸でオリ・パラ選手と式典・懇親。

10月7日（金曜日）相模湖駅で朝立ち後、文科省。オリ・パラ合同パレードを挙行。神政連神奈川県本部結成四十五周年式典、神奈川県理容生活衛生同業組合にご挨拶。官邸で会議。夜は地元会合。

10月8日（土曜日）小松コスモス祭り、箕輪神社例祭、千頭龍田神社例祭、伊勢原大山道展内覧会等出席。感謝。

10月9日（日曜日）睦合南地区運動会、小鮎地区運動会、厚木市柔道選手権大会等に出席。雨の中、感謝です。

10月10日（月曜日）厚木北地区、睦合西地区、厚木南地区、相模原内郷地区運動会に参加。

体育の日　八木神奈川県議会議員後援会主催「大ちゃん祭り」に参加。感謝。

10月11日（火曜日）本厚木駅にて朝立ち（6時～7時半・堀江県議と共に）、事務所会議。井上武厚木市議の御母堂様の告別式、合掌。文科会議6件。

10月12日（水曜日）午前11時に成田を発ち、インドネシア・デンバサールへ（約7時間）。祝賀夕食会・芸術祭。

10月13日（木曜日）朝9時より夕刻まで、世界文化フォーラム出席。閣僚セッションで「日本」を発信。終了後、空港へ。乗り継ぎで、帰路。機中泊。

10月14日（金曜日）朝7時、羽田着後、国会へ。文科委員会。

10月15日（土曜日）ターゲットバードゴルフ大会、厚木市障がい者体育大会、神子厚木市議バーベキュー、野百合園まつり、津久井地区社協ふくしの集い等。

10月16日（日曜日）　棚沢運動会、城山もみじ祭り、麻溝レク大会、相模湖ふれあい広場、牧野公民館祭り、MOA美術展、フラ発表会、自民党相模原政経パーティー。

10月17日（月曜日）　本厚木駅で朝立ち（6時〜7時半）。地元JAの皆様と意見交換会後、文科省。プロジェクトチーム会議、打ち合わせ会議など9件。

10月18日（火曜日）　朝一番で給付型奨学金タスクフォース会議後、記者会見。参議院文教科学委員会所信、本会議（2時間45分）。他会議など5件。

10月19日（水曜日）　文化ワールドフォーラムに政府代表で出席（京都）。各国の大臣と会談。京都を御案内。

10月20日（木曜日）　都内でスポーツワールドフォーラム。給付型奨学金タスクフォース。会議等4件。ラジオ収録。

10月21日（金曜日）　伊勢原駅で朝立ち（萩原市議と共に）。都市農業振興小委員会等。南毛利後援会懇親会。

10月22日（土曜日）　戸室2丁目敬老会、JA高部屋まつり、けやきの郷秋祭り、MOA作品展表彰式。お通夜。

10月23日（日曜日）　藤野ふるさとまつり、津久井やまびこまつり、愛川町ふるさとまつり、厚木林第一自治会バーベキュー、相武台ふるさとまつり等、地元を奔走。

10月24日（月曜日）　本厚木駅で朝立ち（6時〜7時半）後、事務所会議。国会答弁の作成・確認。夜は小島組・小島会長の御母堂様のお通夜。合掌。

10月25日（火曜日）　愛甲石田駅南口で朝立ち（八島市議と共に）後、国会へ。衆議院本会議。厚木同友会の皆様の表敬訪問。ミャンマー教育副大臣と会談。

10月26日（水曜日）　朝一番で文科省。会議・打ち合わせ8件。アセアンフェス・ビデオ収録。和光中学取材等。

10月27日（木曜日）　朝から文科省。会議・打ち合わせ7件。清和政策研究会。鳥取知事の震災対策要望等。

10月28日（金曜日）　朝一番で衆議院文部科学委員会で答弁。衆院本会議。総理官邸にて教育再生実行会議。

10月29日（土曜日）　厚木市立病院内覧会、JA大山・比々多支所祭り、藤野やまなみフェスタ、みはる野秋祭り、在カンボジアの皆様と交流会等、終日地元。

10月30日（日曜日）　鳥屋文化祭、カワラノギクを守る会花見会、渡辺愛川町議親睦会、日中友好イベント、小町祭り、自民党愛甲郡支部大会等。

10月31日（月曜日）　本厚木駅で朝立ち（6時～7時半）後、事務所会議。明治神宮崇敬会のグランドゴルフ開会式。横須賀の久里浜特別支援学校・国立特別支援教育総合研究所を11年振りに視察。

11月1日（火曜日）　衆議院本会議（約2時間）。文部科学省にて会議等6件。夜は豊島区斎場で母の通夜。

11月2日（水曜日）　午前10時より告別式。火葬、帰骨後、初七日法要。NHKにて日本賞・受賞式に出席。

11月3日（木曜日）　七沢森のまつり、JAまつり清川支所、勝坂ざる菊お花見会、城山福祉の集い、相模湖・小原宿本陣祭、飯山秋の花まつりに参加。

文化の日
11月4日（金曜日）　故崇仁親王殿下御葬儀。文化功労者表彰式、祝賀会を主催。文科省打ち合わせ6件。取材。

11月5日（土曜日）　地元公民館祭り、福祉大会等11カ所参加。

11月6日（日曜日）　地元にてスポーツ大会、公民館祭り等7カ所の行事に参加。夜は豊島区議会議員（竹下広美議員・姉）の長男（甥）の結婚式。

11月7日（月曜日）　本厚木駅で朝立ち（6時～7時半）後、事務所会議後、文科省。給付型奨学金実現PTなど、会議・打ち合わせ7件。実現に向け全力。

11月8日（火曜日）　朝8時より「火曜会」（大学学長の会）の朝食会で講話・懇談。衆議院本会議。文科省では次世代教育指導体制PTなど会議等8件。

11月9日（水曜日）　終日、文科省。特別支援総合プロジェクト、国立大学振興議連など会議等6件。伊勢原市商工会工業会40周年式典に出席。尊敬いたします。

11月10日（木曜日）　伊勢原ゴルフ大会
朝から官邸で副大臣会議。秋の叙勲伝達式。本会議（2時半）。会議等9件。帰宅は夜半。

11月11日（金曜日）　文科部会、さいこう日本、会議6件。佐野川公民館の皆様が文科省来訪。行政事業レビュー。

11月12日（土曜日）　厚木南口ホコ天まつり、厚木南・相模台・森の里公民館まつり、麻溝台JAまつり、役員会議等。

11月13日（日曜日）　飯山ふれあい健康まつり、小鮎・愛川・依知・相川支所JAまつり、荻野公民館まつり等に参加。

11月14日（月曜日）　本厚木駅で朝立ち（6時～7時半）、事務所会議後、小田急で文科省。珠算協会・市長会等陳情対応。予算折衝。教育再生実行会議。

11月15日（火曜日）　終日、文科省。秋の叙勲伝達式、奈良市長・大津市長と面談。省内打ち合わせ等7件。

11月16日（水曜日）　朝から衆議院文部科学委員会で答弁。白根生産森林組合の皆様来訪。打ち合わせ等11件。

11月17日（木曜日）　党・農業基本政策検討PT、参・文教科学委員会にて答弁、府中町町長、全国市長会の皆様と面談。障がい者支援4団体と面談。取材。

11月18日（金曜日）　文科法案成立。挨拶回り。最高情報セキュリティー責任者会議で訓示。会議4件。夜は伊勢原の渡辺県議会議員義母様のお通夜。合掌。

11月19日（土曜日）　健康マージャン、厚木もみじまつり、伊勢原農業まつり、日向薬師竣工式、尾崎咢堂杯等に参加。

11月20日（日曜日）　つくい湖湖上祭、道志川もみじ祭り、JA津久井郡・睦合・南毛利・玉川支所農業まつり等に参加。

11月21日（月曜日）　朝立ち強化週間実施
本厚木駅で朝立ち（6時～7時半）後、事務所会議。横浜市役所に赴きいじめ問題指導、会見。農業改革に対する意見交換会等多数。

11月22日（火曜日）　伊勢原駅にて朝立ち。衆議院本会議。文科省にて会議等6件。夜は「義家ひろゆきと日本再生を語る会」開催。心から感謝致します。

11月23日（水曜日）　JA麻溝、新磯のJAまつり、県人会ふるさと芸能発表会、城山で皆様と忘年会。温かい時。

勤労感謝の日
11月24日（木曜日）　記録的降雪
雪の中、愛甲石田駅で朝立ち。小田急に飛び乗り上京。清和政策研究会、教育再生実行会議。故高橋政志氏（前県人会会長）のお通夜。

11月25日（金曜日）　氷点下の気温の中、藤野駅にて朝立ち。福島県、京都府、岐阜県から陳情。衆院本会議。

11月26日（土曜日）　ＪＡあつぎ農業まつり、厚木ＳＣ感謝祭、障がい者ソフト始球式、宮ケ瀬イルミ点灯式等。

11月27日（日曜日）　ＪＡあつぎ農業まつり、難波厚木市議役員会・懇親会、第二回ふるさと絵画コンクール等に参加。

11月28日（月曜日）　本厚木駅で朝立ち（6時～7時半）後、事務所会議。筑波技術大学（盲・ろう対象の日本で唯一の高等教育機関）、筑波大学視察。

11月29日（火曜日）　早朝より文科省。政令都市市長会対応。政務三役会議、教育者表彰式、衆議院本会議。農水省と都市農業戦略会議。夜は東京会合。

11月30日（水曜日）　断続的に財務省と来年度予算折衝。地元にてＪＡあつぎ・いせはら・県央愛川・津久井・相模原・神奈川中央会・農水省合同政策会議。感謝。

12月1日（木曜日）　副大臣会議。戸田小国会見学。特別支援ＰＴ等会議13件。夜はＪＡ相模原国政勉強会。

12月2日（金曜日）　小田急相模原駅で朝立ち。玉川森の里地区後援会の皆様が国会来訪。会議等11件。夜は、神奈川県自動車整備政治連盟政経研究会。

12月3日（土曜日）　スマイルティーボール開会式、松田市議餅つき、東京工芸大学工学部50周年記念式典等。

12月4日（日曜日）　年末美化活動。三田地区国政報告会。感謝。

12月5日（月曜日）　本厚木駅で朝立ち（6時～7時半）後、事務所会議。都立葛飾ろう学校を視察。教育再生実行会議。夜は地元でアールグループ忘年会他。

12月6日（火曜日）　衆議院本会議。後援者と沖縄問題で意見交換。党・文科部会。夜は東京にて会合。

12月7日（水曜日）　文科省にて来年度予算最終調整。スポーツ議連女性アスリートＰＴ。文科省神奈川県人会。

12月8日（木曜日）　給付型奨学金制度検討会（2時間）、清和政策研究会、会議等11件。記者会見、懇談会。

12月9日（金曜日）　新潟で発生した震災避難者の不登校問題対応で新潟市訪問。文科省にて教育創生勉強会。

12月10日（土曜日）　厚木・みんなの食堂よつば開店式典。厚木歯科医師会、七八の会、秦野伊勢原歯科医師会、斎藤裕樹伊勢原市議の忘年会に出席。

12月11日（日曜日）旭町1丁目、旭町5丁目自治会年末ふれあいもちつき大会。弘和会国政報告会。斎藤絹枝コンサート、山口たかひろ県議後援会忘年会に参加。

12月12日（月曜日）本厚木駅で朝立ち（6時～7時半）後、事務所会議。ＪＡ国政学習会後、小田急で文科省。特別支援ＰＴ、会議・打ち合わせ9件。

12月13日（火曜日）終日、平成29年度予算対応。全力投球！

12月14日（水曜日）朝から文科省。ブルガリア大使訪問対応、大臣講話、会議・打ち合わせ7件。国会対応。衆議院本会議。終了は午前1時半でした。

12月15日（木曜日）朝から政務三役会議、日本公認会計士政治連盟取材、会議等9件。夜は地元忘年会。感謝。

12月16日（金曜日）予算対応、党文科部会、議長公邸にて議長と面談、会議等5件、夜は地元忘年会。感謝。

12月17日（土曜日）伊勢原リトルシニア野球教室視察、愛川町女性部懇親会、森の里クリスマスまつり、議員連絡会忘年会、建設協会二世会忘年会他。連日感謝。

12月18日（日曜日）高井工務店たかい祭り、伊勢原リトルシニア卒団式で祝辞。予算の最終打ち合わせ。夜は厚木で私の家族と教え子家族と忘年会。感謝。

12月19日（月曜日）本厚木駅で朝立ち（6時～7時半）後、地元・鈴木学園訪問。記者会見、大臣折衝。攻めの文化、次世代指導体制ＰＴ。夜は地元会合。

12月20日（火曜日）早朝、自宅を出て成田へ。カンボジア訪問。初日は現地会議の後、大使主催・夕食会。

12月21日（水曜日）プノンペン日本人学校式典、プノンペン都知事と会談。現地スポーツ関係者と昼食。カンボジア王国新学習指導要領認定式でスピーチ。ハン・チュンナロン教育大臣と会談後、夕食晩餐会。

12月22日（木曜日）車で往復7時間移動し、サンボー・プレイクック遺跡修復完了式典。夕食後深夜フライト。日本へ。

12月23日（金曜日）天皇誕生日　カンボジアより帰国。高橋ゆたか厚木市議忘年会。国島正富伊勢原市議忘年会に出席。

12月24日（土曜日）　長野県・義家後援会で国政報告会。長野1泊。

12月25日（日曜日）　早朝、お墓参りの後、地元へ。山口美津夫相模原市議忘年会、谷戸長谷地区懇親会等に出席。感謝です！

12月26日（月曜日）　本厚木駅で朝立ち（6時～7時半）後、小田急で文部科学省。伊賀市長対応、大西宇宙飛行士の帰還報告、河北新報取材等。

12月27日（火曜日）　新年に向けて散髪（2カ月ぶり）。その後、地元回り。夜は相模原緑区の皆様と忘年会。

12月28日（水曜日）　小田急伊勢原駅で今年最後の朝立ち（小沼・萩原・八島市議と共に）。21の企業・団体を御礼訪問。夜は伊勢原の皆様と忘年会。

12月29日（木曜日）　終日、地元活動。お世話になった皆様宅を訪問。夜はオリエンタル設備工業の忘年会に参加。

12月30日（金曜日）　広報車に乗り広く皆様に一年の御礼をさせて頂きました（124キロ運行）。夜は、甘利園芸の忘年会に出席させて頂きました。

12月31日（土曜日）　広報車の運行（91キロ運行）。夕刻より、家族水入らず穏やかに年越し晩餐会。感謝。

大晦日

◉2017年

1月1日（日曜日）　元旦祭、朝起き会。広報車に乗り込み新年の挨拶（86キロ運行）歳旦祭等の地元式典。感謝。

元旦
1月2日（月曜日）～1月4日（水曜日）　お正月休みを取らせて頂きました。行楽には行かず、地元で家族水入らず和やかな団欒の時を過ごし、英気を養わせて頂きました。

1月5日（木曜日）　相模原市新春賀詞交歓会、厚木市合同賀詞交歓会に出席。皆様に心を込め新年のご挨拶。

1月6日（金曜日）　朝から文部科学省。大臣年頭挨拶、政務三役会議。通常国会に向けみっちりと会議。

1月7日（土曜日）　愛川町消防出初式、厚木南地区どんど焼き、厚木緑ヶ丘地区新春の集い、厚木市民謡協会新年会、
1月8日（日曜日）　相模原市三師会賀詞交歓会、厚木睦合南地区賀詞交歓会等に出席。

1月9日（月曜日）　伊勢原市消防出初式、厚木市消防出初式、伊勢原市新春市民の集い、山岸一雄相模原市議新春の集い、厚木市ソフトボール協会新年会等。

成人の日（祭日）　清川村、伊勢原市、厚木市の各成人式。石田商工会商工まつり、どんど焼き。感謝です。

1月10日（火曜日）　本厚木駅で朝立ち（6時～7時半）後、事務所会議。厚木商工会議所、理容組合厚木支部、秦野・伊勢原支部、建設五団体、厚木青年会議所の各賀詞交歓会・集い・総会。感謝です。

1月11日（水曜日）　皇居にて挙行された「講書始の儀」に政府を代表して出席。夕方から伊勢原工業団地賀詞交歓会等5ヵ所の賀詞交歓会等に出席。感謝です。

1月12日（木曜日）　相模原市建設9団体、愛甲商工団体、厚木商店会連合会などの賀詞交歓会に出席。感謝です。

1月13日（金曜日）　小田急相模原駅で朝立ち（大槻市議と共に）後、小田急で文科省。会議3件、雑誌「正論」の取材。城山商工会賀詞交歓会。感謝です。

1月14日（土曜日）　社会福祉大会、厚木南、相模湖、清川、伊勢原ＪＣ、高橋・瀧口厚木市議の集い。感謝です。

1月15日（日曜日）　百人一首大会。細谷県議御尊父お通夜。合掌。

1月16日（月曜日）　本厚木駅で朝立ち（6時～7時半）後、事務所会議。文部科学省再就職斡旋問題で調査。覚悟を持って臨みました。全容を解明します。

1月17日（火曜日）　終日、文部科学省。会議・打ち合わせ5件。再就職斡旋問題対応。キャリア教育推進連携シンポジウム。夜は伊勢原警察激励会等。

1月18日（水曜日）　文部科学部会、省務。公明党神奈川県新春の集い。内陸工業団地、社労士会、歌川産業スクエア、瀧口厚木市議新春の集い、賀詞交歓会等。

1月19日（木曜日）　副大臣会議で再就職斡旋問題説明。天皇陛下のお招きで新浜鴨場。夜は宅建協会賀詞交歓会。

1月20日（金曜日）　通常国会召集。記者会見で斡旋問題説明。夜は厚木警察協力団体、介護事業所、管工事組合。

1月21日（土曜日）　みらい文化川本自治会餅つき、林自治会、厚木北地区、行政書士会の賀詞交歓会等。

1月22日（日曜日）　小野沢相模原市議・新春の集い。高相建設業組合懇親会、小林常良厚木市長・新春の集い等。

1月23日（月曜日）　本厚木駅で朝立ち（6時～7時半）、事務所会議。本会議。『天下りあっせん問題』の調査。

ほぼ徹夜ですが、長年の悪しき慣行。責任を持って断ち切ります。どうぞ見守っていて下さい。

1月24日（火曜日）　衆議院本会議代表質問。並行して『天下りあっせん問題』の調査。他会議・打合せ6件。

1月25日（水曜日）　終日、文科省。『天下りあっせん問題』の調査。会議・打合せ・陳情対応7件。答弁作成。

1月26日（木曜日）　終日、『天下りあっせん問題』の調査、自民党および衆議院予算委員会対応。

1月27日（金曜日）　終日、『天下りあっせん問題』の調査、党および衆議院予算委員会対応。衆議院本会議。

1月28日（土曜日）　厚木市表彰式、中村美好様の叙勲祝賀会、鈴謡会新年会、西北郵便局長会、自整連秦野・伊勢原新年会、厚木医師会新年会に出席。感謝。

1月29日（日曜日）　厚木県人会新春の集い、毛利台親和会新年会。文科省『天下りあっせん問題緊急会議』。

1月30日（月曜日）　本厚木駅で朝立ち（6時～7時半）、事務所会議後、文部科学省と国会、党を飛び回る。天下り斡旋問題対応に注力いたしました。

1月31日（火曜日）　相模原市内郷小学校国会見学を歓迎。文科省国会、党を飛び回る。全力を傾注しました。

2月1日（水曜日）　終日、文部科学省。「天下りあっせん問題」全容解明への対応、第三者選定、ヒアリング計画。

2月2日（木曜日）　総理大臣官邸で副大臣会議。清和政策研究会、調査会議。厚木地区食品衛生協会賀詞交歓会、宅建協会県央支部顧問議員懇談会。

2月3日（金曜日）　伊勢原駅で朝立ち（越水議長・萩原市議）、伊勢原大神宮、大山阿夫利神社、比々多神社節分祭。

節分　「天下りあっせん問題」解明に注力。

2月4日（土曜日）　ご逝去された大恩ある方のお宅に弔問。加山としお相模原市長の新春の集い。調査対応。

2月5日（日曜日）　津久井商工会青年部創立50周年式典。午後より文科省。調査公表に向け緊急会議招集。

2月6日（月曜日）　本厚木駅で朝立ち（6時〜7時半）秘書が実施。

私は5時半に自宅発、朝7時より国会で会議。文科省、国会、党本部を飛び回る。

2月7日（火曜日）　予算委員会集中審議対応。北方領土の日式典、会議・打ち合せ5件。天下り問題対応。

2月8日（水曜日）　国会対応。政務三役会議等、打ち合せ6件。天下り問題対応。恩人の御母堂様のお通夜。

2月9日（木曜日）　天下り問題対応。清和政策研究会、代議士会、衆議院本会議。会議・打ち合せ4件。

2月10日（金曜日）　小田急相模原駅で朝立ち（大槻市議と共に）。

なかい学園創立40周年、堀江県議新春の集い。

2月11日（土曜日）　厚木市ファミリーグラウンドゴルフ大会、稲垣相模原市議賀詞交歓会、伊勢原はなの会新年会、
建国記念の日　渡辺県議県政報告会、秋葉大権現祭礼、鳥屋・串川財産区意見交換会。天下り対応会議。

2月12日（日曜日）　文科省天下り問題対応。予算理事会資料作成。

2月13日（月曜日）　本厚木駅で朝立ち（6時〜7時半）。予算委員会理事会。湘南小学校6年生文科省へ。カンボジア
保健省交流会、県央経営者会。

2月14日（火曜日）　モンゴル・バトソーリ大臣、スコットランド・ヒスロップ大臣とバイ会談。会議・打合せ6件。

2月15日（水曜日）　国際バカロレア機構・シヴァ機構事務局長とバイ会談。会議・打合せ6件。党特命会議。

2月16日（木曜日）　朝から文科省。衆議院本会議（3時間）。津久井地区団体協議会賀詞交換会。

2月17日（金曜日）　愛甲石田駅北口朝立ち（高橋ゆたか市議）後国会へ。天下り斡旋問題会議等5件。愛川町義家ひ
ろゆき後援会新年会。感謝、感謝です。

2月18日（土曜日）　相模原青根小学校学習発表会、山口県議新春の集い。神子厚木市議新春の集い。伊勢原義経会新
年会。感謝、感謝です。

2月19日（日曜日）　桜杯親善学童野球大会、伊勢原南、成瀬、高部屋、比々多公民館祭り。天下り問題調査報告。

2月20日（月曜日）　本厚木駅で朝立ち（6時〜7時半）、事務所会議後、文科省。会議・打合せ5件。再就職斡旋問題
調査。名古屋で講演会。全力疾走。

2月21日（火曜日）　朝6時、自宅発。8時より衆議院予算委員会理事懇談会。会議・打合せ6件。党・文部科学部会、政務三役会議で調査報告、議論。

2月22日（水曜日）　終日、衆・予算委員会、再就職斡旋問題対応。

2月23日（木曜日）　終日、文部科学省。会議・打合せ5件。清和政策研究会。夜は徳間後援会の皆様と懇親。

2月24日（金曜日）　伊勢原駅で朝立ち（山田・舘市議と共に）。日本ユネスコ国内委員会に出席。夜は相模湖後援会の皆様と懇親会。温もりに感謝です。

2月25日（土曜日）　ティーボール大会、春いろフェスタ、リアンレーヴ伊勢原落成式、大田公民館まつり、東京オペラシティこども音楽コンクール表彰式。

2月26日（日曜日）　大山・中央公民館まつり。太田洋様叙勲祝賀会が盛大に開催。今後ともどうぞ御指導下さい。

2月27日（月曜日）　本厚木駅で朝立ち（6時～7時半）、事務所会議後、文科省。衆議院本会議にて平成29年度予算が可決され参議院に送付。

2月28日（火曜日）　終日、文科省。特別支援総合PT等の会議4件。ラジオＺｉｐ‐ＦＭインタビュー収録。夜は地元で会合。心を許す時を送りました。感謝。

3月1日（水曜日）　早朝より文科省。会議等7件。衆議院文部科学委員会で所信。優良公民館表彰で相川公民館・荻野公民館が表彰！大変誇らしかったです。

3月2日（木曜日）　朝8時より首相官邸にて副大臣会議。終日、参議院予算委員会対応。清和政策研究会。夜は地元で伊勢原連合後援会役員懇親会。感謝。

3月3日（金曜日）　小田急相模原駅で朝立ち後、電車に飛び乗り文科省。比々多小学校国会見学。力をもらう。

ひな祭り
3月4日（土曜日）　厚木睦合南、相模原新磯・麻溝・津久井中央の各公民館まつり。佐藤賢司氏叙勲祝賀会。

3月5日（日曜日）　自民党大会。中台和子氏叙勲祝賀会。玉川・南毛利・小鮎・北・相川の公民館まつり。感謝。

3月6日（月曜日）　本厚木駅で朝立ち（6時～7時半）、事務所会議後、文科省。中教審総会。優秀教員表彰。

3月7日（火曜日） 終日、文科省。参議院文教科学委員会で予算説明。本会議。政務三役会議等累次の会議。

3月8日（水曜日） 終日、文科省。会議・打合せ6件。長野市川田土地改良区の皆様が文科省を表敬。栄養教諭議員連盟総会に出席。

3月9日（木曜日） 終日、文科省。会議・打合せ6件。清和政策研究会。衆議院本会議で趣旨説明・質疑。

3月10日（金曜日） 相模湖駅で朝立ち後、文科省。会議・打合せ7件。衆議院文部科学委員会にて答弁。

3月11日（土曜日） しらゆりサッカー大会、ターゲットバードゴルフ厚木大会、相武台、城山公民館、本沢梅園まつり、自衛隊激励会、厚木商業女子ソフト壮行会。

3月12日（日曜日） 大山登山マラソン、荻野地区文化芸能発表会、藤野中央公民館まつり、八木県議陽春の集い、New Zealand女子ラグビー育成チーム歓迎レセプション。

3月13日（月曜日） 本厚木駅で朝立ち（6時～7時半）後、事務所会議。全日教連委員長と面談。会議・打合せ3件。義家ひろゆき春の集い開催！感謝。

3月14日（火曜日） 終日、文科省。会議・打合せ6件。本会議。第67回芸術選奨贈呈式で表彰、祝賀会。

3月15日（水曜日） 早朝より登省。内閣委員会で3名の野党議員に答弁。会議・打合せ9件。青少年の体験活動推進企業表彰式にて挨拶、表彰。

3月16日（木曜日） 会議・打合せ6件。清和政策研究会総会。本会議で教職員定数計画的改善法改正等成立。

3月17日（金曜日） 会議・打合せ9件。日本青年会議所会頭と協働プロジェクト会議。夜は東京で大臣会合。

3月18日（土曜日） 自由民主党神奈川県支部連合大会に多くの地元の皆様と出席。感謝。新世紀いせはら時局講演会にて国政報告、懇親会。感謝。

3月19日（日曜日） 大山とうふまつり。今年も健康で過ごせそうです。妻の実家にて義父の誕生日をお祝い。

3月20日（月曜日） 神奈川工科大学学位記授与式に出席。社会へと巣立つ若人に心からのエールを送りました。

春分の日

3月21日（火曜日）　本厚木駅で朝立ち（6時～7時半）、事務所会議後、上京。教科書議連主催。政務三役会議で再就職斡旋問題最終報告等議論。

3月22日（水曜日）　朝から文科省。ＩＣＴ教育、特別支援総合プロジェクト。参議院文教科学委員会委嘱審査。

3月23日（木曜日）　朝から文科省。午後の国会答弁レク。清和政策研究会。代議士会、本会議。参議院文教科学委員会（3ｈ30）で国会答弁。挨拶回り。

3月24日（金曜日）　朝から文科省。横浜市教委と面談。会議・打合せ6件。官邸の男女共同参画会で政策説明。

3月25日（土曜日）　みらくる保育園卒園式に出席し、祝辞。日本遺産認定記念「文化財フェスタ」に参加。

3月26日（日曜日）　新磯桜まつり、善波三嶋神社例祭。後援会の皆様に「義家ひろゆき伊勢原後援会・春の集い」を盛大に開催して頂きました。心から感謝。

3月27日（月曜日）　本厚木駅で朝立ち（6時～7時半）後、事務所会議後、文科省。熊本市長、レゲヴ・イスラエル文化スポーツ大臣と会談。富士スカウト賞受賞者が文科省表敬。会議・打合せ6件。

3月28日（火曜日）　障がいがある子ども達と芸術家によるコンサートと展覧会を主催。衆議院本会議（2時間）。

3月29日（水曜日）　参議院文教科学委員会での法案審査で答弁。

　　　　　　　　　会議・打合せ7件。神奈川市町村議員協議会。

3月30日（木曜日）　再就職斡旋問題報告
　　　　　　　　　参議院文教科学委員会（4ｈ）法案審査で答弁。合間に衆議院本会議。給付型奨学金実現。

3月31日（金曜日）　再就職斡旋問題国会対応
　　　　　　　　　衆議院予算委員会・衆議院文科委員会にて文科省再就職斡旋問題の調査最終報告を説明。衆議院本会議。政務三役会議。誕生日。

4月1日（土曜日）　八幡神社例祭、宮ケ瀬、まつかげ台桜まつり等に参加。後援会役員の皆様宅を訪問。感謝。

4月2日（日曜日）　白根神明社例祭、相模湖、厚木観光、飯山桜祭り、長谷桜を楽しむ会、厚木市県人会お花見。セルタン創立50周年式典。

4月3日（月曜日）本厚木駅で朝立ち（6時〜7時半）、事務所会議。文科省改革PTを立ち上げ後、京都に向かい文化庁地域文化創生本部開所式出席。

4月4日（火曜日）早朝より文科省。農林水産委員会・厚生労働委員会で答弁。衆院本会議（1h45）。

4月5日（水曜日）大田土地改良区太陽光発電完成式典。衆議院文部科学委員会。夜は自民党伊勢原支部総会。

4月6日（木曜日）官邸にて副大臣会議。外交防衛委員会、農林水産委員会にて答弁。本会議。会議等6件。

4月7日（金曜日）衆議院内閣委員会にて答弁。大恩ある今田前横浜市教育委員長が表敬。光栄の極み。

4月8日（土曜日）森の里幼稚園入園式、みらい文化川本自治会総会、厚木ヤクルト感謝の集い、津久井湖桜祭り。八坂神社例大祭、愛川町夜桜ライトアップ。

4月9日（日曜日）健康マージャン大会、相模川芝桜祭り、稲生、鮑子、大山桜祭り、鈴木学園入学式、笠窪神明神社例大祭、大六天社祭礼演芸会等に出席。

4月10日（月曜日）本厚木駅で朝立ち（6時〜7時半）、事務所会議後、文科省。決算行政監視委員会で文科省を代表して答弁。会議・打合せ6件。

4月11日（火曜日）終日、参議院文教科学委員会にて答弁。並行して衆議院本会議。夜は地元でラグビー女子ニュージーランド代表歓迎レセプション。

4月12日（水曜日）伊勢原駅で朝立ち（小沼市議と共に）。衆議員地方創生特別委員会にて答弁。会議多数。

4月13日（木曜日）参議院・内閣委員会にて文科省を代表して答弁。日本青年会議所とプロジェクト会議等。

4月14日（金曜日）朝から文科省。本会議（1時間）。会議・打ち合わせ4件。与瀬神社例大祭前夜祭。

4月15日（土曜日）JAいせはら園芸祭り、小島組感謝デー、JC関東フォーラム、日向薬師例大祭、NZ女子ラグビーと交流、細谷県議集い、芸術花火大会等。

4月16日（日曜日）毛利台老人憩の家「親和会」総会、JAいせはら園芸祭り、楽天会せみ凧揚げ大会等。

4月17日（月曜日）本厚木駅で朝立ち（6時〜7時半）、事務所会議後、国会へ。参議院決算委員会で答弁。金井宇宙飛行士表敬。厚木SC後援会懇親会。

4月18日（火曜日）　伊勢原駅で朝立ち。清川村議会議員選挙候補者出陣式。午後より衆議院本会議。専門誌教職課程から対談取材。会議・打合せ4件。

4月19日（水曜日）　早朝より文科省。衆議院法務委員会で答弁。会議・打合せ5件。新人職員に副大臣講話。

4月20日（木曜日）　朝から文科省。政務三役会議。清和政策研究会総会。相模原市教育委員会の皆様が来訪。夜は地元で厚木管友会、小鮎後援会懇親会。

4月21日（金曜日）　小田急相模原駅で朝立ち（大槻市議と）。衆議院文部科学委員会で政府答弁。本会議。

4月22日（土曜日）　かながわグルメフェスタ開会セレモニー、南北道路開通式、二井坂地区れんげ祭りに参加。

4月23日（日曜日）　清川村議会選挙投開票
宮ケ瀬トレイル、愛川ペタンク大会、厚木南公民館落成式、粟窪神社、道志川カヌー大会等に参加。

4月24日（月曜日）　本厚木駅で朝立ち（6時～7時半）、事務所会議後、座間市役所にて遠藤市長と面談。上京し、各種会議・打合せ。夜は東京で会合。

4月25日（火曜日）　早朝より国会。科学技術イノベーション委員会、農林水産委員会、地方創生特別委員会にて政府答弁。日本学生支援機構を視察。

4月26日（水曜日）　副大臣として日本国憲法施行70周年記念式典に出席。会議・打合せ・面会9件。夜は島村大参議院議員の国政報告会に出席。

4月27日（木曜日）　朝から文部科学省。会議・打合せ7件。清和政策研究会総会。夕刻より厚木市建設業協会総会・懇親会、地元会合に出席。

4月28日（金曜日）　愛甲石田駅で朝立ち（萩原・八島伊勢原市議と共に）。さいこう日本、衆議院本会議、文科省改革会議、神道政治連盟研修会に出席。

4月29日（土曜日）　チャリティーラン、大田土地改良区レンゲ祭り。

昭和の日
4月30日（日曜日）当通信の執筆後、昨日のＲＵＮのリハビリ。

5月1日（月曜日）本厚木駅で朝立ち（6時〜7時半）、事務所会議後、広報車に乗り、厚木、愛川町、相模原市緑区を遊説。芥川県議会議員と懇談。

5月2日（火曜日）法務委員会、民進党がいつもの審議拒否で委員長解任案を提出し、国会が完全ストップ。必要なのは議論よりも連休？大変、残念です。

5月3日（水曜日）森の里鯉のぼり祭り、愛川農林まつり、内水面祭り、大凧前夜祭。

憲法記念日
5月4日（木曜日）相模の大凧、座間の大凧祭り。本年も5会場を、丁寧に回らせて頂きました。

みどりの日
5月5日（金曜日）
こどもの日
〜7日（日曜日）仕事、仕事で、家族を旅行に連れて行ってあげることさえ叶わない歳月を重ねてきました。幼かった息子も、もう中学二年生。これまで彼は、何も言いませんでしたが、夏休みや冬休みの後の教室で、友人と囲む「家族旅行を語る輪」に入れない寂しさはいかほどのものだったでしょう…。「大人の階段」を昇る彼。部活も忙しくなり、もしかしたら「こどもの日」を祝ってあげられるのは、今年が最後かも…そんな思いから「家族の時間」を「大切」に過ごさせて頂きました。

5月8日（月曜日）本厚木駅で朝立ち（6時〜7時半）後、事務所会議。終日、衆議院予算委員会集中審議への対応と、翌日の参議院予算委員会対応。

5月9日（火曜日）参議院予算委員会集中審議への対応。政務三役会議。会議・打合せ10件。衆議院本会議。

5月10日（水曜日）政策勉強会等。多忙の中でたまりにたまっていた原稿の執筆に5時間を費やしました。

5月11日（木曜日）早朝より総理官邸で副大臣会議。全国町村教育長総会、全国出版人大会。本会議。文科省の在り方タスクフォース、終了後、記者会見。

5月12日（金曜日）朝から文科省。会議・打合せ8件。春の叙勲伝達式。亀井善之先生命日弔問。宅建協会相模北支

5月13日（土曜日）　部総会。ご逝去された久保田相模原市議お通夜。

5月14日（日曜日）　厚木市緑のまつり、伊勢原市緑花まつり参加後、姫路にて講演会。夜11時過ぎに帰宅。

5月15日（月曜日）　厚木北地区ソフトボール大会、南地区球技大会。愛川町後援会「新緑の集い」。感謝です。

本厚木駅で朝立ち（6時〜7時半）、事務所会議後、文科省。来日したインド国会議員団と政府を代表して面談。会議・打合せ5件。

5月16日（火曜日）　早朝より文科省。衆議院地方創生特別委員会、参議院文教科学委員会、農林水産委員会にて答弁。本会議。日本理科教育振興協会総会。

5月17日（水曜日）　早朝より文科省。終日、朝日新聞報道問題の調査と確認。取材多数。ＪＡ青壮年部の皆様が副大臣室を表敬訪問してくださいました。

5月18日（木曜日）　終日、衆議院農林水産委員会、参議院農林水産委員会にて答弁。津久井の皆様と会合。

5月19日（金曜日）　終日、文科省。会議・打合せ6件。命と暮らしを守る全国大会出席。林地区後援会役員懇親会。

5月20日（土曜日）　愛甲石田駅南口ふれあい祭り、厚木南歓送迎会、伊勢原市農協総代会、神自整秦野伊勢原支部総会、自民党厚木市連合支部大会。

5月21日（日曜日）　フルハーフばら鑑賞会、三増棟岩院例大祭、伊勢原ホーム五月祭り、比々多神社まが玉祭。

5月22日（月曜日）　本厚木駅で朝立ち（6時〜7時半）。決算委員会で答弁。いじめ事案について仙台市長・教育長・教育委員に法令に基づき行政指導。

5月23日（火曜日）　朝8時より党・文科部会。参文教委員会・農水委員会にて答弁。本会議。清和政策研究会集い。

5月24日（水曜日）　全国連合小学校長会総会。会議・打ち合せ等　8件、総理大臣官邸にて教育再生実行会議。

5月25日（木曜日）　早朝より文科省。政務三役会議。農水委員会にて答弁。特別支援総合研究所理事と面談。

5月26日（金曜日）　早朝より文科省。文部科学委員会で答弁。本会議。イラン国会議員団の皆様と外交議論。

5月27日（土）〜5月28日（日）　天皇・皇后両陛下より随行を許され『全国植樹祭』に出席させて頂きました。昼食は

5月29日（月曜日）天皇陛下の御隣でいただきましたが、陛下の穏やかな御言葉の一つひとつ、皇后陛下のお優しい所作に「皆様を代表して」触れさせて頂いたことは、栄誉の極みでございます。

5月30日（火曜日）本厚木駅で朝立ち（6時～7時半）、事務所会議、座間市役所への挨拶後、文科省。首相官邸で「経済インフラ戦略会議」に出席。

一人息子の誕生日
5月31日（水曜日）早朝より国会。参・法務委員会にて答弁。衆議院本会議。神奈川県神社庁新庁舎祝賀会。深緑政経セミナー
6月1日（木曜日）早朝より、文科省。会議・打合せ随時。衆・農水委員会にて答弁。深緑セミナー（ニューオータニ）が開催できました。心から感謝いたします。

6月2日（金曜日）官邸にて副大臣会議。午前は参・内閣委員会・農水委員会にて答弁。午後、参・農水委員会で答弁。岡山県知事、後志地方議員団と面談。

6月3日（土曜日）兵庫県明石市長、長野市議会議員団、NPO教員の働き方改革推進プロジェクトの皆様、豊島区区議、副区長と面談。衆議院本会議。

6月4日（日曜日）終日、在京当番。加計学園を巡る問題対応。

6月5日（月曜日）県人会の熊本・大分復興チャリティーに出席、感動。清川村産業まつり等終日、地元活動。

6月6日（火曜日）本厚木駅で朝立ち（6時～7時半）、事務所会議後、文科省。累次、国会対応。座長を務める「新たな教育イニシアティブPT」を開催。

6月7日（水曜日）朝から参・農水委員会、内閣委員会にて答弁。「世界ろう連盟」のコリン理事長と会談。

6月8日（木曜日）朝から衆・内閣委員会にて答弁。会議・打合せ7件。天皇・皇后両陛下に随行させて頂き科学博物館「大自然史博物館展」を鑑賞。

6月9日（金曜日）朝から参・内閣委員会、午後は参・農水委員会にて答弁。会議・打合せ等9件。終日、文科省。国家戦略特区に関わる追加調査を指示。甘利先生の「さいこう日本」等。

6月10日（土曜日）　終日、地元活動。夜は堀江県議・沼田・渡辺市議と共に小鮎地区地域懇談会。感謝の至り。

6月11日（日曜日）　終日、地元活動。第二森の里施設創立記念祭青葉まつり、あかね台たけのこ祭り、厚木市民謡協会等の式典・行事に出席させて頂きました。

6月12日（月曜日）　本厚木駅で朝立ち（6時～7時半）、事務所会議。文科省にて、小学生から大学生のお母様30名と面談。会議・打合せ。

6月13日（火曜日）　参議院内閣委員会にて答弁。全国高速道路建設協議会総会。会議・打合せ等5件、神道政治連盟総会。

6月14日（水曜日）　衆・農林水産委員会答弁、本会議、いじめ自殺に関して仙台放送取材。会議・打合せ6件。地元後援会長と懇談会。

6月15日（木曜日）　衆議院と参議院の農林水産委員会で答弁。清和政策研究会総会。打合せ7件、深夜0時10分より本会議にて内閣不信任案否決、夜中2時に散会。

6月16日（金曜日）　参議院内閣委員会、予算委員会。本会議で会期末処理。

6月17日（土曜日）　あきる野市と国立市にて、特別支援学校視察。阿津ほたる祭り、三ヶ木蛍まつり、城北里山まつり。

6月18日（日曜日）　第193回通常国会閉会
三ノ宮比々多神社崇敬者会、あつぎ飯山あやめ祭り。

6月19日（月曜日）　本厚木駅で朝立ち（6時～7時半）、事務所会議。終日、NHKで報道された『文科省資料』についての確認作業。

6月20日（火曜日）　早朝より文科省。次世代教育構想タスクフォース、政務三役会議、打ち合わせ等7件。取材。

6月21日（水曜日）　『資料問題』等への対応。会議・打合せ多数。アフリカ出張のため黄熱病の予防接種。

6月22日（木曜日）　中央教育審議会に「教員の働き方改革」を諮問。アメリカの4大学学長と議論。駐日キューバ大使と面談。会議・打合せ6件。

6月23日（金曜日） 都議選告示
6月24日（土曜日） 都議選が告示。担当する世田谷区で候補者と出陣式・街頭演説。厚木商工会議所通常総会。

6月25日（日曜日） チャレンジティーボール大会開会式、高橋ゆたか厚木市議のバーベキュー。都議選応援。

6月26日（月曜日） 母校である長野市立川田小学校にて講演。取材。故郷を離れて30年の節目の年。唱歌「故郷」が脳裏にこだましました。感謝です。

6月27日（火曜日） 本厚木駅で朝立ち（6時～7時半）、事務所会議。石川元伊勢原市議と面談。概算要求に向けた作業。地元のために着実に進めます。

6月28日（水曜日） 終日、文科省。丸山和也参議院議員・写真家協会と政策議論。首相官邸にて安倍総理・チェコ首相との首脳会談に同席。晩餐会出席。

6月29日（木曜日） 都議選の応援。新たに選挙区に加わった地域の皆様への通信を作成させて頂きました。

6月30日（金曜日） 朝一番で都議選駅頭応援演説。全国特別支援学校長研究大会。横浜市長と面談。文科省の在り方PT、囲み取材。打ち合わせ多数。

7月1日（土曜日） 都議会議員選挙。海外出張の準備。要人へのお土産や備品調達にあたらせて頂きました。

7月2日（日曜日） 甘利代議士・甘利事務所に先導して頂き、座間市相模が丘地区を挨拶回り。感謝いたします。

7月3日（月曜日） 都議選投開票日。真夜中まで結果を見守りました。オリ・パラに向けて全力を尽くします。

7月4日（火曜日） 本厚木駅で朝立ち（6時～7時半）後、羽田空港へ。約11時間のフライトでドイツ・フランクフルト。ドイツ総領事らと会談。

7月5日（水曜日） 真夜中にエジプト・カイロ入り。エルエナーニ考古大臣、アブデルガッファール高等教育大臣、シャウキー教育大臣と会談。

7月6日（木曜日） カイロ日本人学校訪問。大エジプト博物館、ピラミッド視察、メルヴァト元駐日大使に天皇陛下からの「叙勲」を伝達。義家主催の晩さん会。

早朝にエジプトを経ちサウジアラビア・ジッダ入り。行程をこなし一路、ケニア・ナイロビへ。

7月7日（金曜日）　ケニア日本人学校訪問。青年海外協力隊の皆様を激励。フリオ長官と会談。ケニア中央医学研究所視察。大使館主催の晩さん会。

7月8日（土曜日）　ナイロビ国立公園、ジョモ・ケニヤッタ農工大学視察後、一路、ＵＡＥ・アブダビ入り。

7月9日（日曜日）　日本時間13時10分成田空港着。地元日程。

7月10日（月曜日）　本厚木駅で朝立ち（6時～7時15分）後、閉会中審査の委員会答弁のため急行に飛び乗り国会へ。丁寧に向き合わせて頂きました。

7月11日（火曜日）　朝から文科省。秋篠宮同妃両殿下ご臨席のもと第19回・日本水大賞表彰式に出席。

7月12日（水曜日）　朝から文科省。日本の前途と歴史教育を考える議員連盟・党文科部会合同部会で新学習指導要領等について説明。会議・打合せ3件。

7月13日（木曜日）　朝から文科省。新たな教育イニシアチブPT開催、全私学保連総会に出席。夜は政策会合。

7月14日（金曜日）　朝一番、官邸でＴＰＰ等総合対策本部会議。カラット・エジプト大使と会談。会議・打合せ４件。夜は東京で政策会合。

7月15日（土曜日）　厚木神社例大祭、九州豪雨被害への座間市自民党連合支部街頭募金活動。納涼祭13カ所。

7月16日（日曜日）　宮ケ瀬八坂祭り、山王建設バーベキュー大会、高井祭。納涼祭9箇所。エネルギーを頂く。

7月17日（月曜日）　中依知児童館祭り、伊勢原でミニ集会１００回キャラバン。皆様、是非、お声をかけて下さい。

海の日
7月18日（火曜日）　本厚木駅にて朝立ち（6時～7時半）、事務所会議後、文科省。会議・打合せ7件。アブダビ教育評議会・ヌアイミ長官と会談。

7月19日（水曜日）　大恩ある比々多地区後援会・飯塚会長のお通夜。涙が出ました。ＪＡ南毛利・小鮎・睦合各支所で開催された盆踊り大会に出席。感謝。

7月20日（木曜日）　愛甲石田駅で朝立ち（高橋・八島市議と）。折笠前市議と自転車で個別訪問（60軒）。清琉会盆踊り。相模原市・緑区でミニ集会。

7月21日（金曜日）　第二回・ボッチャ甲子園。文科省在り方タスクフォース、広域通信制在り方会議、取材等。

7月22日（土曜日）　日本青年会議所サマーコンファレンスに省を代表して出席。夏祭り・納涼祭り16カ所。

7月23日（日曜日）　厚木市消防団消防操法大会。伊勢原でミニ集会キャラバン。夏祭り10カ所を回りました。

7月24日（月曜日）　本厚木駅で朝立ち（6時～7時15分）後、閉会中審査の委員会のため急行に飛び乗り国会へ。丁寧に向き合わせて頂きました。

7月25日（火曜日）　終日、国会閉会中審査対応。概算要求会議。

7月26日（水曜日）　朝から文科省。水戸市市長と面談等会議・打合せ5件。新生佛教団要望対応。夜は官邸。

7月27日（木曜日）　伊勢原駅にて朝立ち（山田・萩原両市議）。政務三役会議。米国から来訪のＤＥＣＡ幹部と会談。夕刻から、けいわ荘の納涼祭に出席。

7月28日（金曜日）　小田急相模原南口にて朝立ち後、文科省。会議・打合せ7件。義家ひろゆき議員在職10周年・さらなる飛躍を目指して励ます会。感謝。

7月29日（土曜日）　朝から夜まで、地元夏祭り・納涼祭を回らせて頂きました。26会場にご挨拶。

7月30日（日曜日）　座間市消防団操法大会、松田厚木市議バーベキュー大会、厚木建築職組合家族レクレーション大会、ボクシング世界チャンピオン井上尚弥Ｖ5祝勝会。夏祭り・納涼祭7カ所。

7月31日（月曜日）　本厚木駅にて朝立ち（6時～7時半）、事務所会議後、文科省。会議・打合せ6件。広域通信制高校改革協力者会議取りまとめ手交。

8月1日（火曜日）　朝から文科省。日本の前途と歴史教育を考える議員連盟、学校耐震化議員連盟会議に出席。夜はミニ集会１００回キャラバン。感謝。

8月2日（水曜日）　愛甲石田駅にて朝立ち（高橋ゆたか厚木市議と共に）後、終日、地元活動。

8月3日（木曜日）　伊勢原駅にて朝立ち（渡辺県議・伊勢原市議団と共に）。政務三役会議・省議。大臣交代。

8月4日（金曜日）　小田急相模原駅にて朝立ち。東京工芸大カラボギャラリーオープニングセレモニー、青山神社例大祭、ＪＡ新磯、麻溝支店納涼祭。

8月5日（土曜日）　あつぎ鮎まつり開会式。相模原後援会長宅でバーベキュー涼み会。納涼祭19カ所に参加。

8月6日（日曜日）　相模川帆かけ船実演会、山岸相模原市議バーベキュー大会、納涼祭9カ所。ミニ集会を開催。

8月7日（月曜日）　本厚木駅にて朝立ち（6時～7時半）、事務所会議。終日、地元活動。御園にてミニ集会。

8月8日（火曜日）　伊勢原駅にて朝立ち後、上京。皇居、東宮御所、秋篠宮、三笠宮東、三笠宮、高円宮、常盤宮邸に副大臣離任挨拶。夜は東京会合。

8月9日（水曜日）　新旧副大臣引継ぎ式、離任式後、退省。ありがとうございました。ニッポン放送と打ち合わせ等。地元で憲法集会、大山灯篭認定式、夜会合。

8月10日（木曜日）　愛甲石田駅にて朝立ち（高橋ゆたか厚木市議、萩原鉄也・八島満雄伊勢原市議と）。大山ホーム大納涼祭、小稲葉地区にてミニ集会。

8月11日（金曜日）　山の日かながわ2017in宮ケ瀬、青龍祭入魂式、串川祭り、千木良盆踊り、九州北部豪雨災害募金活動、伊勢原光の競演鑑賞の夕べ。

山の日
8月12日（土曜日）　地元納涼祭・盆踊り22カ所に伺いました。

8月13日（日曜日）　相模原市緑区関口神輿。厚木でミニ集会キャラバン。連休中にもかかわらず感謝致します。

8月14日（月曜日）　本厚木駅にて朝立ち（6時～7時半）、新盆参り、子易比々多神社、伊勢原上、小原八幡神社例大祭、吉野神社例大祭に、参加させて頂きました。

8月15日（火曜日）　亀井家盆挨拶。新盆参り。子合地蔵尊例祭、宮ケ瀬ふるさと祭り。

終戦の日
8月16日（水曜日）　新盆参り。子合地蔵尊御開帳式典、三ケ木神社例祭、前戸自治会、増原夏祭り、藤野神社例大祭に、参加。

8月17日（木曜日）　小田急相模原駅にて朝立ち。厚木市戦没者慰霊式典。寒川町役場の皆様と面会。青野原八坂神社例大祭神事に、出席させて頂きました。

8月18日（金曜日）　原当麻駅にて朝立ち。青野原諏訪神社例大祭、相模野自治会ふるさと祭り等に、参加。

8月19日（土曜日）　丸一日、地元夏祭りを23カ所、回らせて頂きました。瀧口市議拡大役員会。感謝致します。

8月20日（日曜日）　斉藤市議バーベキュー大会他、丸一日、地元夏祭りを12カ所、回らせて頂きました。一週間で夏祭り計50カ所。お祭りを支えて頂いている汗に、心から感謝致します。

8月21日（月曜日）　本厚木駅にて朝立ち（6時～7時半）後、圏央道で西武ドームへ。第20回・小学生ティーボール選手権大会。とんぼ返りで地元活動。

8月22日（火曜日）　財務金融部会長就任
清川村リバーランドで積水ハウスバーベキュー大会。文科スタッフ・義家事務所合同暑気払い。

8月23日（水曜日）　財務金融部会長として始動。財務省・金融庁レク。ＪＡ神奈川、日産と税制・政策議論。各省庁からの予算概算要求レク4件。大忙し。

8月24日（木曜日）　議員会館で各省庁よりレク6件。税理士会の皆様来訪。政調会長・部会長会議。自民党伊勢原支部夏季講演会。佐藤外務副大臣来訪。

8月25日（金曜日）　党本部で財務金融部会。記者対応3件。春香クリスティーンさんと対談。先生方と交流会。

8月26日（土曜日）　朝の愛名諏訪神社の例大祭を皮切りに24件の納涼祭・例大祭・夏祭りに出席致しました。

8月27日（日曜日）　終日、地元活動。厚木市建設業協会・建設フェスタ。7件のお祭りを丁寧に回りました。

8月28日（月曜日）　本厚木駅にて朝立ち（6時～7時半）、事務所会議。厚木市予算重点要望ヒアリング。川尻八幡宮山車共演。今年も盛り上がりました！

8月29日（火曜日）　翌日の予算・概算重点要望の準備と共に息子の夏休みの宿題と向き合いました（苦笑）。

8月30日（水曜日）　政務調査会にて財務金融部会長として平成三十年予算・概算要求を説明・議論。本格始動。

8月31日（木曜日）　伊勢原駅にて朝立ち（萩原市議と共に）。終日、地元活動。夜は地元で絆会合。

9月1日（金曜日）　日本女子ソフトボール二部・厚木ＳＣ戦で始球式と応援。二宮神社秋季例大祭、下磯部御嶽神社例祭等、終日、地元活動。

9月2日（土曜日）　煤ケ谷八幡神社、ＪＡいせはら支所祭り、大山ホーム敬老の祝、名手自治会祭り、宇賀弁財天祭典、依知神社例祭等に出席しました。

9月3日（日曜日）　伊勢原ファミリアサマーフェスタ、下古沢三島神社、中津神社例大祭、金田中部ふれあいＢＢＱ。

9月4日（月曜日）　本厚木駅にて朝立ち（6時～7時半）後、事務所会議。厚木・愛川・清川グラウンドゴルフ親睦交流会。小雨の中、盛大に開催！

9月5日（火曜日）　第２７６０回厚木ロータリークラブ例会、厚木市ビル経営者協議会にて講演。日本ＪＣの皆様と政策議論。夜は地元会合2件。感謝。

9月6日（水曜日）　朝から国会議員会館。日本酒造組合中央会からの税制要望。文化庁、金融庁との打合わせ他。地元では高山伊勢原市長と政策打合せ。

9月7日（木曜日）　遅い夏休み。息子は学校のため妻と二人きりで。

9月8日（金曜日）　愛甲石田駅にて朝立ち（高橋ゆたか市議、八島満雄市議と）。船子地区ミニ集会等、終日地元。

9月9日（土曜日）　高部屋神社汐汲み復活祭、愛川町社協ふれあい広場、戸室納涼ふれあい祭り、神社例祭2カ所。

9月10日（日曜日）　厚木市民体育祭、坪ノ内・下落合八幡神社大祭、小野しあわせクラブ敬老会、伊勢原ふれあいマーケット。小島前厚木市議の叙勲祝賀会。

9月11日（月曜日）　本厚木駅にて朝立ち（6時～7時半）、事務所会議。明治神宮崇敬会グラウンドゴルフ等。

9月12日（火曜日）　小田急相模原駅にて朝立ち（稲垣・須田・寺田・大槻相模原市議団）。金融庁、文科省レク。生保協会、証券業協会の皆様と面談等。

9月13日（水曜日）　伊勢原駅にて朝立ち（小沼議長・萩原・斎藤伊勢原市議と共に）。終日、地元活動。

9月14日（木曜日）　よしいえ後援会女性部の皆様との集い。津久井商工会定例役員会での講演。終日、地元。

9月15日（金曜日）　相模原市緑区三ケ木交差点にて朝立ち（山口相模原市議・後援会の皆様）、内閣・財金合同部会、財務省、金融庁との議論等。地元会合。

9月16日（土曜日）　けいわ荘敬老会式典に出席。厚木船喜多神社例大祭。地に足をつけてミニ集会。感謝。

9月17日（日曜日）伊勢原高部屋神社例大祭、厚木市県人会連合会創立30周年記念祝賀会、伊勢原ホーム敬老会式典等に出席・参加。雨の中、笑顔で過ごす。

9月18日（月曜日）伊勢原大神宮例大祭に出席。終日、地元を回らせて頂きました。感謝。

敬老の日
9月19日（火曜日）本厚木駅にて朝立ち（6時～）後、事務所会議。伊勢原市・高山市長、伊勢原市議会「創政会」の皆様、厚木市・小林市長と面談。終日、地元活動。感謝。

9月20日（水曜日）伊勢原駅にて朝立ち。小田急で国会議員会館へ。面談4件。夜は地元会議。感謝。

9月21日（木曜日）愛甲石田駅にて朝立ち。国会議員会館で会議・面談。夜は義経会の皆様と会合。感謝。

9月22日（金曜日）小田急相模原駅にて朝立ち。ＪＡ津久井・厚木・伊勢原にご挨拶。清川村・大矢村長、愛川町・小野沢町長と面談。感謝。

9月23日（土曜日）厚木市議会「あつぎみらい」所属議員団と懇話会。公明議員団にご挨拶。愛川町後援会幹事会。

秋分の日
義家ひろゆき16区議員連絡会。感謝。

9月24日（日曜日）健康フェスタふじの。小鮎地区後援会国政報告会、相模湖地区後援会役員会。感謝。

9月25日（月曜日）本厚木駅朝立ち、事務所会議。ＪＡ県央愛川、執行部会会議。

9月26日（火曜日）伊勢原駅朝立ち。愛川町議会、厚木商工会議所、ＪＡ相模原、相模原市長・市議会挨拶。

9月27日（水曜日）愛甲石田駅朝立ち。伊勢原市北三間農村広場畜産共進会、各地挨拶回り。伊勢原、厚木にて会議。

9月28日（木曜日）臨時国会招集・衆議院解散
本会議で衆議院解散。選挙公約について政調と打ち合わせ。相模中央氏子総代会。本厚木駅にて街頭。挨拶回り。

9月29日（金曜日）小田急相模原駅朝立ち。朝礼挨拶4件。厚木市記者クラブにて質疑応答。新戸老人会、秦野伊勢原歯科医師会。挨拶回り。

9月30日（土曜日）政見放送収録。挨拶回り。小島正伸会長叙勲祝賀会、芥川かおる県政報告会。藤野地区後援会代表者会。

10月1日（日曜日）　相模台地区体育祭。座間市長市政報告会。各地挨拶回り。

10月2日（月曜日）　本厚木駅朝立ち、朝礼2件。厚木事務所開き。挨拶回り。県央経営者会理事会。JC公開討論会。

10月3日（火曜日）　伊勢原駅朝立ち。各地挨拶回り。大山火祭薪能。伊勢原子ども食堂。


10月10日公示、10月22日投開票の第48回衆議院総選挙に全力！

〈国政報告会を各地にて開催！〉

10月4日（水曜日）　城山地区17：30～城山公民館2F（相模原市緑区久保沢1‐3‐1）
　藤野地区19：00～藤野芸術の家（相模原市緑区牧野4819）
10月5日（木曜日）　相模原市南区19：00～JA新磯支店（相模原市南区新戸2430‐2）
10月6日（金曜日）　伊勢原市17：30～伊勢原市民文化会館（伊勢原市田中348）
　厚木市19：00～厚木市文化会館（厚木市恩名1‐9‐20）
10月7日（土曜日）　相模湖地区17：30～相模湖交流センター（相模原市緑区与瀬259‐1）
　津久井地区19：00～津久井中央公民館（相模原市緑区中野633‐1）
10月8日（日曜日）　愛川町19：00～愛川町文化会館（愛川町角田250‐1）
10月9日（月曜日）　清川村17：00～JA清川支所（清川村煤ケ谷2220‐5）
体育の日　相模原市南区・座間市19：00～おださがプラザ（小田急相模原駅北口　駅ビル4F）

10月22日（日曜日）　皆様より11万508票の思いを重ねて頂き、小選挙区で堂々と当選させて頂きました。心から感謝いたします。


10月23日（月曜日）　本厚木駅にて朝立ち（6時～7時半）。厚木・愛川・相模原南・相模原緑・伊勢原で選挙報告会を開催。皆様と喜びを分かち合いました。

10月24日（火曜日）　伊勢原駅にて朝立ち（県議・市議の皆様と）。座間で選挙報告会。当選御礼挨拶回り。

10月25日（水曜日）　当選証書授与

10月26日（木曜日）　愛甲石田駅にて朝立ち（高橋ゆたか・八島両市議と）。神奈川県庁にて当選証書授与。当選御礼挨拶回り。

10月27日（金曜日）　小田急相模原駅にて朝立ち（芥川県議・大槻・阿部・寺田市議と）。当選御礼挨拶回り。河野太郎大臣セミナー。県央経営者会。

10月28日（土曜日）　津久井・三ヶ木交差点にて朝立ち（山口みつお市議・後援会の皆様）。当選御礼挨拶回り。

10月29日（日曜日）　折笠前市議後援会集い、山口県議三田地区県政報告会、神子市議バーベキュー大会等。相模湖ふれあい広場、麻溝ふるさと祭り、鳥屋ふれあい祭り、JA比々多祭り、自民党愛甲郡支部大会。

10月30日（月曜日）　本厚木駅にて朝立ち（6時～7時半）。JA津久井を始めとして相模原市緑区の挨拶回り。組織団体の東京本部、県本部に御礼挨拶。

10月31日（火曜日）　愛甲石田駅にて朝立ち。厚木市内挨拶回り41軒。組織・団体への御礼訪問。

11月1日（水曜日）　特別国会召集

11月2日（木曜日）　小田急相模原駅にて朝立ち。首班指名。財務省政策会議。富士テクノ上場記念パーティー。愛川町一本松交差点にて朝立ち後、国会へ。酒造組合、証券協会、銀行協会と政策会議。本会議・地方創生特。大矢村長と面談。

11月3日（金曜日）　厚木七沢森のまつり、磯部ざる菊お花見会、城山福祉の集い、相模湖小原本陣祭に参加。

文化の日

11月4日（土曜日）　みらくる保育園運動会、相川こどもまつり、JA大田まつり、坂本組フェスタ、飯山秋の花まつり。

11月5日（日曜日）　伊勢原教育長杯ソフトバレー大会、睦合西・愛甲・依知北・相模台公民館まつり。愛名ふれあい祭り、日本遺産記念イベント等。

11月6日（月曜日）　本厚木駅にて朝立ち（6時～7時半）後、事務所会議。城山地区挨拶回り。座間神社式典。

11月7日（火曜日）　伊勢原駅にて朝立ち。芦ノ湖で堀江県議後援会バス旅行お見送り。伊勢原・座間地区挨拶回り。

11月8日（水曜日）　証券議連総会、予算・税制政策会議×2、税理士会要請、学校施設整備議連、信託税制勉強会、道づくり全国大会、金融庁・財務省会議。

11月9日（木曜日）　愛甲石田駅にて朝立ち。寒川神社・秦野・出雲大社等にご挨拶。宅建創立50周年記念式典他。

11月10日（金曜日）　自動車議連、文科省、内閣府、金融庁と会議。麻生大臣と面談。新磯地区社協の皆様が国会見学。厚木地区私立幼稚園大会。地元会合。

11月11日（土曜日）　南口ホコ天まつり、厚木国際大道芸、藤野地区福祉の集い、相模湖ふるさと祭り。議連報告会。

11月12日（日曜日）　厚木北地区ソフトボール大会、緑ヶ丘・睦合・森の里・厚木南公民館まつり、ＪＡ依知・荻野・小鮎・南毛利・相川農業まつり。厚木歩け歩け協会創立20周年記念式典。感謝！

あとがき

平成二十六年十二月二十二日に創刊し、毎週月曜日に皆様にお届けしてきた後援会通信『週刊よしいえ』がこの度、協同出版社様の御好意により一冊の本になりました。選挙が終わって本日でちょうど一カ月。通常ならあり得ない期間で、企画・編集・製本・出版までの一切を実現して下さった小貫輝雄社長、小澤弘美部長、そして協同出版社員の皆様に心から感謝申し上げます。本当に有難うございました。

一週も休むことなく通信の発行を重ね続けることができたのは後援会の皆様が居てくれたからこそ、でございます。本の上梓にあたり、これからも皆様の思いを胸に地に足をつけた歩みを重ねていくことを誓わせて頂きます。

政治は「ひとり」では動きません。

自民党・公明党の国・県・市町村議員の皆様、同志である地元支援議員団の皆様、地元県市町村長の皆様の御力があってこその成果でございます。この場を借りて改めて敬意と感謝を申し上げます。

最後に秘書のみんな……みんなの文字通り「一生懸命な支え」がなかったら私はこの道を今日まで歩いてくることは出来なかったでしょう。共に刻んできたこれまでの歴史を私は心から誇りに思っています。みんなと出会えて本当によかった。これからもどうぞ宜しくお願いします。

今回の総選挙でお預かりした小選挙区の議席は「私のもの」ではありません。「私たちのもの」です。

今後も皆様と手を携えながら、暮らしの隅々に優しさを、届けます。

平成二十九年十一月二十二日

衆議院議員　義家　弘介拝

義《よし》家《いえ》弘《ひろ》介《ゆき》　プロフィール

1971年3月31日生まれ。明治学院大学法学部法律学科卒業。大学卒業後、母校の高等学校に教師として赴任。その後、横浜市教育委員会委員、内閣官房教育再生会議担当室長を務める。参議院議員、議員運営委員会理事、文部科学大臣政務官、自民党副幹事長、文部科学委員会筆頭理事、地方創生特別委員会理事、文部科学副大臣を歴任。2017年7月、国会議員在職10年を迎えた。現在、神奈川第16区（厚木市、伊勢原市、相模原市の一部、座間市の一部、愛川町、清川村）選出の衆議院議員3期目、自民党財務金融部会長。神奈川県厚木市在住。

あなたは、私の夢だから。　ISBN 987-4-319-00301-3

平成29年11月22日　第1刷発行
平成30年 2月24日　第2刷発行

著　者　義家弘介

発行者　協同出版株式会社
代表者　小貫輝雄
〒101－0054
東京都千代田区神田錦町2－5
電話　編集 03－3295－6291　営業 03－3295－1341

印刷者　協同出版・POD工場
振替　東京00190－4－94061

落丁・乱丁はお取り替えいたします。定価はカバーに表示してあります。